国家自然科学基金重点项目“中部地区承接产业转移的驱动机制与环境效应”（41430637）

U0802584

聚焦城市与区域发展丛书

区域政策与产业空间分布

Regional Policies and Spatial Distribution of Industry

颜银根◎著

科学出版社
北京

内 容 简 介

尽管改革开放后中国经济的高速增长令世界瞩目，但这背后却隐藏着产业空间非均衡分布、区域间收入差距扩大、区域间贸易弱化、沿海与内地“双向型”经济格局等一系列的问题，中央政府出台的一系列区域政策并没有达到我们所预期的效果。为此，本书在新经济地理学的基础理论中加入企业个体的差异后，考察了贸易政策、财政政策及就业政策等一些区域政策对产业空间分布的影响，通过数理模型及计量检验对不同区域政策所引起的产业政策效果进行了评估。

本书主要面向经济学科的研究人员、区域政策制定者，同时也可以作为具有良好数学和经济学功底的高年级研究生的参考用书。

图书在版编目（CIP）数据

区域政策与产业空间分布 / 颜银根著.—北京：科学出版社，2015.7

（聚焦城市与区域发展丛书）

ISBN 978-7-03-044999-3

Ⅰ.①区… Ⅱ.①颜… Ⅲ.①区域产业结构-研究-中国 Ⅳ.①F127

中国版本图书馆 CIP 数据核字（2015）130107 号

丛书策划：胡升华　侯俊琳

责任编辑：杨婵娟　高丽丽 / 责任校对：鲁　素

责任印制：徐晓晨 / 封面设计：无极书装

编辑部电话：010-64035853

E-mail: houjunlin@mail.sciencep.com

科学出版社 出版

北京东黄城根北街 16 号

邮政编码：100717

http://www.sciencep.com

北京凌奇印刷有限责任公司 印刷

科学出版社发行　各地新华书店经销

*

2015 年 7 月第　一　版　　开本：720×1000 1/16

2021 年 3 月第五次印刷　　印张：14

字数：254 000

定价：78.00 元

（如有印装质量问题，我社负责调换）

“聚焦城市与区域发展丛书”编委会

主编　李小建

编委　(按姓氏笔画排列)

王　铮　王士君　王缉慈　方创琳

刘卫东　杜德斌　李国平　张文忠

张平宇　苗长虹　周春山　贺灿飞

曾　刚　曾菊新

丛书 Preface 序

经济的增长并不同时在各部门、各地区发生；在同一时空，社会经济的发展又会在各个地区呈现出不同的状况。这赋予了区域撷尽异彩、包罗万象的魅力，广袤大地上呈现出令人叹为观止的自然景观和人文景观，村镇院落、青山为黛，五彩田野、阡陌纵横；高楼错落、车水马龙，工厂车间、绿草如茵……天工造就了高山、高原、峡谷、盆地，人力筑就了摩天大厦、连体高楼、林荫街道、城中绿地。区域的人文与自然的叠加，形成了亮点纷呈、特色鲜明的特点。

城市是区域的重要组成部分，从社会经济发展角度考虑，城市又是区域中最具活力的组分，同时也与城市之外的区域相互协调，相互依存。改革开放以来，尤其是21世纪以来，在世界经济发展整体增速低迷的趋势下，中国经济却一枝独秀，以平均每年9%以上的增幅逆势上扬。激流勇进中，中国的经济总量在2005年超越英国，2007年超越了德国，2010年又超越日本，一跃成为了仅次于美国的世界上第二大经济体。中国经济的奇迹与区域和城市的快捷发展始终是相伴而生、同步前行的。据统计，国家层面的经济增长主要来自于一些区域：2010年沿海省市的经济总量占到全国的62.2%，其中广东、江苏、山东、浙江四省又占全国的38.6%。这些区域中，城市又占据了重要的比重。当下，城市与区域发展颇受政府、学者关注也就不言自明了。中国作为一个人口和地域大国，区域之间、城乡之间巨大的不平衡性伴随着中国经济增长而日益显现。这一特征在经济全球化和市场化改革催化下，促成了由地方政府主导的城市与区域经济的异军突起。

显而易见，地方政府主导下的城市与区域经济的广泛开放和激烈竞争，构成了中国经济增长的重要两翼。在分税制的引导和政绩观的驱使下，地方政府通过不拘一格、各显其能的对外开放来吸纳全球化和市场化过程中各种流动的资源，并通过先人一步、快人一招的竞争来抢得占有资源的先机，并努力将这些资源进行最优化配置，以实现最大化的政绩效果。但与此同时，这些发展格局也带来一系列负面的影响，如土地资源日益紧缺、生态环境不断恶化、区域产业结构与收入结构的不协调性渐渐凸显，等等。

城市与区域发展作为国际学术界研究的一个重要领域，学者们基于不同的学术背景和研究视角在探究中逐步形成了一些富有影响的研究方向。中国的城市与区域发展更是一片振奋人心、前景广阔的新天地，其不仅与中国的增长模式密切相关，更是因为中国自身所具有的诸多特殊性。由于自然地理和人文地理条件以及发展历史的巨大差异，中国的城市与区域经济多样化显著，其空间结构和经济结构也处于快速的建构与重构的蜕变之中。从国家的区域发展战略看，西部大开发、东北等老工业基地振兴、中部地区崛起和东部率先发展四大战略以及主体功能区战略的实施，尤其是 2005 年以后，中央将近 30 个区域发展上升为国家战略层面，为各城市和区域经济的发展提供了特定的战略依据和政策依托；而从城市与区域自身看，从旧城改造到开发区、产业集聚区、CBD、城市新区建设，从区域城镇体系规划到世界城市、国际化大都市、国家中心城市、区域中心城市的定位，从都市圈、城市群规划到高度一体化的融城和经济区构建，从资源环境承载力到宜居城市、低碳城市、生态城市发展，从城市区域竞争力到城市与区域经济的竞合发展，从经济结构转变到结构转型发展，都为城市和区域经济的发展研究提供了新元素和新课题。因此，深入开展中国城市与区域发展研究，不仅是立足国际学术前沿、探索城市与区域发展规律、与国际前沿理论对话的现实要求，更是认识和理解中国经济增长模式、解决中国经济增长可持续性以及促进区域经济协调发展的战略需要。

近年来，围绕城市与围绕城市与区域发展问题，中国在区域经济学、经济地理学、城市地理学等学科领域，形成了一支老、中、青相结合的优秀研究队伍，承担了一批国家自然科学基金、国家社会科学基金和中央与地方政府委托课题，形成了一些很有见地的成果。科学出版社选择部分优秀研究成果集结为“聚焦城市与区域发展丛书”出版，是一件很有意义的工作。这不仅有利于推动我国城市与区域发展研究领域的学科建设，也有助于服务国家战略需求和地方社会经济发展实践。热忱呼吁学术界和实际工作部门的同仁们参与、支持这一丛书的出版发行，预祝这一丛书成为区域和城市研究中重要的文献资源。

2011年5月8日

序

Prologue

《区域政策与产业空间分布》一书以企业异质性、企业沉没成本（进入生产成本、国外销售成本及重新选择区位成本）为切入点，把梅利茨（Melitz，2003)的分析方法纳入到弗拉杰（Flüger，2004)的新经济地理学模型中，分析了贸易政策、财政政策及就业政策对产业空间分布的影响，具有重要的理论意义和现实意义，突破了国内传统的研究范式。

进入21世纪，中国区域问题引起了越来越广泛的关注。事实上，区域问题在全球是广泛存在的，大到一个国家，小到一个村落。区际差异不仅表现在地理区位、要素禀赋等方面，还表现在制度上的差异等方面。为了促进区域的协调发展，中央或地方政府通常制定一系列区域经济政策，这些区域经济政策的绩效如何？纵观近20年来中国的区域政策，我们发现许多区域经济政策的绩效是甚微的，有些政策反而加大了区际差距。正如作者在该书第一章中所分析的那样，一些看似合理的政策，如果在一般均衡的框架下进行深入分析，则可以发现一些区域经济政策与其初衷是截然相反的。正因为如此，从微观角度规范和分析我国的区域政策效率显得尤其重要。

该书从我国的实际情况出发构建模型，并利用从中得出的结论解释现实中的经济现象。建模时，作者仍遵循了“理性经济人”假设，采用了最优化（企业利润最大化、消费者效用最大化）、博弈分析（企业生产竞争、地方政府竞争）等规范的经济学分析方法，并辅以数值模拟，以弥补缺失显性解的情况。

该书在理论研究方面的意义，主要体现在四个方面。

首先，为新经济地理学的研究开辟了新的方向。自克鲁格曼（Krugman，1991)建立新经济地理学框架以来，新经济地理学经过20多年的发展，在理论和实证研究方面取得了很大成就，然而近些年来其理论研究进展缓慢。既然新经济地理学与新贸易理论同形异构，那么梅利茨有关企业异质性的理论能否成为新经济地理学未来发展的一个重要方向？该书把梅利茨企业异质性主张纳入到弗拉杰的新经济地理学框架中，试图建立规范的新新经济地理学的研究框架，并根据这些框架分析区域经济政策之绩效。从这种意义上讲，该书为新经济地理学拓宽了研究方向。

其次，提出了跨国投资的核心是区位选择问题的主张。无论是新贸易理论还是新新贸易理论，至今都没有很好地解决国际贸易和跨国投资问题。严格来讲跨国投资是属于要素流动范畴的，但国际贸易研究仍然把跨国投资视为国际贸易的一种替代或者补充。该书是把跨国投资视为生产区位重新选择问题来进行研究的，显然这样跨国投资就成了新经济地理学的重要研究内容之一。在关注产业空间分布的同时，该书还关注了区际贸易壁垒等问题，这些又补充了区际贸易理论。

再次，为财政学研究提供了新的视角。传统的财政学分析通常把政府补贴作为一项协调区域发展的重要选项。然而，无论是欧洲还是中国，大量的政府补贴并没有有效地缩小区际经济发展差距。该书不同于传统的财政学研究，从微观层面分析了政府补贴的“门槛值”，以及政府补贴能否促进产业转移等问题。从这种意义上讲，该书为财政学研究提供了新的研究视角。

最后，为劳动经济学研究提供了全新的研究视角。该书把劳动力市场摩擦纳入了新经济地理学的框架中，从而可以探讨劳动力就业和产业空间分布之间的关系。该书内生化了地区失业，并分析了地区失业与地区产业活动之间的关系，正是由于存在就业的区际差异及经济活动差异，也就存在区际城市化水平的差异。因此，该书的研究为劳动经济学的研究提供了全新的研究视角。

该书也为我国解决区域经济问题提供了一些重要的启示，其现实意义主要体现在如下三个方面：第一，为企业作出经营决策提供了依据。企业通常需要作出一些重要的决策，如选择国内市场还是国外市场，选择国外销售还是跨国投资，等等。在经历了20世纪90年代大量欧美企业在中国投资之后，中国制造逐渐走出国门。中国的人口红利并不会持续很久，中国企业在海外经营似乎成了必然的选择。何种企业适合在国外投资，以及具有何种特征的企业更加适合从事国际贸易？该书的研究能够为企业的国际经营决策提供依据。第二，为解决区际差距问题提供了方向。该书研究的背景之一是我国区际差距逐渐加大，虽然该书重点分析了产业的空间分布，但寻找形成区际差距之机理也是其主要目标之一。该书通过对企业异质性的分析，重新解释了产业集聚与地区收入差距的关系，从而为缩小我国的区际差距提供了新的视角。第三，为制定区域经济政策提供了理论基础。在传统的研究中，我们可能偏向于采用转移支付等区域性政策来协调区域发展差距，然而这种转移支付政策并没有缩小区际发展差距，反而使区际差距进一步扩大，产业活动进一步向发达地区聚集。那么，是何种原因导致了这种区域经济政策的失效？该书系统地分析了贸易政策、财税政策及就业政策对产业空间分布的影响，而这种分析为制定适合于我国的区域经济政策提供了理论依据。

该书在静态分析上也进行了一些有益的尝试，首先，从新的角度分析了本地市场、对外贸易和跨国投资。有关对外贸易和跨国投资的文献在新经济地理学文献中占有很大的比例，然而传统分析只重视实体资本的跨国转移，而不重视市场的进入成本及企业的异质性，也不考虑企业是供应本地市场还是国外市场，以及是否选择迁移的问题。虽然新新贸易理论大量研究了供应本地市场还是国外市场的问题，但其又不研究跨国投资问题。该书为了把这两方面的研究融合起来，进行了有益的尝试，其次，该书从新的角度研究了贸易成本问题。无论是新古典贸易理论或新贸易理论，还是新新贸易理论，贸易政策的研究始终是贸易理论研究的重要内容，当然这些研究主要是从关税角度进行分析的。该书试图把新经济地理学中的冰山贸易成本和新新贸易理论中的国外市场进入成本作为研究国际或区际贸易时的贸易成本，从而从全新的视角研究国际或区际贸易对产业空间分布的影响。再次，该书试图从企业异质性角度分析财经问题。尽管新古典的宏观经济研究大量涉及政府的财政补贴，但新经济地理学研究较少涉及政府的财政补贴，新新经济地理学至今还没有进行此方面的研究。在该书中，作者是在新经济地理学框架中加入企业异质性，试图从新的角度研究政府的财政补贴，这是一次大胆的尝试。除此之外，该书还考察了中央集权和地区分权对产业空间分布的影响。最后，是有关摩擦性失业的问题。新经济地理学研究通常假定地区劳动力市场不存在失业问题。该书在企业异质性的基础上加入了劳动力市场中的失业问题和摩擦性失业问题，以及劳动者的风险中性，进而分析了地区就业政策差异对产业空间分布的影响。

总之，该书在企业异质性、厂商进入成本、贸易政策、财政政策，以及就业政策对产业空间分布的影响等方面进行了大量的研究工作，提出了许多富有创新意义的观点，值得一读。

南开大学经济研究所
安虎森
2015年2月10日

前言 Foreword

改革开放以来，中国经济获得了快速的发展。然而，我们不可否认的是，中国区域间的收入差距进一步扩大，制造业的空间非均衡分布日益凸显，区域市场分割严重，沿海与内地“双向型”经济格局形成等一系列问题已经或正在出现。在当今的世界中，对于大多数地区而言，地区经济的发展主要是依靠地区产业的发展来实现的。换句话说，产业在空间的分布决定了地区经济的空间差异。

为了促进区域经济的协调发展，中央和地方政府通常会安排一系列的区域性政策。但从我国区域政策的实施结果来看，区域经济发展并没有如我们所预期的那样达到协调发展。相反，区域非均衡增长越发明显，沿海与内地形成了典型的核心-边缘结构，并且正在加剧。为什么现有的区域政策失效了？又有哪些区域政策能够改变我国当前的产业空间分布，从而达到促进区域经济协调发展的目的？带着这样的问题，拙作选择研究区域政策与产业空间分布这一主题来进行研究。

近些年来，随着企业异质性贸易理论的快速发展，学界对新经济地理学（new economic geography, NEG）中纳入企业异质性翘首以盼。本书正是在新经济地理学中纳入企业异质性，构成了新新经济地理学的重要组成部分。正因为本书属于新新经济地理学，所以我们有必要首先回答企业生产是选择供应本地市场、本地生产供应国际市场，还是选择跨国投资供应国外市场的问题。无论是新古典贸易理论、新贸易理论还是新新贸易理论，贸易对国家经济发展的作用始终是贸易理论的主要研究内容。在贸易理论中，对外贸易只是产业分工的结果，贸易是要素流动的替代品。而现实中大量欧美企业的跨国投资行为问题，在国际贸易理论中似乎并不容易解决。本质上而言，跨国投资属于企业区位选择的跨国延伸，应当成为区域经济学的重要研究内容。

区域政策包括一系列的内容，而贸易政策、财政政策和就业政策是其中最为重要的部分。虽然新经济地理学中对关于贸易政策对产业空间分布的影响有着丰硕的研究，但其对企业异质性和市场进入成本的研究尚且不足。在本书的贸易政策研究中，我们则对地区非对称冰山贸易成本（iceberg transport cost）、差异化的国外市场进入成本，以及地区之间形成关税同盟后的产业空间分布进行了详细的探讨。除此之外，书中占用大量篇幅介绍了区域政策对地区生产效率的影响，保护性的贸易政策是否会引起其他国家或地区的报复行为，以及关税同盟会导致怎样的“产业消失”和“产业转移”效应。

地方政府为了促进本地经济的发展，不惜采取多种补贴政策吸引产业和劳动力在空间转移。但在多地同时采取相类似的政策时，政策的效果可能会大打折扣。财政政策通常包括财政收入和支出两个方面，本书对税收和补贴政策引起产业空间分布的问题进行了详细的分析。研究中我们重点考察了不同税种（收入税、消费税、资本税）、不同的补贴种类（消费补贴、资本补贴）对产业空间分布的影响，甚至对中央集权与地方分权所引起的产业空间分布的不同结果也进行了探讨。

以往的对区域政策的研究似乎并没有特别关注就业政策，但是新经济地理学中重点分析了劳动力和产业在空间上流动的“循环累积因果联系”。换句话说，劳动力在空间上的流动对产业空间分布有着极其重要的影响。为了分析就业政策对产业空间分布的影响，在本书中我们进一步探讨了劳动力市场摩擦的问题，重点研究了地方政府免费培训，以及提供充分的就业信息对产业在空间上的分布会产生怎样的影响。这些就业政策在改变地区经济活动的同时，是否会引发一些其他的问题如失业等？失业与地区产业份额是正向的还是反向的关系？

上述无论哪个问题，都是当前区域经济研究中亟待解决的问题。而在同一框架下研究这些问题，其难度可想而知。为此，在本书第三章中我们构建了一个基本的模型，从而使后续的第四章至第六章得以在此基础上进行深入分析。在本书的研究中，我们还同时面临着很多其他方面的困难，包括没有太多与此类似的文献可供参考，需要新经济地理学、国际经济学、区域经济学、劳动经济学、发展经济学，以及财政学等多学科的交叉知识等一系列的问题。所幸的是，在攻读博士期间，笔者的恩师南开大学经济学院安虎森教授、同门，以及同学给予了大力的指导、帮助与支持，促使本书成文，在此一并致以真诚的感谢！

恩师安虎森教授严谨的治学态度、深厚的理论功底，引领笔者逐步走入新经济地理学的世界，作出了一定的贡献。新经济地理学领域的前辈，日本东京大学的 Tabuchi 教授、瑞士日内瓦大学的 Robert-Nicoud 教授、比利时鲁汶大学的 Thisse 教授、法国巴黎第一大学的 Martin 教授，以及联合国欧洲经济委员会的 Jovanovic 博士等给予了笔者无私的帮助，促使笔者不断前行。在本书初稿撰写过程中，得到了国内同仁南开大学的黄玖立博士、华中科技大学的范子英博士的鼎力相助，南开大学的钟茂初教授、中国人民大学的陈秀山教授和孙久文教授、浙江大学的陈建军教授、四川大学的邓翔教授，以及中国科学院的金凤君教授在百忙之中评阅本书，并提出了大量宝贵意见，河南大学和教育部重点研究基地黄河文明与可持续发展研究中心执行主任苗长虹教授对本书的出版给予了大力支持，科学出版社的杨婵娟女士做了大量的修改、编辑工作，在此表示衷心的感谢。最后，要特别感谢国家自然科学基金重点项目“中部地区承接产业转移的驱动机制与环境效应”（编号：NSFC41430637）对本书出版给予的资金支持。由于行文仓促，本书难免有不足之处，也恳请国内外同行给予指正。

河南大学黄河文明与可持续发展研究中心

颜银根

2015 年初春于河南大学博文楼

目 Contents 录

丛书序

序

前言

第一章　当前中国区域经济中存在的主要问题/1

第一节　区域经济非均衡发展/1
第二节　区域发展路径分化/5
第三节　区域政策收效甚微/13

第二章　新经济地理学与区域政策/17

第一节　新经济地理学：融入空间维度的经济学/18
第二节　新经济地理学的理论基础/22
第三节　新经济地理学与区域政策研究/26
第四节　小结/32

第三章　贸易自由化、企业异质性与开放型经济/34

第一节　模型假设与代理人行为/34
第二节　封闭型经济/39
第三节　开放型经济Ⅰ/43
第四节　开放型经济Ⅱ/52
第五节　开放型经济Ⅲ/57
第六节　贸易自由化效应/64
第七节　小结/69

第四章　贸易政策与产业的空间分布/70

第一节　非对称冰山贸易成本/70
第二节　差异化的国外市场进入成本/81
第三节　关税同盟的聚集效应/88

第四节　小结/106

第五章　财政政策与产业的空间分布/108

第一节　税收政策与产业的空间分布/108
第二节　补贴政策与产业的空间分布/117
第三节　集权式财政政策与产业的空间分布/125
第四节　分权式财政政策与产业的空间分布/133
第五节　小结/139

第六章　就业政策与产业的空间分布/141

第一节　企业异质性、政府技能培训与产业空间分布/141
第二节　企业异质性、充分就业信息与产业的空间分布/149
第三节　小结/156

第七章　现实的世界：中国经验数据的检验/157

第一节　数据来源、变量处理与变量描述/157
第二节　企业生产效率的分布、演化与排序效应/161
第三节　交通基础设施、城市群与产业的空间分布/170
第四节　税收、补贴与产业的空间分布/175
第五节　城市化、失业与产业的空间分布/183
第六节　小结与启示/188

参考文献/193

附录/202

附录 1　省（自治区、直辖市）代码表/202
附录 2　省份企业异质性参数/203
附录 3　符号说明/204

后记/205

第一章　当前中国区域经济中存在的主要问题

改革开放以来，中国经济取得了令世人瞩目的快速增长。1978～2010年，中国GDP年均增长率高达9.89%，位于世界前列。然而，中国经济快速增长的背后却隐藏着区域间收入差距进一步扩大、制造业在区域间非均衡分布，以及区域间贸易进一步减弱等一系列的问题，中国沿海和内地形成了典型的核心-边缘结构（World Bank，2009）。整体而言，中国经济在空间上出现了分割现象。为了能够解决边缘地区经济发展缓慢的问题，中央政府先后制定了一系列的区域政策，但是收效甚微。作为全书的开篇，本章我们主要对当前中国区域经济中存在的一系列问题进行阐述，对当前的区域政策失效进行剖析。

第一节　区域经济非均衡发展

改革开放后，中国选择了率先发展沿海地区经济的发展战略。在沿海地区经济快速发展的带动下，中国经济整体上获得了快速的发展。尽管在沿海地区经济快速增长的同时，内陆地区经济也有着长足的进展，但与沿海地区经济相比，内陆地区经济的进展十分缓慢，中国的区域经济发展差异变得十分突出。

一、区域间的收入差距进一步扩大

收入差距是一个经典的、永恒的话题，同时也是一个世界性的难题。区域间的收入差距无处不在，大到国家间的收入差距，小到村镇间的收入差距。那么，为何中国的区域之间会出现收入差距呢？对区域间的收入差距形成的原因又有着怎样的解释呢？

中国地域辽阔，区域间的收入差距相对较大也不足为奇。国内外的相关文献指出，中国区域间收入差距形成的原因，包括沿海地区产业布局优先（杨伟民，1992），经济体制改革（赵人伟和李实，1997），劳动力市场扭曲所产生的效率差异（蔡昉和都阳，2000；蔡昉等，2001），生产要素存量配置结构存在差异（林毅夫和刘培林，2003），外商直接投资（foreign direct investment, FDI）（魏后凯，2002），全要素生产率（彭国华，2005），市场潜能外部性（刘修岩和殷醒民，2009），以及市场准入（范剑勇和张雁，2009）等。此外，文化、年龄、性别及教育对居民个人收入的影响等一系列因素，也会对区域之间的收入差异产生一定的影响（陈宗胜和周云波，2001）。

区域间的收入差距并非静态的，而是随着区域政策等的实施不断出现动态演化。比如，许召元和李善同（2006）在研究中指出，与20世纪90年代相比较，2000～2004年区域间收入差距扩大的趋势有所缓和，而2004年收入差距呈缩小趋势。江小涓和李辉（2005）则进一步指出，地区间的真实收入差距小于名义收入差距。区域间的收入差距可能源于城乡之间的差距，也可能源于不同地区之间的差距。整体而言，我国东部地区居民的收入水平相对较高，中部地区居民的收入水平次之，而西部地区居民的收入水平相对较低。但在我国一系列的区域政策，如“西部大开发”、“振兴东北老工业基地”及“中部崛起”等的推动下，中西部地区的居民收入有了大幅提高。伴随着我国产业跨区域的转移，中西部地区的经济在2005年后出现了高速增长，部分省份的GDP年增长率甚至远远超过了东部沿海地区，某些年份的GDP增长率甚至达到了20%以上。

既然涉及地区收入差距的问题，那么我们首先需要选择衡量地区收入差距的合适指标。从现有的研究来看，衡量区域间收入差距的方法很多，比较常见的方法包括基尼系数、变异系数和标准差等。而在具体的指标选择方面，主要采用GDP、GNP及地区工资水平等。整体而言，不同的研究方法测得的地区收入差距是比较相似的，但是我们也发现不同的测度方法仍然可能导致研究结论出现偏差，甚至可能得出截然相反的研究结论。比如，基尼系数会随着空间单元的变化而发生变化，从而出现可塑性面积单元问题（modifiable areal unit problem, MAUP）。并且，基尼系数也无法体现出区域内部的收入分配状况，从而使得研究中丧失了一些关键性的内容。标准差是反映离散程度或者不平等程度的一个重要指标，不存在基尼系数的上述缺点。但是，标准差也存在一些自身的缺点，比如，其取值并非在一个闭值区间内，其值可能在一个很大或者很小的范围内。为了弥补基尼系数和标准差的缺陷，也有一些研究采用变异系数来进行分析。在这里，我们则选择标准差和变异系数来衡量数组变化的趋势。通过1995～2013年我国人均GDP的变异系数和标准差，我们可以了解中国区域之间收入差距的变化情况。

在图1-1中，我们给出了1995～2013年中国省份人均GDP变异系数和标准差，横轴为年份，左纵轴为标准差，右纵轴为变异系数。从图 1-1 中可以看出，在 1995～2013 年，中国省份之间的变异系数呈现出先变大后变小，而标准差一直保持着扩大的趋势。这也表明，我国省份之间的收入差距在这期间出现过相对值收敛但绝对值扩散的趋势，但目前仍然保持着相对值和绝对值同时扩大的趋势，即区域间的收入差距实际上仍在进一步扩大。

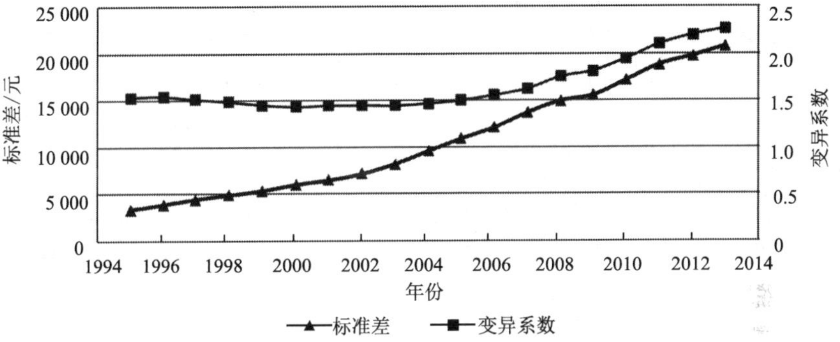

图 1-1　1995～2013 年地区人均 GDP 变异系数和标准差

资料来源：《中国统计年鉴》（1996～2014）

二、制造业空间非均衡分布日益凸显

改革开放后，中国沿海和内陆地区的经济发展差距日益明显，而制造业经济在其中起着重要的作用。大量研究表明，沿海地区是中国制造业的核心地区，占中国制造业的绝大部分。换句话说，中国制造业在区域间同样存在着非均衡分布。[①]虽然制造业空间集聚的度量有着多种方式，但学者通常会使用 Hoover 地方化系数来计算区域专业化程度，并且相关的研究结论基本是相似的。

整体而言，1985～1997 年，中国区域专业化程度出现了先下降后上升的 U 形曲线情形。一些使用 EG 指数进行产业集聚度分析的研究认为，1993～1997 年我国的产业聚集程度有所下降，而 2002～2003 年产业集聚的程度日趋严重（罗勇和曹丽莉，2005）。但是，也有一些研究指出，中

① 对于制造业空间集聚的指数化研究包括基尼系数（gini coefficient），艾萨德、赫芬达尔、泰尔指数（The Isard, Herfindhal, and Theil indices），EG（Ellison and Glaeser）指数及 Duranton-Overman 连续方法。相比较而言，Duranton-Overman 连续方法是目前解决可塑性面积单元问题最好的方法，但是需要大量的微观数据，因此并不容易采用。目前，国内比较常用的测度空间集聚的指标仍然是基尼系数及泰尔指数。有关各个指标的优缺点，详见 Combes 等（2008）的研究。

国的行业区域聚集指数仍存在进一步上升的趋势。比如，路江涌和陶志刚（2006）使用 1998～2003 年的数据，采用更加微观的数据计算了 EG 指数，研究表明只有中国制造业的行业区域聚集指数在不断上升。同样，范剑勇（2004）在研究中也指出，1980～2001年沿海地区的制造业集中率进一步提升，强化了改革初期制造业在空间上的非均衡分布。

对于中国制造业为何会出现空间上的非均衡分布，国内外的学者同样给出了不同的解释。主要的解释包括地方保护主义、市场一体化的程度较低、外商直接投资、区域的政策制度环境，以及劳动力的流动（赵伟和张萃，2007；路江涌和陶志刚，2006；白重恩等，2004；范剑勇，2004；颜银根，2014a）。然而，我们需要指出的是，上述研究忽略了外部经济对中国内部经济的影响。正如安虎森和颜银根（2011）所指出的，在改革开放后的数十年间，当前中国对外贸易自由化水平逐步提高，对外平均关税税率已经由 1992 年的 43.2%降至 2010 年的 9.8%。与此同时，中国于 2001 年加入到世界贸易组织（The World Trade Organization, WTO），2010 年正式启动了中国-东盟自由贸易区（China and ASEAN Free Trade Area, CAFTA）。整体而言，中国的对外贸易水平与改革之初相比，已经完全不可同日而语了。而新经济地理学的代表人物 Krugman（1991）在理论研究中也指出，贸易自由化是区域分异的重要因素。伴随着贸易自由化的推进，区域间的贸易成本不断下降，区域的本地市场效应、价格指数效应逐步变大而超过市场拥挤效应，形成了区域的核心-边缘结构。

中国制造业的地理集聚（以工业产业衡量的区域基尼系数度量[①]）与中国的对外贸易自由化水平之间同样具有重要的关系，这一点我们从图 1-2 中可以观察到。图 1-2 的横轴为年份，图 1-2（a）纵轴为以各省份工业 GDP 产值计算的区域基尼系数，图 1-2（b）纵轴为加权的实际对外关税税率。在中国改革深化期间，随着时间的推移，中国区域工业基尼系数从 1992 年的 0.440 逐渐上升到 2006 年的 0.484，而中国的加权实际关税税率也由 1992 年年初的 43.2%下降到 2006 年的 9.88%，贸易自由化水平得到了大幅度提升。从协同性来看，区域工业基尼系数和实际关税税率变量两者似乎有着某种联系。除了贸易自由化之外，劳动力的流动、外商直接投资的流入在改革开放之后同样快速流入沿海地区，似乎这些因素对中国产业在沿海地区的集聚同样有着重要的影响。

---

① 本书中的基尼系数及下文中的泰尔指数的计算、分解使用 STATA11 中的“ainequal”命令。该命令采用了 Lambert 和 Lanza（2006）的方法，可参见“ainequal”的命令帮助。

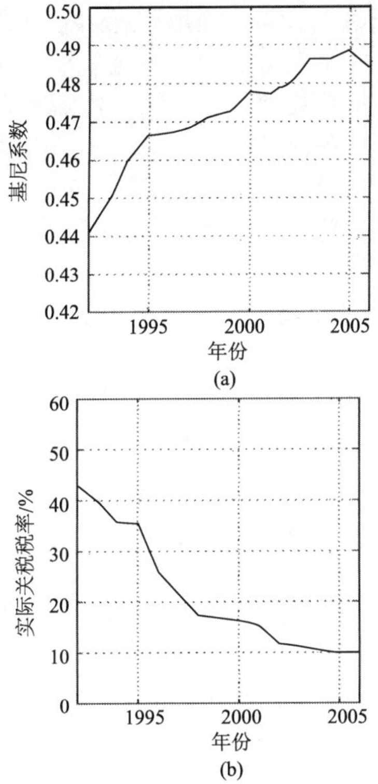

图 1-2　1992～2006 年工业区位基尼系数与对外关税税率的变化

资料来源：基尼系数由笔者采用《新中国六十年统计资料汇编》中各省份的工业 GDP 产值计算得出；实际关税税率来源于中国经济信息网的统计数据

在新经济地理学看来，区域之间的收入差距是伴随着区域产业空间分布的。经济活动在空间的分布体现了要素（资本、技术等）在空间的流动，从而造成地区工资的差异。在地区之间劳动力没有充分流动的情况下，如果经济活动在空间出现非均衡分布，即使地区之间的名义收入在长期均衡时相等，地区之间的实际收入差距也是存在的。这其实也是比较容易理解的，地区经济活动的非均衡分布导致两地区的消费者在支付运输成本方面存在着较大的差异，拥有较多产业的地区消费者由于接近厂商，从而可以支付更少的运输成本而获得所需要的商品。换句话说，地区间的价格指数（或生活成本）存在差异，从而使地区之间存在较大的实际收入差距。

第二节　区域发展路径分化

中国区域经济的分异与中国区域经济发展的路径分化不无关系，两者相伴而行。一方面，沿海地区充分利用接近国外市场的港口优势发展对外贸易；另一方面，沿海地区充分利用外商直接投资发展工业经济。从而沿海地区与国外经济的关联程度逐步超越了与内陆地区的经济关联程度，逐步形成“外向型”经济。概括而言，中国区域经济发展路径出现了分化，这其中包括区域市场出现严重分割，沿海与内陆“双向型经济”格局出现，以及企业经营模式的多样化等。

一、区域市场出现严重分割

在区域间收入差距进一步扩大的同时，中国经济在空间上的分割也越发明显。通常而言，在一国经济发展的过程中，区域专业化程度逐步增加，一国内部不同地区之间的经济贸易往来也将更加紧密。然而，从中国经济的发展情况来看，中国区域市场出现了明显的分割（Young，2000）。

对于中国的市场分割，国内外学者从不同的角度进行了分析。Poncet（2003，2005）最早使用了“边界效应”对中国的市场分割进行了研究，并指出中国存在严重的市场分割。研究指出，中国省份行政的“边界”在中国经济发展中具有重要的意义，省份之间的关联性大幅度减小。换句话说，中国的省份可能具有严重的地方保护主义，而这一点也得到了白重恩等（2004）的研究的支持。白重恩等的研究从地方保护主义出发对区域产业集聚进行了研究，并认为地方保护主义仅次于历史因素，是影响中国产业地区专业化程度的重要因素。地方保护主义限制货物、资金及人力资本等的流动，从而成为产业集聚的一种分散力。无论是地方保护主义，抑或是中国体制遗留的问题，本质上都与中国当前的政绩评价是分不开的。传统体制遗留的工业布局、地方领导的业绩评价等现实因素，强化了地方市场分割的倾向（银温泉和才婉茹，2001）。尽管官员在晋升过程中会有着不同的选择，比如，一些官员会侧重于区域一体化，而另外一些官员更加偏好市场分割（徐现祥等，2007），但是由于选择区域一体化有着严格的条件，相对难度更大，从而也使得多数政府官员宁可选择市场分割。

如同经济学中的技术进步一样，在经济学研究中市场分割的测度也不是可以直接观察到的，需要通过间接的方法来计算。整体而言，国内外对中国市场分割的研究主要通过以下 4 种方式来测度：①根据经济结构、产出结构的“生产法”（Young，2000；Xu，2002）；②根据投入产出计算省份间的“贸易流法”，如 Poncet（2003）等；③根据“一价法”计算市场分割（桂琦寒等，2006；刘小勇和李真，2008）；④使用市场潜能方法，其中又分为使用 Harris 方法（Harris，1954）和新经济地理学工资方程估计的

Hanson 方法（Hanson，2005）（赵永亮和才国伟，2009）。图 1-3 分别采用了“贸易流”（a）和“一价法”（b）来度量市场分割。图 1-3（a）横轴为地区，纵轴为各省与其他省份（不含港澳台）的省际贸易额占地区 GDP 的比例；图 1-3（b）横轴为年份，纵轴为所选商品的相对方差平均值。①

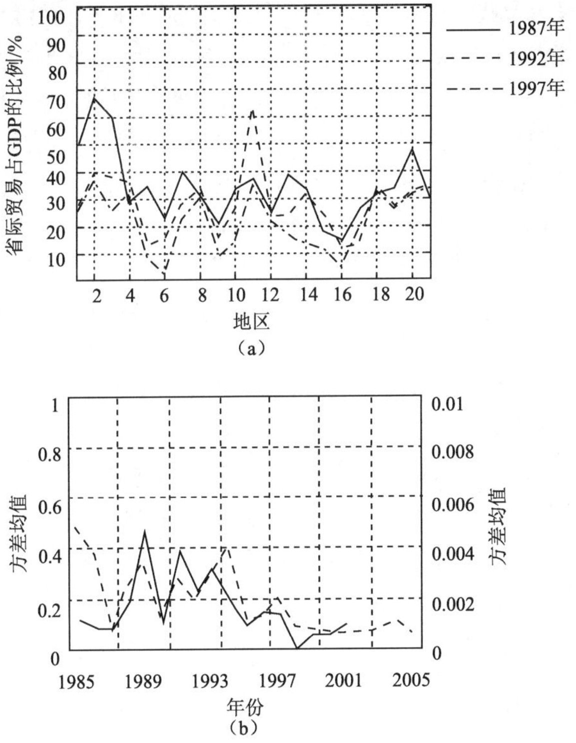

图 1-3　1985～2006 年中国市场分割

资料来源：Poncet，2003；桂琦寒等，2006；刘小勇和李真，2008

从图 1-3（a）中我们可以看到，总体而言，省份之间的贸易在 1985～1997 年出现了下降，即产品市场分割程度加剧；而采用“一价法”所获得的时间序列数据显示，中国的市场分割程度并没有加剧，在1993 之后有明显的趋同趋势。采取不同的市场分割测度指标，通常得到的结论也会存在一定的差异。在 Poncet（2003）的研究中，市场分割的测度采用了省际贸易占地区 GDP 的比例，而她的研究同样也发现，伴随着中国对外贸易水平的不断上升，中国市场出现了分割。种种迹象表明，中国的市场分割与外向型经济有着直接的关联。

① 图 1-3（b）的左纵轴为刘小勇和李真（2008）计算的方差均值，图中用实线标示；右纵轴为桂琦寒等（2006）的计算结果，图中用虚线标示。

国内市场的分割使得中国的一些企业无法利用规模经济，一些效率相对较高的企业选择国外市场，以便能够充分利用规模经济（朱希伟等，2005；陈敏等，2008）。随着我国经济的开放，国内市场分割越发明显，但进一步的经济开放则有可能会促使国内市场一体化程度的提高（陈敏等，2008）。当然，中国地方市场分割的作用正在逐渐减弱，已经下降到之前的50%（徐现祥和李郇，2005），这将为我国的区域协调发展提供保障。市场分割会阻碍区域的进出口，并且其对进口的阻碍作用更大，从而造成了我国国际贸易持续的顺差（张如庆和张二震，2009）。相比较而言，市场分割对外资企业的影响较弱，但是对本土企业的出口有着很大的负面影响，从而对我国民族工业的发展不利（张杰等，2010）。

当然，中国不仅在市场上存在着严重的分割，甚至整个中国经济空间都存在着分割，从而影响到了中国区域经济的协调发展。[①]毫无疑问，在中国的市场和空间分割中，贸易自由化是一种重要的力量（颜银根，2013）。贸易自由化作为一种集聚力，促进了非农产业在更加接近国外市场的地区集聚，以至于会造成本国“贸易顺差”及区域间的贸易缩减，从而导致中国经济空间的分割。而从新经济地理学视角分析中国经济空间的E关联和K关联，我们也会发现市场分割对我国经济的影响是多方面的，不仅影响到了区域经济的协调发展，甚至会对我国的国际贸易收支平衡产生重要的影响（颜银根和安虎森，2014）。

二、沿海与内陆“双向型经济”格局初现

中国的市场分割与中国的“双向型”经济形成是分不开的，两者互为影响。随着中国经济开放的深化，沿海地区的企业纷纷迈出国门寻求发展，从而造就了国内市场分割。另外，国内市场分割使得沿海地区的企业无法依据规模经济充分利用国内市场，从而迫使沿海企业进一步走向国际市场。改革开放以来，中国经济中最明显的一个特征就是中国的沿海地区“外向型”经济越来越明显。尽管内陆地区也想效仿沿海地区增加出口贸易，但沿海地区的地理优势是无法取代的。沿海地区有着独特的港口优势突显，地理位置上的优越足以让沿海地区选择“外向型经济”的战略优势突显。整体而言，中国形成了东部地区“外向型”和内陆地区“内向型”两种不同类型的经济运行格局（颜银根和安虎森，2014）。

① 关于中国经济空间的分割，目前还没有比较明确的定义。本书为了研究的方便，认为经济空间的分割至少应该满足3个条件：第一，区域间存在收入差距；第二，区域间出现产业非均衡分布；第三，区域间缺乏贸易等经济关联性。

1984 年，中国确定了14个沿海开放城市，其目的就是让沿海地区加快融入全球产业链。经过 20 多年的发展，沿海地区的经济取得了快速发展，沿海地区的对外开放水平明显高于内陆。中国沿海省份具有便利的港口及区位优势，改革开放后充分利用国外市场接近优势逐渐发展成为“外向型”经济；内陆地区在区位上处于相对劣势，但其有着资源优势，逐步发展为“内向型”经济，并割裂了本地区与国际市场及东部沿海省份的经济联系。沿海地区“外向型经济”不仅表现在对外贸易方面，同样也表现在外商直接投资方面。相关研究指出，1978～2001 年流入中国的外商直接投资中有90%流入了中国沿海城市（Amiti，2001）。

图 1-4 分别给出了 2002～2008 年中国东部沿海和内陆地区与东盟的贸易自由度、与世界其他国家的贸易自由度和与外商直接投资的均值。[①]图 1-4 的横轴为年份，图 1-4（a）、图 1-4（b）、图 1-4（c）的纵轴依次为沿海和内陆地区与东盟贸易自由度平均值、沿海和内陆地区与世界其他国家贸易自由度平均值及沿海和内陆地区外商直接投资平均值。近年来，尽管内陆地区的这 3 个指标的数值都有明显的提升，但是从图 1-4 中可以发现，沿海地区的均值（图中实线）远高于内陆地区的均值（图中虚线），区域之间的差距可以用“鸿沟”来形容。

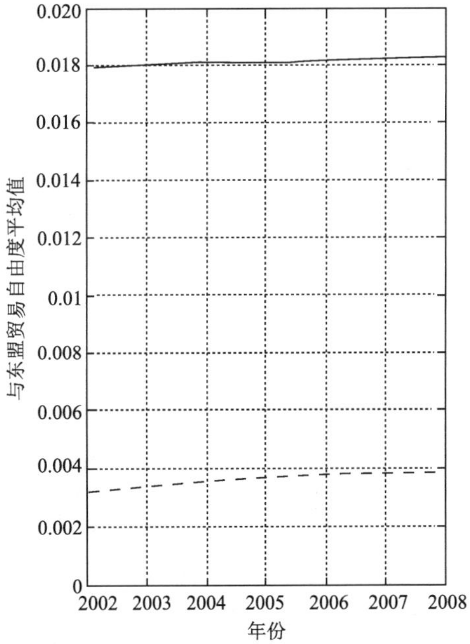

(a)

① 具体计算方法详见安虎森和颜银根（2011）。

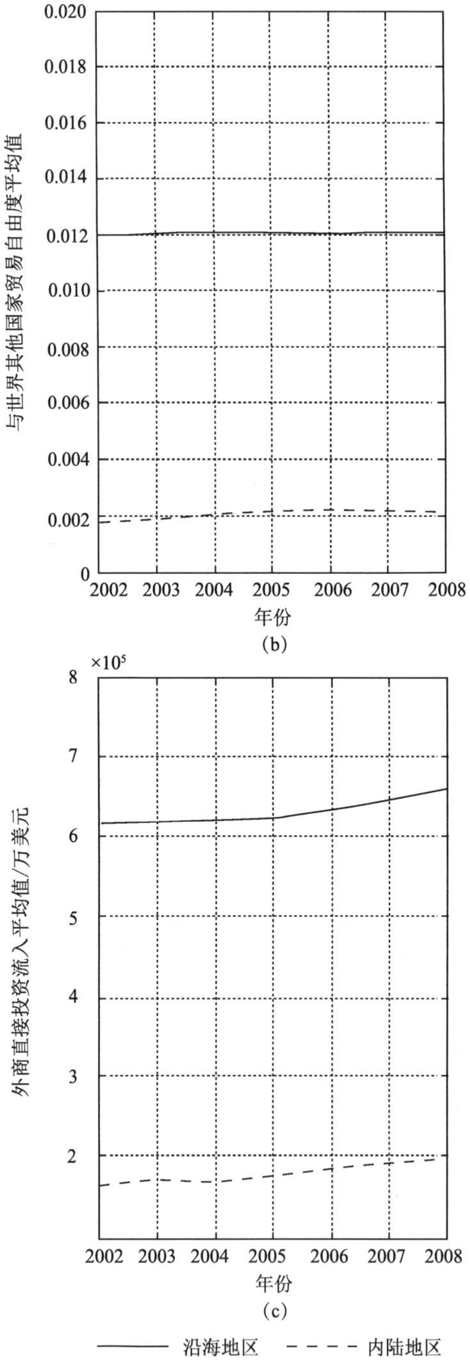

图 1-4　2002～2008 年中国沿海与内陆地区贸易自由度及 FDI 流入金额

资料来源：安虎森和颜银根，2011

沿海地区利用自身的国外市场接近优势，逐渐发展成为“外向型”经济；内陆地区则利用资源禀赋优势发展成为“内向型”经济，并割裂了与沿海地区的经济往来（颜银根，2013）。从某种程度上来说，两种不同类型的经济可以减少区域之间的竞争，从而促进区域经济的发展。然而，沿海地区外向型经济发展带动了国外市场，没有带动内陆地区产业的增长（潘文卿和李子奈，2007）。从“边界效应”的研究中我们也可以发现，中国区域中只存在内陆地区对沿海地区的“单向溢出”，同时中西部地区具有良性互动（薄文广和安虎森，2010）。

概括而言，沿海和内陆“双向型”经济的出现，本质上与内陆和沿海地区经济增长的溢出是分不开的。对外开放对沿海地区的经济增长有着显著的正向影响，但是对内陆地区的经济增长的影响并不显著。这也表明东部地区的经济运行主要依赖于国外市场的推动，国外市场的变化直接影响着东部地区的经济运行，而内陆地区的经济增长主要依赖于内部资源和内部市场的推动，国外市场的变化间接影响着内陆地区的经济运行。改革开放30多年，东部沿海地区利用自身独特的区位及港口优势发展本地经济，进出口贸易和FDI流入双双出现大幅增加，呈现出典型的“外向型”经济的特征。相比较而言，国际贸易及FDI的流动对内陆地区的经济影响相对较小，内陆地区形成了典型的“内向型”经济。

中国沿海与内陆的“双向型”经济格局改变了中国经济空间原有的运行模式，沿海与内陆的国内贸易出现了减少。东部地区经济增长并没有溢出到其他地区，相反中西部地区的经济增长对东部地区的经济增长有着显著的溢出，沿海地区与内陆地区形成了单向的增长溢出。缪尔达尔（Myrdal）所述的“扩散效应”或者赫希曼（Hirschman）所说的“渗透效应”并没有出现在中国。中部地区、西部地区和东北地区均为“内向型”经济，相互之间具有较强的经济联系。其中，中部地区和东北地区更多地表现出相互溢出，中部地区及东北地区的经济增长与西部地区的经济增长外部溢出呈现出负相关，这就表明中部地区与东北地区为“互补型”区域，而这两个地区与西部地区为“竞争型”区域。至少截至目前，传统区域经济学中非均衡增长理论在中国尚未得到验证，中国经济没有出现经济增长收敛的迹象。

三、企业经营模式的多样化

改革开放以来，中国“外向型”经济发展迅猛。据国家统计局和《世界投资报告》（2014）的数据显示，2013年中国对外贸易总额为4.16万亿美元，约占全球贸易额的12%；中国对外直接投资也达到了1010亿美元，成为仅次于美国、日本的全球第三大对外投资国。传统贸易理论认为，商品贸易是要素流动的替代。如果事实果真如此，那么为何中国会出现国际贸易与对外直接投资的“双增长”呢？并且，国际贸易与对外直接投资的增长分别出现在20世纪80年代和21世纪之初，为什么在时间上会出现先后顺序呢？

要理解这一问题，我们需要从微观主体的视角出发，在考虑贸易自由化的同时，还需要考虑企业生产效率的异质性。在企业的经营过程中，企业会面临着多样化的选择。而这种多样化的选择，不仅包括企业产品的多样化、客户群的多样化，甚至包括市场的多样化。企业可以选择供应本地市场或者国外市场，也可以选择供应本地市场的同时还供应国外市场。一旦企业锁定国外市场，企业既可以选择在本土生产后将产品出口至其他国家，也可以选择在其他国家建立分支机构或者整体迁移国外。那么，为什么企业会有着多样化的市场选择呢？又是什么因素决定了企业到底选择何种市场进行经营呢？

目前，已有大量的研究对企业到底是选择供应本地（本国）市场还是选择出口供应国外市场进行了解释，主要包括如下两个方面：①出口学习效应，即企业通过出口提高本企业的生产效率，从而从中获取更高的利润；②自我选择效应，即出口企业最初就具有更高的生产效率，因为它的高生产效率从而能够供应他国市场。Bernard等（2007a）的研究发现，出口型企业的生产效率更高是因为“自我选择效应”的存在。也就是说，出口型企业本身就具有更高的生产效率，从而验证了Eaton等（2004）、Bernard等（2003）及Melitz（2003）的研究结论。他们在研究中指出，进入国外市场需要支付额外的进入成本，因此只有效率较高的企业才能支付这种额外的成本，从而只有那些具有较高生产效率的企业会选择出口。

不仅在美国（Bernard and Jensen，2004）和法国（Eaton等，2004）等发达国家存在着高效率企业出口的现象，在一些发展中国家如韩国（Kim，2000）、巴西（Ferreira and Rossi，2003）、阿根廷（Galiani and Sanguinetti，2003）、印度尼西亚（Amiti and Konings，2007）、哥伦比亚（Das et al.，2007）也普遍存在。尽管企业异质性贸易理论对企业的出口或者本地生产作出了解释，但是他们的研究中普遍忽略了企业的跨国或跨地区流动。为何一些企业选择出口，而另外一些企业选择跨国投资或者对外直接投资呢？这种差异是否同样是因为企业的生产效率存在差异呢？Helpman等（2004）对异质性企业的出口和“水平”型的FDI进行了研究，研究中发现FDI企业的生产效率高于出口型企业，也就是说只有那些效率最高的企业才选择对外直接投资[①]。

尽管 Melitz（2003）及 Helpman 等（2004）从贸易自由化的角度对经济系统中的企业出口行为或者投资行为作出了解释。但是，似乎对企业内部的动态演化关心不足，这种“供应本地市场—对外贸易—对外投资”的模式在一些企业内部同样成立。以中国的海尔集团为例，1984 年亏损 147 万元、产品种类单一。然而，就是这样一个企业，2010 年全球销售总额达到了 1357 亿人民币。作为单个企业的海尔集团的发展历程同样遵循着“供应本地市场—对外贸易—对外投资”的模式：1993 年，海尔品牌的冰箱进入中东市场，实现了对外贸易；1999 年，海尔在美国南卡罗来纳州建立了美国海尔工业园，实现了对外投资。海尔集团随着企业生产效率的提高而选择了不同的经营模式，并构成了区域经济发展路径的变化：供应本地市场—对外贸易—对外投资模式。当前，我国沿海地区一些优质企业已经走出国门，纷纷向国外进行直接投资。

正如前文所言，区际市场分割与中国“双向型”经济是紧密相连的，两者相辅相成。而沿海地区一旦形成“外向型”经济，其内部的企业便可以更好地利用外部市场接近优势，企业的分异也将更加明显，从而对中国的产业分布产生了重要影响。从我国的制造业分布中可以看出，我们几乎无法找寻到 20 世纪 60～70 年代的“三线建设”产业布局的踪影。从地理上看，制造业仍然主要集中在沿海地区，“外向型”经济打破了中国的产业布局。从时间上看，中国处于制造业空间非均衡分布的阶段，同时也是中国沿海地区“外向型”和内陆地区“内向型”经济快速发展的阶段。因此，我们有理由相信，区域市场的分割及中国的“双向型”经济与中国的产业空间非均衡发展同样有着密切的关系。

第三节　区域政策收效甚微

从 20 世纪末开始，为促进区域的协调发展，中央政府提出了一系列的区域政策：西部大开发（1999 年）、振兴东北老工业基地（2003 年）及中部崛起（2005 年）。据统计，在西部大开发的前 10 年中，中央转移支付达到 4 万多亿元人民币，中央预算内基本建设投资安排西部地区的总量达到 8900 亿元，“十二五”期间还将继续向西部倾斜。国家对西部地区的扶持

① 水平型 FDI 是指在国内外生产相似的产品，只是为了占有国外市场的 FDI。垂直型 FDI 是指企业在国内外的生产属于上下游产业的生产，具有更广义的全球化战略。有关该问题的详细解释参见 Markusen（1995）。

力度如此之大，为何不能有效地促进区域协调发展？的确，区域优惠政策及专项资金补贴能够吸引一些企业到欠发达地区，但这里我们需要考虑这样一个问题，即地区产业份额的增加是否必然能够带来地区经济的增长？

一、区域产业转移政策能促进区域协调发展吗？

为了能够促进区域协调发展，近些年来，大量学者、官员将中西落后地区的发展寄希望于产业的梯度转移，欠发达地区也已经为承接产业的梯度转移做好了充分的准备。各地区对产业梯度转移翘首以盼，似乎产业转移至该地区之后就能够彻底改变该地区落后的局面。产业梯度转移真的能够缩小地区的发展差距吗？

事实上，我们并不应该对产业梯度转移抱有过高的期望。且不论产业转移中出现的环境污染等一系列的问题，我们不妨再仔细想一下，从生命周期理论来看，按照市场的规律，转移出去的产业应该是处于产品生命周期中的成熟期后期或衰退期的产业。如果发达地区有着更高效率的企业出现，这类企业将无法在当地生存，从而必须选择迁移至其他的地区。而如果发达地区没有更高效率的企业出现，那么其将会保持该产业直至衰退期的出现。即便存在着政府的主导因素，但发达地区向欠发达地区转移产业时，仍然是将本地最不需要、生产效率最低的产业转移至欠发达地区。因此，尽管一些企业从发达地区转移到欠发达地区，但是欠发达地区未必真的能够由此而缩小与发达地区之间的差距。

举个简单的例子，现在有两组学生，每组 5 名学生。甲组同学身高分别为 171cm、173cm、175cm、177cm 和 179cm，均值为 175cm；乙组同学身高分别为 163cm、164cm、165cm、166cm、167cm，均值为 165cm。现在将甲组一名身高最矮的同学分配到乙组，其身高为 171cm，在乙组中为最高的成员。初看起来乙组增加了一名身高相对较高的同学，整个小组的身高增加了，能够和甲组的学生缩小身高差距。然而，我们通过简单的计算可以发现，甲组由于剔除了最矮的样本，整体样本的均值变为 176cm，而乙组的均值变为 166cm。两组样本的均值差并没有发生变化。

同样，与我们所举的例子相似，沿海地区向内陆地区转移的产业是沿海地区最劣质的产业。这部分产业伴随着内陆地区在沿海打工的农民工“回流”而一起转移到内陆地区。这在促进内陆地区经济发展的同时，也为沿海地区的经济发展腾出了空间，从而沿海地区与内陆地区的差距反而有可能进一步扩大。在国际上，产业经历了多次的大规模转移浪潮。与以往的产业转移相比，在中国沿海产业向内地的转移中，有着更多的行政力量，而缺少了一些市场的行为。因此，我们所热衷的产业转移政策未必真的能够有效。

二、转移支付或者补贴能促进区域协调发展吗？

改革开放以来，中国经济获得了快速的增长。1978～2012 年，中国 GDP年均增长率高达9.8%。然而，在中国经济快速增长的背后，区域之间的收入差距问题日益凸显。为了促进区域经济协调发展，中央政府在 1999 年、2003 年、2005 年相继提出西部大开发、振兴东北老工业基地和中部崛起等区域政策。以西部大开发为例，2000～2012 年，中央财政累计对西部地区财政转移支付 8.5 万亿元，约占全国转移支付总量的 40%。尽管在西部大开发的前 10 年中，西部地区 GDP 年均增长率达到 11.42%，但地区之间收入差距进一步扩大的状况并没有得到显著改善。为什么转移支付没有起到预期的效果？转移支付政策的再分配效应到底如何？转移支付是否真的能够起到促进区域协调发展的作用呢？

Dupont 和 Martin（2006）在新经济地理学的框架中研究发现，对欠发达地区的补贴会改变本地企业相互之间的竞争及企业规模，从而造成欠发达地区就业和生产水平的下降。由于重置成本的存在，这样一种补贴损害了欠发达地区。新经济地理学以规模收益递增和垄断竞争框架为基础，重点分析了厂商活动区位选择行为对当地经济活动的影响。新经济地理学理论认为，补贴流动性很强的资本及基础设施投资，或者对落后地区厂商创新进行补贴所产生的区位效应是完全不同的（Forslid and Ottaviano，2003）。同样，在要素流动性方面存在很大差异的情况下，对产业活动进行补贴和对居民收入进行补贴所产生的福利效应也是完全不相同的。这就是说，同样是转移支付，但由于转移支付的方式不同，最终的效果是不相同的，甚至出现了比不转移更加糟糕的结果。还要指出的是，税收和转移支付存在一定的“门槛效应”（Baldwin et al.，2003），任何没有达到“门槛值”的补贴都是缺乏效率的，其效果甚微（颜银根，2014b）。

一般来讲，两个地区的一体化程度介于 0 和 1 之间。从新经济地理学的角度来看，在区域一体化的程度大于“突破点”时，则产业迅速集中在某一地区，从“对称”的产业分布转变为核心-边缘分布；在区域一体化程度“持续点”，则地区的产业分布可能会从核心-边缘结构变为“对称”结构。“突破点”可能大于“可持续点”，因此产业的分布具有“路径依赖”的特征，即一旦某个地区成为核心地区，则在没有任何外生力量作用的情况下或者外生力量较小时，这种过程一直持续下去。正因为这种“路径依赖”的存在，有时内陆地区采取任何政策也无法改变经济活动高度聚集在沿海地区的状况。尽管目前内陆地区所制定和实施的优惠政策远远超过了沿海地区，但是对产业转移的作用极其细微，政策效果与我们的预期相去甚远。

传统的经济学无法解释一些“突发性”行为，比如，突发性聚集。现实中的许多变量的变化过程确实存在着某种“门槛值”或者“临界值”，变量的变化过程是非线性过程而不是线性过程。达到临界值之前的变化过程，我们称为“量变”过程，是进行不断的积累过程，一旦达到临界值，则会发生“质变”，这在上面已经涉及。由于大量的厂商集聚在沿海地区，沿海地区的“本地市场效应”和“价格指数效应”很强，沿海地区的聚集租金(即企业选择核心区所获得的收益超过选择边缘区所获得的收益部分)很大，对厂商和要素的流动具有很强的吸引力。假定现在对内陆地区劳动力的补贴额小于“门槛值”，沿海地区的实际工资仍然高于内陆地区的实际工资，内陆地区的劳动力还是流向沿海地区。通过劳动力（价格指数效应）及产业流动（本地市场效应）所形成的“循环累积因果”联系，产业会进一步地向沿海地区转移，补贴无法促进内陆地区产业的增加。当然，如果补贴超过“门槛值”，则结果会完全不同。当内陆地区对劳动力的补贴使得内陆地区的实际工资水平超过了沿海地区时，则劳动力会不断地向内陆地区“回流”，从而通过“本地市场效应”和“价格指数效应”所形成的“循环累积因果”，劳动力和产业不断向内地转移，补贴促进了内陆地区产业的增加。

这里我们只是简单地分析了当前的区域政策，从中发现了现有的区域政策为何会失效。如果按照人均 GDP 来看的话，目前中国的经济水平只是刚达到西方发达资本主义国家在 20 世纪之初的水平，而且中国目前所走的道路也是西方发达资本主义国家曾经走过的经济地理学演化之路（Krugman，1991）。鉴于中国经济中当前存在的诸多问题与产业活动的空间分布有着种种关联，本书中我们将研究重心转向产业活动空间非均衡分布。与传统的新古典理论不同，新经济地理学不仅将地理距离这一重要的空间因素纳入到经济学的体系中，而且探讨了空间因素对经济的影响。更为重要的是，新经济地理学对多重均衡、内生非对称等有着强有力的解释。因此，采用新经济地理学的方法研究区域政策更加具有意义。Baldwin 等在 2003 年出版的《经济地理与公共政策》一书中，对一些公共政策进行了深入的分析。遗憾的是，在该书出版时关于企业异质性的研究也只是刚刚兴起。而融入异质性贸易理论的新经济地理学有着一些全新的结论，从而更加能够解释区域经济问题。鉴于此，本书中我们在新经济地理学的理论中融入企业异质性，并对不同类型的区域政策进行更加全面的分析，以期对中国区域经济政策的制定起到一定的指引作用。

第二章 新经济地理学与区域政策

Krugman（1991）在《政治经济学杂志》（*Journal of Political Economy*, JPE）上发表 Increasing returns and economic geography 一文，由此开辟了新经济地理学的研究。其后，Fujita 等（1999）、Brakman 等（2001）及 Baldwin 等（2003）的 3 部巨作的出现则标志着新经济地理学正式进军主流经济学。[①]在 Increasing returns and economic geography 一文发表 10 年之后，《经济地理杂志》（*Journal of Economic Geography*，JEG）正式创刊，从而进一步推动了新经济地理学的发展。[②]经过 20 余年的发展，新经济地理学无论是在理论研究方面还是在实证研究方面都取得了较大的进展。

Krugman 构建的新经济地理学核心-边缘结构模型（core-periphery, CP），奠定了其对区域经济学作出的贡献。Krugman（1991）阐述了厂商对区位的选择依赖于消费者的需求（本地市场效应）；与此同时，地区消费者的需求决定了厂商的分布（价格指数效应），在规模报酬递增和运输成本的作用下，出现了区域的分异。核心-边缘模型是对经典区位理论（Christaller，1933；Losch，1956），以及区域非均衡增长理论（Myrdal，1957；Hirschman，1958）的一种延续。区域经济学中重视空间的相互影响，包括商品贸易、移民、资本流动、区域间的赠予、汇寄、知识传播等，尤其是要素在空间上的流动，而这些都是在新经济地理学的框架中可以实现的。

本书后面的章节中对区域政策进行了大量的研究，并且这些研究主要是以新经济地理学的基础模型为依据，因此在开展详细的区域政策研究之前，我们有必要在本章中对新经济地理的理论基础，以及新经济地理学在区域政策中的应用进行详细的介绍。

---

① 这 3 本巨著分别是 Fujita、Krugman 和 Venbales 于 1999 年出版的 The Spatial Economy:Cities, Regions, and International Trade（麻省理工大学出版社）；Brankman、Garretsen 和 Van Marrewijk 于 2001 年出版的 An Introduction to Geographical Economics（剑桥大学出版社）；Baldwin 和他的弟子们在 2003 年出版的 Economic Geography and Public Policy（普林斯顿大学出版社）。

② 《经济地理杂志》从创刊之初就立足于高端，《经济地理杂志》在短短 10 年发表了大量的新经济地理学方面的文章。2010 年，该期刊已经成为经济学类影响因子排名第 5 位和地理学类影响因子排名第 1 位的国际顶尖刊物。尽管近几年新经济地理热潮出现了消退，但 2014 年该期刊影响因子仍然在地理学期刊中排名第 5 位，在经济学期刊中排名第 23 位。

第一节　新经济地理学：融入空间维度的经济学

长期以来，经济学和地理学沿着两个不同的轨迹向前发展，彼此之间并没有太多的共同语言。在经济学家看来，地理学家的分析只是一些描述性分析，缺乏研究的描述性分析（Jovanovic，2009）；而在地理学家看来，经济学只是假定生产和消费活动发生在针尖上，缺乏空间维度，空间及其主要组成要素在很大程度上要么被等同看待，要么被忽略（Combes et al.，2008）。主流经济学中缺乏空间维度并不意味着他们不想将空间因素纳入到主流经济学中，只是他们一直没有找到合适的工具（颜银根和安虎森，2013）。

一、主流经济学中空间维度的缺失

厂商区位的研究，在经济学和地理学的研究中从来没有缺失过。正因为如此，当今的区域经济学和经济地理学仍然有着深厚的渊源，有着共同的区位论基础。但是，毫不夸张地说，在 Krugman 的《规模报酬递增与垄断竞争》一文发表之前，空间因素仍然没有融入到主流经济学中，经济学中的空间并没有得到主流经济学家应有的重视。

在古典区位理论的研究中，对农作物生产区位的选择，以及工业区位的研究已经达到了制高点。但是，古典区位的研究中会选择以运输成本最小化为原则，而不是以我们现如今所常用的利润最大化为基础。比如，Von Thünen（1826）在研究工业经济时期农作物的区位时，曾经对农作物在离城市中心不同距离时的收入及支出进行计算，以此来确定农业生产的区位；Weber（1909）在研究工业区位时，指出区位因素就是成本优势，厂商将会据此来选择区位，运输成本最小化应该是工业区位选择的标准。

对此，现代经济学的研究者可能比较难以理解，企业选择区位为何会以运输成本最小化作为判定依据。但是，如果我们了解一下世界经济史中运输成本的变化，则将不再难以理解。Bairoch（1997）的研究显示，1800～1910 年实际的运输价格（加权平均值）大约下降了 95%。相比较而言，在 Von Thünen 或者 Weber 的时代，运输成本相对较高。无论是农产品还是工业品，都是相对较为“笨重”的，从而在生产销售过程中需要支付大量的运输成本。正是因为运输成本在整个生产销售活动中十分重要，在早期的古典区位论的研究中更加重视运输成本，选择区位时以运输成本最小化为导向。

在新古典区位理论中，厂商选择区位的原则不再是运输成本最小化，而是利润最大化。比如，Hotelling（1929）的空间竞争区位理论及 Christaller（1933）的中心地理论，他们对区位的研究选择了利润最大化。在 20 世纪 50～60 年代，一些地理学家所做的研究中同样涉及厂商的区位。比如，Harris（1954）就指出厂商选择区位的重要因素之一，是更好地接近市场（或者我们现在使用得更广泛的“市场潜能”）。但是，我们发现相关的研究似乎都没有找到将空间因素纳入到主流经济学中的合适工具，这也导致注重时间维度的主流经济学对这些理论视而不见（Krugman，1998）。

上述尝试之所以没有取得极大成功，与新古典经济理论无法放弃传统的规模报酬不变范式不无相关。如果经济活动规模报酬不变，在完全竞争的市场中厂商并没有任何动力去增加产出，经济空间变成无限可分割的空间，厂商无需聚集在部分地区，区域间也不会出现收入差距，各地将更有可能选择自给自足。Starrett 在 1978 年公开发表的论文《自由流动下的市场配置区位模型》（Market allocations of location choice in a model with free mobility）中指出，在区位有限的经济中，如果空间同质且存在运输成本，并且偏好有着局部非饱和性，则不存在包含商品运输的区位竞争均衡。Starrett（1978）表明如果要想解释经济活动在空间上的分布，则我们至少需要从 3 个切入点去解决：采取国际贸易理论假定空间是同质的；采取城市经济学的假设，即生产和消费是具有外部性的；或者放弃市场是完全竞争的假设。

但是，在经济学的一般均衡框架下，探讨规模报酬递增并不容易。更为关键的是，经济学研究中的“路径依赖”，使得主流经济学家不愿意轻易放弃已经有着较大发展的新古典经济学框架。所幸的是，在 20 世纪 70 年代产业组织理论得到了快速的发展，如 Spence（1976）、Dixit 和 Stiglitz（1977）。产业组织理论将垄断竞争与规模报酬递增相结合，构建了垄断竞争的一般均衡模型。正是由于不完全竞争可以纳入到模型中，空间最终才得以纳入到主流经济学中（Krugman，1998）。

二、经济学与地理学的对话

经济学和地理学之所以没有共同的语言，是因为两者相互融合并不容易。长期以来主流经济学中缺乏空间维度，但并不意味着其不想将空间因素纳入到主流经济学中，只是他们一直没有找到合适的工具，这一点我们在上文中已经多次提及。

比较具有代表性的是，Von Thünen（1826）在研究工业经济时期农作物的区位时，尝试性地将空间纳入到经济学中。然而，这一研究并没有引起主流经济学家们的足够重视，直至 Alonso（1964）将之发展并形成了城市经济学。但是，城市经济学的研究领域过窄，城市经济学研究城市或区域的经济活动时，就好像城市或区域是“漂浮的岛屿”，没有考虑城市或区域之间的经济联系（Fujita and Mori，2005）。

Hotelling（1929）的空间竞争模型是经济学中融入空间的另一尝试，然而与他同时代的经济学者们只是将之看作解释市场失灵的双寡头垄断（Combes et al.，2008）。但是，这两次尝试并没有取得极大的成功，这与新古典经济理论无法放弃传统的规模报酬不变范式有着直接的关联。如果经济活动规模报酬不变，那么任意细小的生产单元都将相似，自给自足将成为经济活动的主流。商品无需流动，经济也不会出现集聚。规模报酬递增和垄断竞争能够解释活动的空间集聚，但在经济学中的一般均衡框架下探讨这些问题并不容易，直到 Dixit 和 Stiglitz（1977）为此提供了合理的工具。

Krugman（1991）借助于 Samuelson（1952）的“冰山贸易成本”，将空间因素融入到经济学中，由此构建了经济学和地理学的桥梁。[①]然而在地理学者看来，Krugman 的新经济地理学并不属于地理学范畴，甚至认为 Krugman 对地理学完全不理解（Martin，1999）[②]，其实，地理学家们对新经济地理存在质疑并不奇怪，经济学家们更加喜欢采用数学的方法来分析，而地理学家们则在 20 世纪 60 年代计量革命之后彻底放弃了数学，转而攻向马克思主义地理和模糊方法。然而，我们不得不承认，的确是新经济地理学将空间甚至经济地理带入到主流经济学中，引起了主流经济学的重视。

如果说新经济地理学是经济学和地理学成功融合的产物，那么《经济地理杂志》则为经济学和地理学的融合提供了一个高水平对话的平台。《经济地理杂志》创刊于 2001 年，在 10 年的时间内该期刊已经成为经济学类和地理学类高影响力的国际重点刊物。为了研究经济学和地理学之间的融合问题，Brakman 等（2011）做了一项有意思的研究。他们根据《经济地理杂志》近 10 年内刊载的文章，以及顶尖的经济学家和地理学家文章被另一学科学者交叉引用的情况，来看经济学和地理学的融合。研究发现，尽管相互忽视的情况仍然存在，但是从被研究的期刊和学者两个角度来看，这种“相互忽视”正在逐步减弱。

正如 Storper（2011）和 Rodríguez-Pose（2011）所言，经济学家们和地理学家们需要相互学习。经济学家更加擅长于正式的数学分析，而地理学

---

① 国内多数研究将“iceberg transport cost”翻译成“冰山运输成本”、“冰山交易成本”或者“冰山贸易成本”。本书中我们采用国内新经济地理学和国际贸易理论中常用的翻译，即“冰山贸易成本”。

② “新经济地理学”有两个不同理解：一是经济学中以 Krugman（1991）为代表的新经济地理学；二是从 20 世纪 80 年代开始，经济地理在制度、文化、关系与尺度转向的“新经济地理学”。在本书中如无特殊说明，是指经济学中的“新经济地理学”。

家则更加偏好于案例分析等方法（Brakman et al.，2011）。虽然 Martin（1999）、Sheppard 和 Barnes（2000）及 Overman（2004）都为两者共同发展提出了建议，但经济学和地理学的融合仍然只是处于一个初级阶段。

关于经济学和地理学未来可以在哪些方面逐步展开合作，Rodríguez-Pose（2011）提出了一些自己的看法。他认为经济学和地理学可以在方法论、研究议题及政策方面展开合作。

首先，正如我们在前面所说，经济学家更加偏好于规范的理论建模，而地理学家则更加喜欢经验和案例的研究。传统经济地理学的案例研究非常具体而全面，但是案例的特殊性使得其难以得到一般化的结论（潘峰华和贺灿飞，2010）。在两者都存在各自局限性的情况下，微观数据的增加为经济学家研究异质性的偏好、劳动力迁移，以及厂商的生产技术提供了契机，同时也融入了地理学家感兴趣的地理外部性和时间维度。

其次，经济学和地理学可以在关于知识和信息在地理距离上的传播方面展开合作，而在这一方面地理学者已经积累了丰富的经验。而对于经济活动的空间集聚，经济学和地理学仍需合作。尽管 Duranton 和 Storper（2006）对此已经进行了深入的研究，地理学家也许对路径依赖和区位锁定的研究更深于经济学家，但地理学家对于路径依赖为何会出现，以及为何会出现在特定的地区解释仍然不够（Martin and Sunley，2006）。

最后，也许经济学和地理学最能合作的地方在于政策方面。从政策角度来看，经济学缺乏空间维度的政策显然是盲目的，而地理学以地区为基础的政策是难以执行的。也许正如 Garretsen 和 Martin（2011）所述，现在经济学和地理学应该重新作出新的规划了。

值得一提的是，空间经济学（spatial economy）并不能与新经济地理学完全画等号，空间经济学的范畴应该比新经济地理学的范畴更广。空间经济学应该是泛指经济学研究中纳入空间因素的相关研究，从这个角度来看，传统的区位理论、新经济地理学、部分贸易理论，以及空间计量经济学都应该归类于空间经济学。而新经济地理学只应包括 Krugman（1991）以后出现的以“冰山贸易成本、规模报酬递增及不完全竞争”为理论基础的相关研究。新经济地理学与产业组织理论、新贸易理论及新增长理论有着同源性，因此新经济地理学的研究范畴相对较广。从新经济地理学目前的研究文献来看，新经济地理学与区域经济学、国际贸易理论、城市经济学、产业经济学、财政学、劳动经济学等有着广泛的交叉，因此凡是以新经济地理学的理论框架为基础的相关研究，我们都可以认为属于新经济地理学学科。尽管最初 Fujita 等（1999）只是为了避嫌而使用了“空间经济学”，但这并不代表“空间经济学”与“新经济地理学”完全等同。反而，

Brakman 等（2001）使用的“地理经济学”（geographical economics）更加接近于“新经济地理学”。

第二节 新经济地理学的理论基础

尽管在 20 世纪 50～70 年代区域经济学理论研究中采用了经济学的一般均衡分析，但是与主流济学一样，始终无法摆脱市场完全竞争的假设。20 世纪 70 年代末 80 年代初，产业组织理论得到快速发展，垄断竞争和规模报酬递增得以在一般均衡框架中解决。在产业组织理论的文献中，Dixit 和 Stiglitz 在 1977 年发表的论文《垄断竞争和最优产品多样化》引起了广泛关注，成为新贸易理论、新增长理论，以及新经济地理等理论研究中常采用的基础模型。与此同时，城市经济学逐步得到发展，与区域经济学大有分道扬镳之势。Krugman 顺应时代的潮流，将 D-S 框架与 Samuelson 在 1952 年提出的“冰山贸易成本”融合起来，形成了全新的新经济地理学理论。其在 1991 年发表的论文《规模报酬与经济地理》（Increasing returns and economic geography）成了新经济地理学的奠基之作，核心-边缘模型成为解释区域收入差距的利器。

一、冰山贸易成本

在新经济地理学的理论研究中，“冰山贸易成本”几乎是不可或缺的重要变量。Samuelson（1952）最早将“冰山贸易成本”模型化，并指出产品在贸易过程中会有 τ 部分被“融化”掉，只有部分商品最终能够抵达运输地点，融化掉的部分才能作为产品的贸易成本。[①]这种建模技术极大地简化了模型，使得“冰山贸易成本”成为空间经济理论研究中的重要工具。同一时期的 Isard（1956）做着相似的工作，成功地将地理因素纳入到区域经济理论中去。在国际贸易理论研究中，这种“冰山贸易成本”完全可以看作关税成本，从而为贸易理论的研究开辟了新的天地。

本质上而言，Samuelson（1952）的“冰山贸易成本”并没有将空间因素纳入到经济学理论中去。我们之所以这样说，是因为在早期的研究中运输成本仍然被假定为是外生的，并且取值固定不变。这种运输成本中没有考虑到真实的运输距离，更没有考虑到运输距离发生变化后运输成本可能

---

① 有关“冰山贸易成本”的思想可以追溯到 Von Thünen（1826），作者提出了“冰山贸易成本”的最初萌芽，研究中采用“马在运输途中吃掉部分粮食以便货物能够顺利到达目的地”来说明地理距离的重要性。

并非线性的事实。正是由于冰山贸易成本并非地理距离的连续方程，因此虽然新贸易理论中已经将“冰山贸易成本”和 Dixit 和 Stiglitz（1977）的模型进行了很好的结合，但是空间因素仍然没有能够融入到主流经济学中去（McCann，2005）。

但是，在新经济地理学模型中，运输成本是距离的连续方程，产品在其他地区的售价是本地售价的 $e^{-\tau D}$ 倍（Krugman，1991）。其中 τ 仍然是“融化”掉的部分，D 是产品生产地区和销售地区之间的距离。取对数之后我们发现，产品售价和运输距离之间的弹性系数为 $-\tau$ 。换句话说，冰山距离衰减率是保持固定不变的（图2-1）。在新经济地理学的研究中，“冰山贸易成本”通常被看成是多种成本的累积，这其中包括诸如运输成本、时间成本、政策障碍、信息成本、合同执行成本、折现成本、法规成本等在内的一系列成本（Anderson and Wincoop，2004）。当然，这些成本之间有着一些差异，比如，Behrens（2006）在研究中发现，关税和运输成本对产业集聚有着相似的作用，两者的降低都将有助于产业集聚。相比较而言，运输成本的降低比关税的降低更加能够促进产业的集聚。Bosker（2008）在博士论文的第二章中，以及 Bosker 等（2010）对贸易成本的间接度量进行了比较研究，研究中发现采用间接度量的方法能够更好地描述贸易成本。

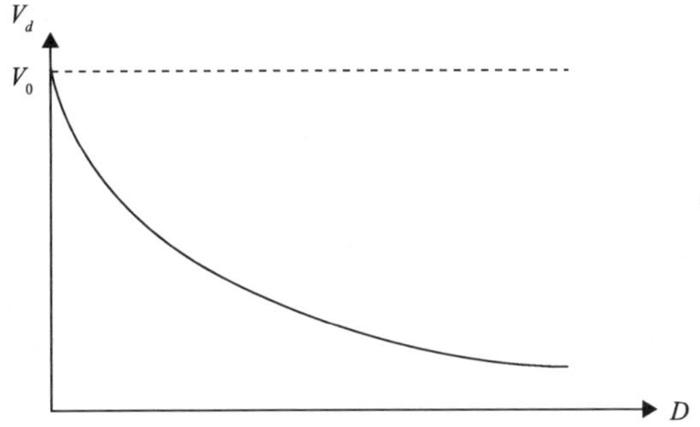

图 2-1　冰山距离衰减

V_0：商品本地价值，V_d：运输到 d 地区商品的数量

资料来源：McCann, 2005

虽然新经济地理学中多数的研究建立了运输成本与距离之间的关系，但是研究中并没有深入地分析“冰山贸易成本”内生化的问题。Duranton 和 Storper（2008）将贸易成本内生化，研究发现在制造设备销售中，低运输成本导致贸易对运输距离的敏感性先增后减。此外，Behrens 等（2009）内生化了运输成本，重点分析了运输成本与产业区位，以及消费福利相互之间的关系；Gruber 和 Marattin（2010）则在分析税收、基础设施与运输成本相互之间的关系时内生化了运输成本，两者的研究结论与以往的研究

结论有着一定的差异。毫无疑问，有关“冰山贸易成本”的内生化将是未来发展的一个重要方向。

二、垄断竞争

现实世界中垄断无处不在，因此早在20世纪30年代垄断竞争就引起了大量经济学家的关注。在1933年，Chamberlin（1933）和Robinson（1933）分别出版了《垄断竞争论》和《不完全竞争经济学》两本具有代表性的巨作，由此开辟了垄断竞争的研究。Chamberlin（1933）对垄断竞争进行了定义，指出了垄断竞争与完全竞争的异同：①厂商销售差异化的产品；②厂商在规模报酬递增下生产产品并进行定价；③行业中厂商数据较多，单个厂商的行为足可以忽略；④厂商可以自由进出。

Kaldor（1934）对Robinson（1933）进行了批评，并认为Robinson夫人的假设与研究结论是相分离的，他认为只有当不同厂商的消费者偏好分异时，单个厂商的价格变化才不会引起消费者对其他厂商产品的需求。Triffin（1941）对这种外部依存关系进行了详细的研究，并认为实际上Chamberlin和Robinson夫人研究的是同一个问题。Kaldor认为，虽然Chamberlin花费了大量的篇幅介绍寡头垄断，但是垄断竞争却是其研究中最具有独特性的内容。

当然，垄断竞争的模型化并不容易。正如Vives（2001）所指出的那样，无论是Hotelling（1929）对空间竞争的分析，还是Chamberlin（1933）对垄断竞争的分析，产品差异化始终是不完全竞争分析的关键所在。在一些经典的空间竞争模型中，如Hotelling（1929）的线性模型及Salop（1979）的环形模型中，产品差异化及产品价格竞争仍然是厂商区位选择的重要替代。经过Lancaster（1975，1980）、Spence（1976）、Dixit和Stiglitz（1977）等的发展，垄断竞争逐渐变得简化且易于处理。其中以Dixit和Stiglitz（1977）所使用的不变替代弹性（constant elasticity substitute, CES）使用得最为广泛。Dixit和Stiglitz（1977）的框架几乎成了新经济地理学理论模型研究中不可或缺的一个假设条件。但是，在这一框架中所研究的模型，通常仍然是难以处理的，多数研究没有显性解。

Ottaviano等（2002）提出了新经济地理学的线性模型，开辟了新经济地理学研究的另一条道路。当然，由于不变替代弹性的假设过于严格，Behrens和Murata（2007）及Behrens等（2009）在新经济地理学的框架下采用了其他形式的垄断竞争框架。但是，由于Behrens和Murata（2007）的框架相对比较复杂，目前还没有得到广泛的应用。

三、规模报酬递增

企业生产的规模报酬可以分为规模报酬递减、规模报酬不变及规模报酬递增。如果只是像“后院资本主义”那样，厂商在完全竞争的市场中以规模报酬不变生产并销售商品，那么厂商并没有任何动力去增加产出。经济空间变成无限可分割的空间，厂商无需聚集在某些地区，区域间也不会出现收入差距。但是，在现实世界中，由于生产要素的不可分割性等原因，厂商的生产经常表现为规模报酬递增。如果厂商的生产具有规模报酬递增的特征，那么追求利润最大化的厂商就会尽可能多地生产商品。当然，厂商的生产不会无限扩大，厂商所生产的产品是否能够销售出去还取决于该厂商生产的产品与其他厂商生产的产品之间的替代弹性，即取决于厂商之间的竞争。

Ethier（1982）在对中间产品的研究中，对内部规模经济及外部规模经济进行了区分。进一步地，Gill 和 Goh（2010）则对规模经济进行了分类，指出规模经济主要来自 3 个方面：①厂商单位产出的投入成本不断减少；②从投入和基础设施共享中获得的本地化生产；③通过知识溢出所产生的城市化生产。其中，厂商单位投入的减少为规模经济的内部性（或内部规模经济），而本地化生产（即Marshall-Arrow-Romer 外部性）及城市化生产（即Jacobs 外部性）为规模经济的外部性（或外部规模经济）。在新经济地理学的建模中，主要采用规模经济的内部性，即以单位产出的投入逐渐减少，作为主要的方法来说明规模报酬递增。

可以说，规模报酬递增和垄断竞争是分不开的。虽然在 20 世纪 30 年代垄断竞争的研究成果颇丰，然而真正将之运用到极致还是在与规模报酬递减相结合之后。经过产业组织代表人物 Lancaster（1975）、Spence（1976）及 Dixit 和 Stiglitz（1977）等的努力，产业组织理论在 20 世纪 70 年代获得了快速的发展，而规模报酬递增与垄断竞争的框架推动了一些全新学科的出现。Roberts（2009）对近 30 年内规模报酬递增的应用进行了总结，从图 2-2 中我们可以了解到规模报酬递增对多个学科发展所作出的贡献。

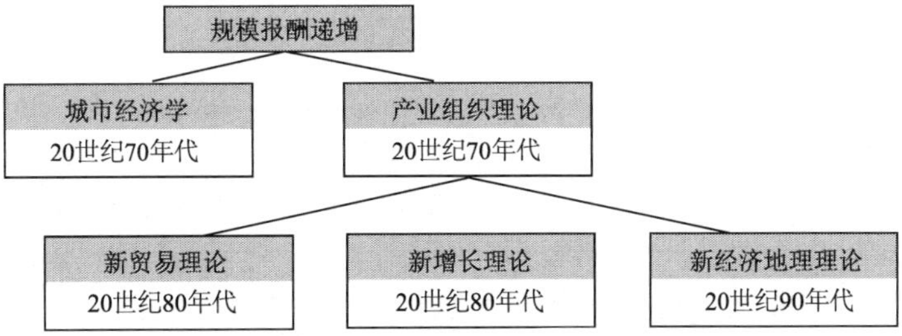

图 2-2　规模报酬递增在理论研究中的应用

资料来源：Roberts，2009

20世纪70年代，规模报酬递增率先在城市经济学的研究中得到全面的发展，其中以 Henderson（1974）最具代表性。当然，最初城市经济学的研究中只是研究城市，以及城市体系中的外部规模报酬，并没有开始真正的规模报酬和不完全竞争的革命。Krugman（1998）指出，规模报酬递增和不完全竞争的革命先后经历了四波。产业组织理论的研究拉开了这场革命第一波的序幕。正是经过了 Lancaster（1975）、Spence（1976）、Dixit 和 Stiglitz（1977）及 Salop（1979）等的发展，规模报酬递增和不完全竞争得以模型化。其中，应用最为广泛的 Dixit 和 Stiglitz（1977）的研究成为后三波革命的共同基础。Krugman（1980）、Lancaster（1980）及 Ethier（1982）等对产业内贸易的研究为这场革命的第二波，在20世纪80年代形成了新贸易理论。然而，这场革命还远没有结束。Romer（1987）、Lucas（1988）引起了这种革命的第三波，进一步在规模报酬递增的基础上研究了内生增长理论，形成了全新的新增长理论。

但是，无论是产业组织理论、新贸易理论还是内生增长理论，空间因素始终没有能够纳入主流经济学中。直到 Krugman（1991）在 D-S 框架中加入“冰山贸易成本”之后，空间因素成为主流经济学的一部分。在经过 Krugman 和 Venables（1995）、Martin 和 Rogers（1995）、Venables（1996）、Fujita 等（1999）及 Baldwin 和 Forslid（2000）的发展之后，新经济地理学逐步形成，成为这场革命的第四波。

值得注意的是，Combes 等（2008）指出规模报酬递增和运输成本之间的权衡，是理解经济地理学的基础。尽管新经济地理学的研究中始终强调规模报酬递增或不变，但是在未来的研究中我们需要进一步地考察规模报酬递减的问题。Potter 和 Watts（2011）最新的研究就指出，厂商更有可能会随着产量的增加而经历规模报酬先递增后递减。此外，在新经济地理学的发展中，同时也出现了与上述三次革命的交叉之处。

第三节　新经济地理学与区域政策研究

本质上而言，新经济地理学的开篇之作，是对区域收入差距、产业非均衡分布的研究。换句话说，从一开始新经济地理学就与区域经济学有着紧密的关联。在新经济地理学的模型中研究区域政策和政策的评估也是较为合理的，Baldwin 等（2003）出版的《经济地理与公共政策》为此提供了很好的范本。

一、新经济地理学与区域经济学

Fujita（1999）在第 21 届东北区域经济学年会（美国康奈尔大学，1999 年）对 Isard（1956）的研究进行了回顾。他在讲演中指出，Isard 于 1956 年发表的区域科学的奠基之作 Location and space-economy 中有着很多重要的思想，而这些重要思想正是新经济地理学中的核心内容。首先，我们都知道，在新经济地理学中，无论是在区域模型中还是在城市模型中，分散力和聚集力之间的均衡始终是研究的关键所在。在新经济学的研究中，聚集力为“本地市场效应”和“价格指数效应”，分散力为市场拥挤效应。产业的聚集与发散实质上是聚集力与分散力权衡的结果。当聚集力大于分散力时，产业趋于聚集；当分散力大于聚集力时，产业趋于分散。实际上，Isard（1956）的研究中早就已经指出，“……规模报酬递增所产生聚集力……规模报酬递减产生的分散力……”其次，Isard 在该文中同时还指出了在空间经济学中需要采用 Chamberlian 的垄断竞争，而不仅仅是空间竞争。恰恰是 Chamberlian 的垄断竞争在 20 世纪 70 年代的模型化，为新经济地理学的发展提供了重要的方法。此外，值得一提的是，文中提出了“演化的方法”，而区域一体化对产业聚集的动态演化似乎验证了这种“演化的方法”。

正如 Behrens 和 Thisse（2007）所说的那样，多数时候，我们研究区域问题时采用了研究全国问题的方法，比如，区域的投入产出表、区域贸易、区域的哈罗德-多马（Harrod-Domar）增长模型。事实上，区域科学的研究中有两个重要的特征：至少两个以上的地区；代理人（消费者或者厂商）的流动。如果没有两个以上的地区，那么这与宏观经济的研究没有任何区别；而如果只有货物的流动而没有代理人的流动，则这与贸易理论没有本质的区别。

区域经济学和新经济地理学有着一系列的异同点：首先，区域经济学研究的核心观点是空间相互作用（spatial interaction），而在新经济地理学现有的研究中恰恰重视要素和商品的流动。[①]传统的区域理论与贸易理论相似，它们只是假定区位的生产要素给定，但是在新经济地理学中则是内生决定了区域体系。其次，在区域经济学的研究中，通常会争论区域的连续性或者离散性，但是在新经济地理学的研究中，即使假定区域是连续的，经济活动在空间上也会出现非均衡分布。最后，正如 Starrett（1978）所说

① 空间的相互作用包括广泛的空间摩擦，比如，商品贸易、移民、资本流动、区域互赠、居民收入的转汇、区域之间知识的传递，以及商业周期循环等。

的“空间不可能定理”那样，同质空间的分异现象在规模报酬不变和完全竞争的传统区域经济学框架中是无法得到解释的，但是在以规模报酬递增和垄断竞争为基础的新经济地理学框架中却能够得到很好的解释。[①]

二、新经济地理学与区域政策

新经济地理学中关于区域政策的研究包括贸易政策与自由贸易区、财税政策及就业政策。新经济地理学有着完整的理论基础，对微观主体有着充分的研究，因而更加便于进行区域政策的分析。

在标准的新经济地理学模型中，我们通常假定地区之间的贸易成本是对等的，即两地区对外的贸易自由度相等。在 Baldwin 等（2003）的《经济地理与公共政策》一书的第十三章中，对地区不同的贸易自由度进行了分析，研究中主要探讨了贸易保护的降价效应（price-lower protection effect，PLP）。研究结果表明，单边贸易保护政策提高了采取这一措施国家的工业份额。Behrens（2005）的研究指出，由于非对称运输成本的存在，随着运输成本的降低，非对称的市场引起了地区之间的差异。此外，Puga 和 Venables（1997）在新经济地理学的框架中研究了优惠贸易协定（preferential trading arrangement，PTA）中的生产和投资的转移问题，研究发现单边贸易政策或者双边贸易政策在实行贸易自由化方面都可以成功地吸引产业集聚。Puga 和 Venables（1998）进一步研究了优惠贸易协定对欠发达地区经济发展的影响，研究指出了单边贸易自由化增加了本地工业产业的进口，由于本地进口产品的成本降低，从而能够从中获得好处。此外，优惠贸易协定对地区经济发展的影响总是会超过一国实施单边的贸易政策。

绝大多数的新经济地理学模型中并没有考察区域政策，比如，税收、转移支付及基础设施的建设。Ludema 和 Wooton（2000）较早地在新经济地理学的框架下研究了地方政府的税收对产业空间分布的影响。研究发现，无论是劳动力流动性的增强还是运输成本的降低所产生的一体化，都会导致税收竞争的强度减小，由此造成了均衡税率相对较高。此外，在聚集力较强时，经济一体化将会导致税收竞争更加激烈。Kind 等（2000）同样在新经济地理学的框架中考察了地方政府对国外资本和本地劳动力征税的效应。研究中发现，如果集聚出现在一个地区，即便核心地区设定的资

---

① 空间不可能定理（spatial impossible theory）：假设经济体中的区位、消费者及数量是有限的，如果空间同质并且偏好是局部非饱和的，那么就不存在包括运输成本的竞争均衡。也就是说，在规模报酬不变的框架下，空间的同质性与运输成本是不可能同时存在的。如果厂商在空间流动时存在着运输成本，完全竞争的市场体制将会瓦解。

本税率远高于边缘地区，集聚仍然可能出现在该地区，从而核心地区的居民福利会得到进一步提高。当然，如果地区产业对称分布，两国都不会设定高额税率，只会进行补贴竞争。Baldwin 和 Krugman（2004）指出，由于聚集租金的存在，区域间的税收竞争是“竞争至顶”（race to top）而不是“竞争至底”（race to bottom）。除此之外，Andersson 和 Forslid（2003）、Forslid（2004，2005）及 Forslid 和 Midelfart（2005）等在新经济地理学的框架下，对税收竞争的最优税率等进行了深入的研究。

Dupont 和 Martin（2006）较早地在新经济地理学的框架下研究了政府补贴对产业集聚的影响。研究中发现，当厂商重新选择区位时，在存在补贴时所有的企业利润都将提高。发达地区有着大量的企业，因此对欠发达地区企业的补贴实质上是对所有地区企业进行的补贴。此外，研究中还指出，对劳动力的补贴与对企业的补贴效果存在较大的差异。其后，Toulemonde（2006）重点研究了工人对获取技能（acquisition of skills）的投资将引起的产业集聚变化，并指出政府的补贴可以影响工人对获取技能的投资水平。Borck 等（2012）进一步研究了区域补贴的问题，研究中假设区域是非对称的，并且资本可以自由流动，但是资本收益返回原地。研究中发现，当区域中工人和资本家的比例均衡时，核心地区会设定相对较低的补贴。但是，当区域内工人的比例相对较大时，核心地区需要给予较高的补贴，以避免企业重新选择区位而流失。

新经济地理学中关于就业政策的研究几乎不存在，目前新经济地理学对劳动力市场摩擦的研究也是绝无仅有的。在多数新经济地理学的研究中假定劳动力市场是充分就业的，但是现实世界中失业却是无处不在。欧洲联盟（European Union）一些国家的失业率甚至达两位数，失业对产业集聚同样会产生影响。Epifani 和 Gancia（2005）较早地在新经济地理学的框架中研究了失业与地区生产效率之间的关系，研究中发现地区生产效率的差异会导致地区失业率差异的出现。在核心地区，企业存在着聚集租金，并且地区生产率相对较高，从而核心地区的失业率较低。此外，研究中还发现短期内人口的流动可以减少地区的失业差异，但是长期内地区之间的失业差异会加大。Egger 和 Seidel（2008）则在新经济地理学的框架中加入了公平工资的约束，以此来研究不完全的劳动力市场下的产业集聚问题。研究中发现，公平工资（fair wage）扭曲了市场出清时要素的价格，从而产业集聚与标准的核心-边缘模型（C-P 模型）出现了差异。Vom Berge（2013）在新经济地理学的框架中加入了劳动力市场的摩擦，研究发现高失业率和低失业率在长期均衡时都是有可能存在的。Francis（2009）及 Zierahn（2013）等也对相关问题进行了研究。

此外，Martin 和 Rogers（1995）对基础设施建设与产业分布进行了研究，研究发现区域内部基础设施的建设能够有效地吸引企业重新选择区位，有利于欠发达地区。但是，区域之间基础设施的建设不利于欠发达地区的发展，欠发达地区的产业会不断地向发达地区转移。此外，Becker 和 Fuest（2010）研究了欧洲联盟税收与基础设施建设得出了类似的结论，Gruber 和 Marattin（2010）在新经济地理学的框架下，分析了税收用于基础设施建设所造成的税收扭曲问题。

三、区域政策中微观主体的异质性行为[①]

新经济地理学与新贸易理论有着相同的理论渊源，因此随着新贸易理论（或异质性贸易理论）的发展，一些经济学家正期待新经济地理学能够与企业异质性有着更好的结合，从而形成新新经济地理学。按照 Behrens 及 Ottaviano 等的理解，凡是那些包括企业异质性、消费者偏好异质性或者移民异质性的新经济地理学的研究，都应该属于新新经济地理学的范畴，而不是像国内一些学者所提出的新新经济地理学只是指融入企业异质性等的新经济地理学模型。根据微观主体的不同，我们可以将新新经济地理学的研究分为两类：异质性消费者和异质性厂商。

在经典的新经济地理学理论研究中，我们通常假定消费者为代表性消费者。这就表明消费者在偏好、迁移等方面是完全相同的，这种简化为经济学的发展铺平了道路。但是，只要我们环顾周边的亲朋好友，就不难发现每个人的偏好都存在很大的差异。这种偏好是多方面的，比如，对产品的偏好，对移民的偏好，以及对储蓄的偏好，等等。

不同的消费者对不同商品有着不同的偏好，但是在经典的新经济地理学中放弃了这种基本假设。McFadden 致力于研究消费者的离散选择理论，比如，对于教育、职业、居住地、婚姻状况及子女数等的选择，也因此与 Heckman 共同分享了 2000 年的诺贝尔经济学奖。Tabuchi 等使用了离散选择理论，研究发现异质性产品偏好是一个很强的分散力，产业在空间上的分布和运输成本较为平滑且呈钟形分布。同样，Murata 也使用了这一假设，研究指出，在消费者对产品的偏好异质性较弱时，厂商选择大规模的生产；而当消费者对产品的偏好异质性较强时，厂商会选择小规模的生产。

消费者除了存在消费的异质性偏好之外，在作为劳动力迁移时同样会

① 本部分内容发表于《经济地理》，若有对微观主体异质性内容感兴趣的读者可以参阅《经济地理》2014 年第 12 期《微观主体异质性行为：新经济地理学的最新研究方向》一文。

存在异质性偏好。比如，有些消费者认为迁移后远离自己的亲人、朋友难以容忍，这时其迁移成本就相对比较高。多数时候，异质性移民偏好与异质性产品偏好是结合在一起的。通过异质性移民的假设，Russek 研究了技能劳动力和非技能劳动同时流动时产业集聚的情况，指出在运输成本比较高时，技能劳动力和非技能劳动力同时迁移并得到强化，从而两类劳动力在同一地区集聚。但是，在运输成本比较低时，非技能劳动力会出现再迁移的过程而最终趋于分散，技能劳动力则仍然会集聚在同一地区。从现有的研究来看，技能劳动力和非技能劳动力等多重要素的流动并不多见。

除了消费者行为存在较大的差异之外，厂商的行为在很大程度上也会存在差异。在新新经济地理学企业异质性的研究中，Baldwin 及 Okubo 作出了重要的贡献。在 2005 年的工作论文中，Baldwin 侧重于分析贸易自由化对企业生产效率的影响，从而为新新经济地理学的发展做了铺垫。①该研究在新经济地理学自由资本模型（footloose capital，FC）的框架中加入了企业异质性。该研究发现，新经济地理学中提到的本地市场效应是存在的，但是由于“选择效应”（sorting effect）的存在，一些高效率的企业倾向于集中在同一地区。如果事实果真如此，那么之前我们对产业聚集的测度将是有偏的。此外，研究中还发现由于“选择效应”的存在，一些区域性的政策将是失效的，高效率的企业将聚集到核心地区，而低效率的企业将集中在边缘地区。

在上述模型的基础上，Baldwin 和 Okubo 进一步研究了税收问题，研究不同生产效率的企业对税收有着不同的反应，地区差异化的税率会导致企业选择不同的区位。规模最大的企业，同时也是效率最高的企业，更加倾向于在高税率的地区生产。研究指出，如果对不同规模的企业采取不同的税率，那么可以在不改变企业区位的情况下增加税收收入。近几年，Okubo 在新经济地理学的自由资本模型、自由企业家模型、垂直联系模型等模型中纳入了企业异质性及企业出口成本等，产生了一系列的成果。当然，一些其他研究者对新经济地理学的研究也作出了贡献。在我们的一篇文章中，梳理了整个新经济地理学理论在这 20 余年的发展，其中我们就指出对同质性假设的放松，可能是未来新经济地理学的重要发展方向。

经过几年的发展，研究新新经济地理学的文献不断增加。在新经济地理的基本模型中加入微观主体的异质性，我们可以得到一些全新的结论：

① Baldwin 较早地对企业异质性进行了研究，尽管其 2005 年的 SSRN 工作论文 *Heterogeneous firms and trade: testable and untestable properties of the Melitz model* 属于新新贸易理论的范畴，但其中部分内容是新新经济地理学的重要基础，因此我们仍然将之看作新新经济地理的开山之作，详见 Baldwin 和 Okubo（2005）。

自我选择效应、排序效应等。从国内外新新经济地理学的研究来看，目前尚处于起步阶段，这也就表明融入微观主体异质性行为的新经济地理学有着很多的发展可能性，将来也可以成为独立的新新经济地理学分支。

在新经济地理学发展的20余年间，新经济地理主要关注区位的“宏观异质性”是如何通过微观主体的决策而形成的，未来研究似乎应该更加关注微观主体的“微观异质性”。如果能够将“微观异质性”纳入到新经济地理学理论中，可能会得到全新的结论，微观主体的相互行为也可能会直接影响到整个社会经济的最终形态，从而可以解释更多的经济社会问题。而在区域政策中加入微观主体的行为研究，则在未来可能会对区域政策的制度和效果评估有着意想不到的结果。

第四节　小结

在本书中，我们采用新经济地理学模型对区域政策进行了大量研究。因此，本节中我们有必要对新经济地理学的一些基本内容进行详细的说明。本章中，我们系统地梳理了新经济地理学空间维度缺失、新经济地理学的理论基础及新经济学中区域政策的研究。

长期以来，经济学教科书给人留下的印象是，生产和消费活动都发生在没有任何空间维度的针尖上，无论是土地还是距离都没有涉及。空间及其主要要素在很大程度上要么被等同看待，要么被忽略（Combes et al.，2008）。经济学中缺乏空间维度，但并不意味着他们不想将空间因素纳入到主流经济学中，只是他们一直没有找到合适的工具。

自Krugman（1991）开创新经济地理学以来，新经济地理学无论在理论还是在实证研究中都取得了巨大的进展。新经济地理学作为一门独立的学科，有着自己的研究内容和研究方法，当然我们还需要知道新经济地理学是一门交叉性的学科。新经济地理学与许多学科有着交叉点，这主要是因为新经济地理学与很多学科有着共同的起源，如新贸易理论、城市经济学、新增长理论等。此外，在新经济地理学的框架下，我们可以纳入公共政策、劳动力市场甚至宏观经济学的研究，因此新经济地理学的应用领域非常广泛，同时内含也是相当丰富的。

但是，在本章结束之前我们必须指出，无论新经济地理学的模型还是新新经济地理学的模型，都有着很强的假设。而如果改变假设条件，研究结论可能会完全不同。在Baldwin及Okubo的研究中，通常对迁移成本及企业重新选择区位有着很强的假设，甚至在一些模型中只是使用了高效率和低效率两种极端的企业类型来研究问题。事实上，采用阶段方法的框架所得出的结论并不具有代表性。相比较而言，采用连续形式的函数更具有说服力，这也是本书研究中需要重点突破的问题。

第三章　贸易自由化、企业异质性与开放型经济

大量新新贸易理论的实证研究指出，不同生产效率的企业会选择不同的市场进行经营，企业所选择的市场运营方式通常与企业的生产效率直接相关。一般认为，选择对外直接投资的企业生产效率最高，以国外市场为目标的出口企业的生产效率次之，而以本国市场作为目标市场的企业的生产效率是相对最低的。本章我们构建了一个包含迁移型（R 型）、出口型（X 型）及本地型（D 型）企业的基础理论模型，以说明企业生产效率与经营方式相互之间的关系。在模型的建立过程中，我们以新经济地理学自由资本模型作为基础，进一步加入了新新贸易理论中的企业进入成本（进入本地市场、进入国外市场）及企业异质性，从而构建了新新经济地理学的自由资本模型。本章是全书的基础，下文第四章至第六章的模型将建立在本章的基础模型之上。此外，本章中我们进一步分析了贸易自由化进程中不同生产效率企业的动态演化过程。

本章的结构安排如下：第一节为本章模型的基本假设，主要包括消费者和生产者等微观主体的行为分析；第二节我们考察了封闭型经济下企业的生产效率、企业规模、企业数量及两国消费者的福利差异；第三节至第五节我们考察了 3 种不同类型的开放型经济，研究中我们对不同类型的开放型经济进行了比较分析①；第六节重点分析了贸易自由化效应；第七节为本章的小结。②

第一节　模型假设与代理人行为

在经济学研究中，我们最常见的假设是“代表性消费者”和“代表性厂商”。然而，从近几年微观主体异质性的研究中我们不难发现，这些代表性的假设很有可能导致错误的研究结论。本节我们不仅介绍新经济地理学

---

① 3 种开放型经济分别为开放型经济Ⅰ、开放型经济Ⅱ和开放型经济Ⅲ。其中，开放型经济Ⅰ主要考察 D 型企业和 X 型企业，即本国市场销售与对外贸易，属于新新贸易理论或异质性企业贸易模型（heterogeneous-firms trade, HFT）范畴；开放型经济Ⅱ则重点分析 X 型企业和 R 型企业，即对外贸易与对外直接投资，属于新新经济地理学（new new economic geography, NNEG）范畴；开放型经济Ⅲ则同时分析 D 型、X 型和 R 型企业，融合 HFT 模型和 NNEG 模型。

② 本章部分内容发表于《国际贸易问题》，详见《国际贸易问题》2014 年第 11 期《贸易自由化、企业异质性与外向型经济》一文。

模型的一般性假设，同时还介绍“异质性”厂商的假设。

一、模型基本假设

本章构建的理论模型以新经济地理学的自由资本模型为主，但模型中的假设与传统的自由资本模型也有重要的区别。因此，这里我们首先介绍一下标准的自由资本模型假设，随后介绍一些附加的假设。

（一）标准的自由资本模型假设

Martin 和 Rogers（1995）建立了新经济地理学自由资本模型，与 Krugman（1991）的核心-边缘结构模型相比，该模型操作相对简单。但是，该模型也丧失了新经济地理学中的一些重要结论。为了弥补这一缺陷，Baldwin 等（2003）研究了非对称的自由资本模型。本章中我们将同样使用非对称的自由资本模型。此外，为了简化模型，我们假设消费者效用函数为拟线性效用函数来代替 Baldwin 等的 Cobb-Douglas 效用函数。

我们的基础模型仍然是一个 2×2×2 模型，即模型中包含两地区（或两国）、两部门及两要素。两地区分别为北部地区和南部地区，两部门分别为农业部门（A-sector）和工业部门（M-sector），两要素分别为资本和劳动力。其中，农业部门为传统部门，该部门以规模报酬不变（constant returns to scale，CRS）和完全竞争的瓦尔拉斯均衡作为特征，仅使用劳动力作为可变投入要素生产农产品；工业部门为现代部门，该部门以规模报酬递增（increase returns to scale，IRS）和 Dixit 和 Stiglitz（1977）的垄断竞争为特征，使用资本作为固定投入，以及将劳动力作为可变投入来生产工业品。

为了分析的方便，在本书的研究中与北部地区对应的变量我们采用上标（*）标志，而整个经济系统对应的变量我们采用上标（w）标志。此外，我们假定资本由地区劳动者共同所有，资本的收益在地区劳动者之间进行平均分配。在运输成本方面，我们采用新经济地理学中常用的假设：农产品在区域间贸易不存在成本，而工业品在区域之间贸易有着 Samuelson（1952）的“冰山贸易成本”（τ），两种产品在区域内部的贸易不存在贸易成本。①

（二）附加的基本假设

与标准的自由资本模型不同，本书研究中我们放松了部分假设。具体而言，本章主要在 3 个方面作出了放松。

① 本书第二章中已经对“冰山交易成本”做了详细的介绍，有关“冰山交易成本”的放松这里不再赘述。

第一，我们假定北部地区初始资本禀赋和劳动力禀赋分别为 L 和 K，南部地区拥有的初始资本禀赋和劳动力禀赋分别为 L^* 和 K^*。其中，劳动力仅限于同一区域内的不同部门之间流动，资本则可以在不同地区的工业部门之间进行流动。此外，我们假定两地区的劳动与资本比相同，即 $L/K=L^*/K^*$。这样，我们就无需处理 H-O-S（Heckscher-Ohlin-Samuelson）要素禀赋理论。与标准的自由资本模型不同的是，这里我们假设不同地区的市场规模存在差异。在不失一般性的情况下，我们假设北部地区的资本和劳动力相对较多，即 $L>L^*$。

第二，我们假定了地区内不同企业的边际投入不同，从而企业具有不同的生产效率。[①]从 Krugman 最初建立的核心-边缘模型开始，在新经济地理学的研究中，我们就一直假定地区内部的所有工业企业具有相同的生产效率。然而，现实中企业的生产效率差异甚大，企业的规模也具有天壤之别。在本书的研究中，我们加入了企业异质性，以便考察企业异质性带来的影响。这里我们需要指出的是，虽然新经济地理学的一些增长模型在研究技术溢出时曾经提到生产率差异的问题，如 Martin 和 Ottaviano（1999），但是，他们的研究中仅仅是考察地区生产效率随着知识、技术或者R&D 的溢出的变化而变化，也就是说，这种差异仅仅是不同地区生产效率的差异，同一地区内部所有的企业生产效率始终是相同的。

Melitz（2003）最初研究企业异质性时，并没有考察企业生产效率分布的具体函数形式。为了研究的方便，这里我们还是打算采用新新贸易理论中常采用的企业生产效率的假设。[②]我们假定企业边际投入 a 服从帕累托（Pareto）Ⅰ型概率分布，因此企业边际投入的概率密度函数为

$$G[a]=\begin{cases}(a/a_0)^{\rho}, & a\leqslant a_0\\ 1, & a>a_0\end{cases} \tag{3-1}$$

其中，$\rho\geqslant 0$ 为形状参数（shape parameter）；a 为规模参数（scale parameter），即本书研究中指企业的边际投入（生产效率的倒数）；a_0 为最低效率企业的边际投入。[③]当 $\rho=1$ 时，$G[a]$ 即为线性概率函数。我们假定整个经济系统中最低生产效率的企业边际投入为 a_0，我们选取 a_0 作为基数 1，那么，在

① 与 Melitz（2003）等的研究相似，我们假定企业的生产效率=1/企业的边际投入。

② Cabra 和 Mata（2003）使用葡萄牙的数据对企业规模分布的研究中发现，企业生产效率近似于服从 Pareto Ⅰ 型分布。Baldwin 和 Okubo（2006）在新新经济地理学的研究中较早使用了这一假设，但是在该研究及 Okubo 的后续研究中，作者对密度函数的设定并没有严格遵循 Pareto 密度函数的定义。在本书的第七章中，我们采用了中国工业企业数据库对中国企业生产效率的分布进行了验证。

③ 在 Melitz（2003）的模型中，一些不能盈利的企业在长期均衡时会退出市场，从而在企业存活与否时存在着一个生产最高边际投入的临界值。

$a \leqslant a_0 = 1$时，我们可以得到$G[a] = a^{\rho}$。

第三，在本书的研究中，我们采用了Melitz（2003）在新新贸易理论中的市场进入成本假设，假定企业进入本地市场的成本为F_{D}，进入国外市场销售需要支付额外的固定成本为F_{X}。除此之外，我们假定新企业不断进入，同时低效率的企业也会不断地被淘汰。与Melitz的研究相似，即企业存在着一定的死亡率δ。进一步地，我们假设死亡率δ服从泊松（Poisson）分布。①

二、消费者行为

与Pflüger（2004）研究中的消费者行为相同，消费者效用函数为两层嵌套式的效用函数。上层（upper-tier）效用函数为农产品和工业品组合的拟线性（quasi-linear）效用函数，下层（lower-tier）效用函数为Dixit和Stiglitz（1977）类型的工业品组合的不变替代弹性效用函数：

$$U = \alpha \ln M + A, \quad M = \left[\int_0^{n^w} c_i^{(\sigma-1)/\sigma} \mathrm{d}i \right]^{\sigma/(\sigma-1)} \tag{3-2}$$

其中，U为代表性消费者的效用函数，$\alpha \in (0,1)$为消费者对工业品支出的比例，σ为工业品之间的替代弹性，A为消费者对农产品的需求量，M为消费者对工业品组合的需求量，c_i为消费者对第i种工业品的需求量。n^w为两地区工业品种类数的总和，包括北部地区工业品的种类数n和南部地区工业品的种类数n^*。②假定单个消费者所有的收入Y全部用于消费，不存在储蓄漏出，那么，以农产品为计价物，即农产品价格p_A等于1，则消费者的预算约束函数为

$$A + PM = Y, \quad P = \left[\int_0^{n^w} p_i^{1-\sigma} \mathrm{d}i \right]^{1/(1-\sigma)} \tag{3-3}$$

其中，P是一个不变替代弹性形式的工业品组合的价格指数。通过式（3-3）中第二式预算约束条件下最优化代表性消费者的效用函数，我们可以得到代表性消费者关于产品A、M及c_i的需求函数：

$$M = \alpha / P, \quad A = Y - \alpha, \quad c_i = \alpha (p_i)^{-\sigma} P^{\sigma-1} \tag{3-4}$$

---

① 这里我们采用了与Melitz（2003）相似的方法，并没有考虑企业的折现，而是通过死亡率来实现贴现，详见Baldwin（2005）的研究。

② 与此处相似，为了方便表示参数，下文中我们使用上标（$*$）代表南部地区与北部地区相应的变量，用上标（w）代表两地区相应变量的总和。

我们可以发现，消费者对工业品组合的支出始终为α，从而通过加总，我们可以得到北部地区消费者对工业品组合的总支出为$E=L\alpha$。根据式（3-4）我们可以得到消费者的间接效用函数为

$$V(P,Y)=-\alpha\ln P+Y+\alpha(\ln\alpha-1) \tag{3-5}$$

三、生产者行为

与以往的新经济地理学模型相同，我们假定模型中存在着两个部门。在模型中，传统部门是基准部门，只生产农产品。传统部门规模报酬不变，因此农产品的价格$p_A=MC_A=a_Aw$，其中a_A为生产1单位农产品的边际投入量，w为劳动力的价格。通过单位化农产品的边际投入量及农产品的价格，则我们可以得到$\{p_A,a_A,w\}=\{1,1,1\}$。农产品在区域之间的贸易不存在交易成本，因此农产品在南部地区和北部地区的价格相等，即$p_A=p_A^*$。同时，由于北部地区和南部地区的农产品边际投入完全相同，即$a_A=a_A^*$，因此，我们可以得到两地区劳动力的名义收入是相等的，即w=w^*=1。

工业品部门的生产中需要使用两种要素，即劳动力和资本。企业生产过程需要1单位的资本作为固定投入，同时需要a_i单位的劳动力作为可变投入。①与Melitz（2003）的研究相似，这里我们假设每个企业在生产时需要相同的固定投入$F_{\rm I}$，但是不同的企业具有不同的生产效率。由于企业的生产效率存在差异，企业的边际投入也会不同，从而企业i的成本函数为

$$F(x_i)=F_{\rm I}+wa_ix_i \tag{3-6}$$

其中，$F_{\rm I}$为资本的报酬率（或企业的固定投入），x_i为第i个厂商的总产出量。由此，我们可以得到厂商的利润函数

$$\pi(x_i)=p_ix_i/\sigma-F_{\rm I} \tag{3-7}$$

作为理性人，厂商必然要求利润最大化。从而根据张伯伦对垄断竞争的定义，厂商采用加成定价法（make up price）对出售的商品进行定价

$$p_i=\frac{\sigma}{\sigma-1}a_iw \tag{3-8}$$

从式（3-8）中我们可以看出，工业产品的定价与产品之间的替代弹性σ成反比，而与产品的边际投入成本a_iw成正比。

---

① 需要注意的是，这里的a_i是一个相对量而不是绝对量。上文中我们假定了农产品的边际投入为1单位，因此我们在这里设定的工业产品的边际投入实质上是工业产品相对于农产品的边际投入量。

第二节　封闭型经济

封闭型经济只有单个地区，其处于自给自足的状态。本节主要说明在封闭型经济中企业的生产效率、地区企业数量、企业规模与产业规模，以及地区消费者福利水平存在着怎样的差异。通过对封闭型经济的研究，我们可以对该状态下的地区企业数量、企业规模与产业规模，以及地区消费者福利水平等与开放型经济中的这些参量进行比较。

一、均衡条件

现在，我们首先从封闭型经济（自给自足）的情形开始分析，即厂商只在本地市场中进行产品生产及销售。将 $w=1$ 及式（3-8）代入到式（3-3）价格指数函数中，我们可以得到封闭型经济中北部地区（南部地区）工业品的价格指数[①]

$$P=\frac{\sigma}{\sigma-1}\left[\int_0^n a_i^{1-\sigma}\mathrm{d}i\right]^{1/(1-\sigma)} \tag{3-9}$$

在现实世界中，总是存在一些企业不断地尝试进入产品市场进行生产销售，而企业在进入市场之后其经营状况也是完全不同的：有些企业会出现盈利，而另外一些企业则会出现亏损，亏损的企业在入不敷出时不得不退出市场。这里，我们采用与 Melitz（2003）相同的假设，即企业的失败率或者死亡概率为 δ ，不存在价值的贴现。因此，企业在经营时不只是考虑其在当期的收益，而是要考虑其在整个经营周期内的预期收益。

（一）进入市场零利润条件

考虑企业动态进出市场时，厂商预期的利润现值至少应当满足：

$$\max\left\{0,\int_0^{\infty}(1-\delta)^t\pi(a_i)\mathrm{d}t\right\} \tag{3-10}$$

式（3-10）表明，厂商预期利润的现值至少是大于等于零的，否则企业需要从市场中退出。在封闭型经济中，厂商只是在本地市场上销售商品，因此厂商只会面临着进入本地市场的成本 F_{D}。根据式（3-6）～式（3-8），我们可以得到 D-S 框架下企业经营利润为企业经营收益的 $1/\sigma$ 倍，即厂商预

① 在封闭型经济中，两地区的情形是相似的。这里我们只分析北部地区的情形，南部地区的情形与此类似，不再赘述。

期利润现值为$p_i x_i / \delta\sigma$。在封闭型经济中，产品市场供求均衡时，企业的产量$x_i = Lc_i$。因此，根据式（3-4）我们可以得到企业经营利润的现值为

$$\frac{(p_i)^{1-\sigma}}{\delta\sigma P^{1-\sigma}}E \tag{3-11}$$

其中，$p_i = \frac{\sigma}{\sigma-1}a_i$，$P = \left[\int_0^{n^w} p_i^{1-\sigma}\mathrm{d}i\right]^{1/(1-\sigma)}$。这里，我们利用了本章第一节中得到的条件$E = L\alpha$。我们假设厂商进入市场的成本为$F_{\mathrm{D}}$，均衡时进入市场的临界边际投入为$a_{\mathrm{D}}$。那么，我们可以得到厂商进入的市场零利润（zero cut-off profit，ZCP）条件为

$$a_{\mathrm{D}}^{1-\sigma}B = f_{\mathrm{D}} \tag{3-12}$$

其中，$f_{\mathrm{D}} = \delta\sigma F_{\mathrm{D}}$，$B = \frac{E}{\Delta}$，$\Delta = \int_0^{a_{\mathrm{D}}} na^{1-\sigma}\mathrm{d}G[a \mid a_{\mathrm{D}}]$。

（二）厂商自由进出条件

那么，进入市场后企业是否一定会盈利呢？企业在做决策的时候并没有考虑到最终会有多少企业进入到这个市场中，也不清楚其他企业的生产效率。我们假定企业需要支付F_{I}的固定成本来发展新品种，企业进入市场后生产效率服从Pareto分布，其中部分企业会盈利，部分企业会亏损。其中，亏损企业为非生产型（N型）企业。至于具体哪些企业会盈利或亏损，我们无需掌握。在均衡时，市场上进出企业数量也是均衡的，从而厂商预期的收益刚好等于（创新）固定成本。因此，厂商自由进出（free entry, FE）的条件为

$$\int_0^{a_{\mathrm{D}}}(a^{1-\sigma}B - f_{\mathrm{D}})\,\mathrm{d}G[a] = f_{\mathrm{I}}\text{，其中 } f_{\mathrm{I}} = \delta\sigma F_{\mathrm{I}} \tag{3-13}$$

二、企业生产效率

根据ZCP条件（3-12）、FE条件（3-13）及Pareto分布$G[a] = a^{\rho}$，我们可以得到

$$a_{\mathrm{D}} = \left[(\beta-1)f_{\mathrm{I}} / f_{\mathrm{D}}\right]^{1/\rho} \tag{3-14}$$

其中，$\beta = \rho/(\sigma-1)$。

为了保证a_{D}收敛，与Baldwin和Okubo（2011）的假设一致，我们在

本书中假定 $\beta>1$，即 $\rho>\sigma-1$。从式（3-14）我们可以发现，企业进入市场的临界边际投入 a_{D} 与参数 ρ，σ，F_{D} 及 F_{I} 相关，而与工业品的消费比例 α 及企业的死亡率 δ 无关。其中，产品的替代弹性 σ 越大，进入本地市场的成本 F_{D} 越大，以及创新固定成本 F_{I} 越小，厂商进入市场的临界边际投入 a_{D} 越小，也就是说厂商进入本地市场的临界生产效率越高。此外，ρ 与 a_{D} 的关系则难以确定。由此，我们可以得到命题 3.1。

命题 3.1（进入本地市场临界生产效率） 在封闭型经济中，厂商只有在边际投入低于临界值 a_{D} 时才有可能进入本地市场生产，随着产品相互之间的替代弹性变大，厂商进入本地市场的临界生产效率提高；随着本地市场进入成本变大，厂商进入本地市场的临界生产效率提高；而随着本地创新固定成本的降低，厂商进入本地市场的临界生产效率同样也提高。厂商进入市场的临界生产效率与消费者工业产品的消费比例没有任何关系，同时与企业的死亡率也没有任何关系。此外，临界生产效率与形状参数 ρ 的关系不确定。

三、地区企业数量、企业规模与产业规模

在封闭型经济中，根据产品和要素的均衡，我们除了可以得知企业的产业等信息之外，还可以得到企业的数量、企业的规模，以及整个产业的规模等信息。当然，由于存在企业异质性，产业的规模与在“代表性”厂商状态下有着本质的区别。

（一）地区企业数量

根据式（3-12）及式（3-14），我们可以求出北部地区工业企业总数 n，以及北部地区工业企业数占整个经济系统中的比例 s_n

$$n=(\beta-1)E/\beta f_{\mathrm{D}}\ ,\quad s_n=\frac{n}{n^w}=s_E \tag{3-15}$$

其中，s_E 表示北部地区消费者对某种工业品的需求比例。[①]从式（3-15）中，我们可以发现企业的数量与参数 ρ，σ，L，α，δ 及 F_{D} 相关，而与 F_{I} 不相关。其中，形状参数 ρ 越大，产品替代弹性 σ 越小，劳动力数量 L 和资本数量 K 越多，工业产品的消费比例 α 越大，企业的死亡率 δ 越小，企业进入本地市场的成本 F_{D} 越小，则企业的数量越多。很明显，企业面临着越

① 由于消费者是同质的，这一比例也可以看成是北部地区消费者对整个经济系统中所有的工业产品需求的比例。

弱的竞争压力（σ越小，δ 越小，F_{D}越小），以及越强的市场需求（L越大、α越大），整个经济系统中企业的数量越多。由此，我们可以得到命题 3.2。

命题 3.2（经济系统中工业企业的数量）　在封闭型经济中，经济系统中企业的数量与企业所面临的竞争压力，以及市场需求有着直接的关联。系统中企业的数量与产品替代弹性、死亡率及进入成本成反比，而与劳动力的数量、企业家的数量及工业品的消费比例成正比。此外，企业数量与参数ρ成正比，而与创新固定成本F_{I}无关。在封闭型经济中，地区工业企业的比例等同于地区消费支出的比例。

（二）企业产量、价格与效率的关系

此外，在市场均衡时，我们可以根据式（3-4）及式（3-8）得到

$$\frac{p_i}{p_j}=\frac{a_i}{a_j}，\quad \left(\frac{c_i}{c_j}\right)=\left(\frac{a_i}{a_j}\right)^{-\sigma} \tag{3-16}$$

从式（3-16）中我们可以发现，企业产品价格与企业的生产效率成反比，而企业规模与企业的生产效率成正比（注意：企业的生产效率与企业的边际投入是反方向变动的，企业的生产效率越高，企业的边际投入越少，即a越小）。由此，我们可以得到命题 3.3。

命题 3.3（生产效率与企业规模、销售价格）　在封闭型经济中，企业的生产效率越高，那么工业企业的产量越高（规模越大），产品的售价越低。

（三）企业规模与产业规模

需要指出的是，不同的工业企业有着不同的生产效率，因此各企业的产量也并不相同。为了便于下文对地区产业份额的考察，这里我们需要考察每个企业的产量，以及地区所有工业产品的总产量。根据式（3-14）及式（3-4）我们可以得到单个企业的产量$x(a_i)$，以及北部地区工业总产量X

$$x(a_i)=\frac{\sigma}{\sigma-1}[(\beta-1)f_{\mathrm{I}}]^{\beta}f_{\mathrm{D}}{}^{1-\beta}(a_i)^{-\sigma}\ ，\quad X=\frac{\sigma(\beta-1)^{1-1/\rho}}{\rho-\sigma}f_{\mathrm{D}}^{1/\rho}f_{\mathrm{I}}^{-1/\rho}E \tag{3-17}$$

从式（3-17）可以发现，为确保总产量始终为正，要求$\rho>\sigma$。单个企业的产量与该企业的边际投入成反比，与本地市场的进入成本成正比，与企业生产的固定投入成正比。但是，与此不同的是，整个市场中工业产品的总产量与本地市场的进入成本成正比，但与企业生产的固定投入成反比。也就是说，市场进入成本越高，那么单个企业的产量越高，而进

入市场的企业总数越少，同时总产量越高。企业生产的固定成本越高的话，单个企业的产量同样会越高，但是整个地区工业企业生产的产品总量会降低。此外，我们还可以发现本地产品产量与地区的支出水平成正比，即本地的总产量的比例与地区的产品种类数成正比，即 $s_X = s_n$。其实当地区所有企业生产效率分布完全相同时，这一结论始终成立。由此，我们得到命题 3.4。

命题 3.4（企业规模与地区产业产量）　在封闭型经济中，单个企业的生产规模与企业的边际投入成反比，与企业的固定投入成正比，同时与市场的进入成本成正比。但是，地区产业规模则与市场的进入成本成反比，与企业的固定投入成正比。此外，地区产业份额与地区的市场份额相同。

四、地区消费者福利差异

由式（3-15）我们得知，地区产品种类数与地区的规模成正比。在封闭型经济中，如果两地区非对称，我们得到两地区的消费者福利差距

$$\Delta V = \frac{\alpha}{\sigma - 1} \ln \frac{s_E}{1 - s_E} + E^w (2s_E - 1) \tag{3-18}$$

对式（3-18）求 s_E 的导数，我们可以得到 $\mathrm{d}(\Delta V)/\mathrm{d}s_E > 0$。也就是说，本地支出水平越高，本地的居民福利水平相对越高。在封闭型经济中，本地的支出水平与本地规模是完全一致的，因此规模较大地区（或者大国）的居民福利水平相对较高。由此，我们可以得到命题 3.5。

命题 3.5（地区规模与地区福利水平）　在封闭型经济中，地区规模的大小与地区的福利水平成正比。区域之间的消费规模差异越大，地区之间消费者的福利差异越大。

第三节　开放型经济 I

从本节开始我们分别探讨 3 种类型的开放经济均衡，即开放型经济 I、开放型经济 II、开放型经济 III。这 3 种开放型经济从不同的角度探讨了开放经济，分别是本地经济或国际贸易，国际贸易或外商直接投资，以及本地经济、国际贸易或者外商直接投资。企业生产效率差异是否是企业选择不同市场经营战略的关键？哪种类型的企业生产效率最高？本地型（D 型）、出口型（X 型）或者国外投资型（R 型）企业？本节我们将对 D 型和 X 型企业进行研究。

一、均衡条件

在封闭型经济中，我们只有两种类型的企业：N 型企业和 D 型企业。任何边际投入大于 a_D 的企业都会选择不再生产，即为 N 型企业，而在封闭型经济中产品生产只供应本地市场，只要边际投入 $a \leqslant a_D$ 的企业都是 D 型企业。然而，在开放型经济中，部分企业为了利用国外的市场，会选择向国外市场提供产品。我们不妨假设现在市场中出现了两种不同类型的企业——D 型企业和 X 型企业，其中 D 型企业的产品只是供应本地市场，而 X 型企业的产品除了供应本地市场之外，还供应其他国家的市场。①

与封闭型经济相比，现在共出现了 3 种类型的企业：N 型企业、D 型企业及 X 型企业。N 型企业不生产，D 型企业生产的产品只供应本地市场，而 X 型企业生产的产品同时供应本地市场和外地市场。两种生产型企业（D 型和 X 型）现在有着不同的市场规模，D 型企业的消费群体只包括本地消费者，而 X 型企业的消费群体则包括整个经济系统中的所有消费者。以北部为例，北部 D 型企业的消费者有 L 个，而 X 型企业的消费者有 L^w 个。

现在，由于地区经济的开放，地区的产品由两地区产品组成，地区的价格指数也发生了变化。本地生产的产品在其他地区销售如何定价呢？这里我们的假设中沿用 Samuelson（1952）的“冰山贸易成本”的概念，我们假定从南部（北部）运到北部（南部）τ 单位的产品中只有 1 单位的产品最终能够到达目的地，其余的 $\tau-1$ 单位的产品在运输途中被“融化掉”了。很显然，这里的 $\tau \geqslant 1$。因此，南部（北部）地区产品在北部（南部）地区的售价为其出厂价（p_i）的 τ 倍，即 τp_i。从而我们可以得到北部地区异质品组合的价格指数为②

$$P_1 = \left[\int_0^{n_1} p_i^{1-\sigma}\mathrm{d}i + \int_0^{n_{1im}} (\tau p_j)^{1-\sigma}\mathrm{d}j\right]^{1/(1-\sigma)} \tag{3-19}$$

同理，南部地区异质品组合的价格指数为

$$P_1^* = \left[\int_0^{n_1^*} p_j^{1-\sigma}\mathrm{d}j + \int_0^{n_{1im}^*} (\tau p_i)^{1-\sigma}\mathrm{d}i\right]^{1/(1-\sigma)} \tag{3-20}$$

其中，下标 1 代表开放型经济 I，下标 im 代表进口的产品种类数。在式(3-20)

① 在这里我们需要指出的是，任何供应国外市场的企业必然可以供应本地市场。

② 为了便于与上文的封闭型经济作出区别，我们对不同类型的开放经济采用不同的下标表示。比方说，价格指数，在开放型经济 I 中我们将采用 P_1，在开放型经济 II 中采用 P_2，而在开放型经济III中采用 P_3 来表示，下文其他变量与此相类似。

中，n_1，n_{1im} 分别为北部地区在开放型经济 I 中本地生产和进口的产品种类数。对应地，n_1^*，n_{1im}^* 分别为南部地区在开放型经济 I 中本地生产和进口的产品种类数。与式（3-12）相似，我们可以得到 Δ_1 和 Δ_1^* 分别为

$$\begin{cases} \Delta_1 = n_1 \int_0^{a_{1D}} a^{1-\sigma} \mathrm{d}G[a \mid a_{1D}] + \phi^* n_1^* \int_0^{a_{1X}^*} a^{1-\sigma} \mathrm{d}G[a \mid a_{1D}^*] \\ \Delta_1^* = n_1^* \int_0^{a_{1D}^*} a^{1-\sigma} \mathrm{d}G[a \mid a_{1D}^*] + \phi n_1 \int_0^{a_{1X}} a^{1-\sigma} \mathrm{d}G[a \mid a_{1D}] \end{cases} \tag{3-21}$$

其中，$\phi = \tau^{1-\sigma}$。我们设定两地区在资源禀赋、对外开放程度、本地市场进入成本、出口市场进入成本等方面完全对称，因此进入市场的临界边际投入也相同，即 $a_{1D} = a_{1D}^*$。同时，两地区出口的临界投入也相同，即 $a_{1X} = a_{1X}^*$。此外，两国对外有着相同的冰山贸易成本，即 $\tau = \tau^*$。从而两国的贸易自由度也相同，即 $\phi = \phi^*$。因此，我们可以将式（3-21）简化为

$$\begin{cases} \Delta_1 = n_1 \int_0^{a_{1D}} a^{1-\sigma} \mathrm{d}G[a \mid a_{1D}] + \phi n_1^* \int_0^{a_{1X}^*} a^{1-\sigma} \mathrm{d}G[a \mid a_{1D}^*] \\ \Delta_1^* = n_1^* \int_0^{a_{1D}^*} a^{1-\sigma} \mathrm{d}G[a \mid a_{1D}^*] + \phi n_1 \int_0^{a_{1X}} a^{1-\sigma} \mathrm{d}G[a \mid a_{1D}] \end{cases} \tag{3-22}$$

（一）ZCP 条件

与式（3-12）相似，我们可以得到北部（南部）地区 D 型和 X 型企业的 ZCP 条件。对 X 型企业而言，其销售收入由两部分构成：本地市场和国外市场，因此企业的 ZCP 条件为

$$(a_{1D})^{1-\sigma} B_1 = f_D, \quad \phi(a_{1X})^{1-\sigma} B_1^* = f_X \tag{3-23}$$

其中，$f_D = \delta\sigma F_D$，$f_X = \delta\sigma F_X$，$B_1 = E / \Delta_1$，$B_1^* = E / \Delta_1^*$，与式（3-12）相同。现在唯一不同的是，由于部分商品在两国市场上销售，Δ 发生了变化，详见式（3-22）。由式（3-23），我们可以发现 $(a_{1D} / a_{1X})^{1-\sigma} = \phi(f_D / f_X)$，其中 $\sigma > 1$ 且 $\phi \in [0,1]$。这里我们采用与 Helpman 等（2004）相似的假设，即 $\phi f_D < f_X$。因此，我们可以得到 $a_{1X} \leqslant a_{1D}$。也就是说，X 型企业的生产效率要高于 D 型企业。由此，我们可以得到命题 3.6。

命题 3.6（企业生产效率排序）　在开放型经济 I 中，生产效率较高的企业（边际投入 $a_1 \in (0, a_{1X}]$）会选择出口产品；生产效率适中的企业（边际投入 $a_1 \in (a_{1X}, a_{1D}]$）会选择供应本地市场对产品的需求；生产效率最低的企业（边际投入 $a_1 \in (a_{1D}, a_0]$）则不进入市场进行生产。很明显，X 型企业的生产效率要高于 D 型企业的生产效率。

（二）FE 条件

同样，与式（3-13）相似，我们可以得到北部企业的自由进出条件

$$\underbrace{\int_0^{a_{1D}}(a^{1-\sigma}B_1-f_D)\,\mathrm{d}G[a]}_{\text{本地市场利润}}+\underbrace{\int_0^{a_{1X}}(\phi a^{1-\sigma}B_1^*-f_X)\,\mathrm{d}G[a]}_{\text{国外市场利润}}=f_I \tag{3-24}$$

其中，第一项为企业在本地市场获取的利润，第二项为企业在外地市场上获取的利润。此外，我们还可以得到南部企业的自由进出条件

$$\int_0^{a_{1D}^*}(a^{1-\sigma}B_1^*-f_D^*)\,\mathrm{d}G[a]+\int_0^{a_{1X}^*}(\phi a^{1-\sigma}B_1-f_X^*)\,\mathrm{d}G[a]=f_I \tag{3-25}$$

二、国际贸易对企业生产效率的影响分析

国际贸易的产生，对地区的聚集力和分散力会产生一定的影响。整体而言，国际贸易的出现不仅会改变 D 型企业和 X 型企业的生产效率。更为重要的是，D 型企业和 X 型企业划分的“临界值”会发生巨大的变化。

（一）D 型企业生产效率与 X 型企业生产效率

我们从式（3-14）知道，地区企业生产的临界边际投入与地区的规模没有任何关系，在存在贸易的长期均衡时这一条件仍然成立。由于两地区有着相同的企业生产效率分布，企业有着相同的固定生产成本和市场进入成本，地区之间贸易成本对等，市场的自由进入条件确保两地区相同生产效率的企业通过贸易可以得到相同的利润。①因此，正如 Baldwin 和 Forslid（2010）等所述的，相同生产效率的企业始终有 $B_1=B_1^*$，而与企业规模无关。由式（3-23）我们可以进一步得到 $a_{1D}=a_{1D}^*$，$a_{1X}=a_{1X}^*$。根据式（3-23）及式（3-24），我们可以得到

$$\begin{cases} a_{1D}=\left[\dfrac{(\beta-1)f_I}{(1+Q)f_D}\right]^{1/\rho} \\ a_{1X}=\left[\dfrac{Q(\beta-1)f_I}{(1+Q)f_X}\right]^{1/\rho} \end{cases} \tag{3-26}$$

其中，$Q=\phi^{\beta}T^{1-\beta}=\phi(a_{1X}/a_{1D})^{\rho+1-\sigma}$，$T=f_X/f_D$。$T$ 我们可以称之为贸易壁垒（trade barriers），国外市场进入成本相对于本地市场越高，那么地区之间的贸易壁垒也就越高，T 值越大。Q 称为“贸易开放度”，与贸易壁垒 T 及

① 当然，这里我们并不打算考虑价格歧视及倾销等行为。

贸易自由度ϕ直接相关，贸易壁垒越高，贸易开放度越低；贸易自由度越小，贸易开放度越低。除非国外对进出的商品提供补贴，否则总有$Q \geqslant 0$。[①]

这里贸易自由度仅仅表示了贸易运输成本，而贸易开放度则同时包括了运输成本和市场进入相对障碍。如果运输成本无限大，那么贸易开放度就会为零，此时即使国外市场进入成本不存在，但是仍然不会有贸易。同样，在贸易壁垒比较大时也不会存在贸易，因为此时进入国外市场无利可图。甚至一国最高生产效率的企业也会选择不进行贸易。从而，两国始终保持着自给自足的状态，相互之间不存在贸易。对于贸易壁垒及贸易自由度所引起的贸易开放度的变化，我们分别称为“贸易壁垒效应”及“运输成本效应”。

（二）贸易如何改变临界企业的生产效率

我们发现在开放型经济Ⅰ中，企业进入市场的最低效率发生了变化。此外，企业供应本地市场的产品种类数也随之发生了变化。

1. 进入本地市场最低效率

根据式（3-26）及式（3-12）我们可以得到两种经济结构中企业进入本地市场的临界效率之差

$$a_{1D} - a_{D} = [(\beta-1)f_{I} / f_{D}]^{1/\rho}[(1+Q)^{-1/\rho} - 1] < 0 \tag{3-27}$$

很显然，我们由式（3-27）可知，$a_{1D} < a_{D}$。也就是说，在开放型经济Ⅰ中，进入市场进行生产的企业最低效率需要提高，并且这种差距随着“贸易开放度”的提高而扩大。究其原因，主要是因为经济开放之后，国外企业在本国销售商品，从而本国市场竞争程度加剧。由此，我们可以得到命题3.7。

命题3.7（市场中企业最低生产效率） 当一国从封闭型经济向开放型经济Ⅰ转型时，一国企业进入市场中进行生产的最低效率发生了变化。相比较而言，在开放型经济Ⅰ中的最低生产效率要高于封闭中进入生产的企业临界生产效率。此外，最低生产效率随着“贸易开放度”的变大而提高。

2. X型企业的生产效率

由式（3-26）可知，X型企业的最低临界生产效率a_X与“冰山贸易成本”有着直接的关联。“冰山贸易成本”（τ）越小，临界出口企业的生产效率a_X越小。此外，该值与σ和ρ，f_I和f_D及f_X也有着一定的关联。从

① 现实世界中很少有国家对本国进口商从其他国家进口的商品给予补贴，因此下文中除非特别指出，否则我们始终假设$Q \geqslant 0$。

式（3-26）中我们可以发现，a_X 与 Q 有着显著的正相关性，也就是说随着“贸易开放度”的提高，出口临界边际投入增加了，即一些原来相对不是很有效率的企业现在也开始出口产品了。这主要是由于“贸易开放度”一旦提高，出口变得相对更有利可图了，从而一些原来在国外市场上销售没有利润的企业现在可以获得利润了。由此，我们可以得到命题 3.8。

命题 3.8（出口企业效率与冰山贸易成本） 在开放型经济中，不考虑国外市场的进入成本时，出口企业最低生产效率与冰山贸易成本呈正向关系。冰山贸易成本越高，出口企业的临界最低生产效率越高。同时，随着“贸易开放度”的提高，有部分原来没有出口的企业现在也参与到国际贸易中来。

三、国际贸易对市场中企业数量的影响分析

国际贸易的影响是多方面的，而对企业生产效率的影响只是其中的一部分。随着市场中企业生产效率的变化，市场中的产品种类数乃至出口数都会发生变化，而企业的数量也会随之发生变化。

（一）本地生产的产品种类数、出口产品种类数与本地消费的产品种类数

根据 ZCP 条件、FE 条件、$B_1 = B_1^*$，以及企业边际投入的概率分布 $G[\cdot]$，我们同样可以计算出本地生产的产品种类数、出口产品种类数及本地消费的产品种类数。特别是在初始禀赋完全相同时，我们可以得到本地生产的产品种类数

$$n_1 = \frac{\beta-1}{\beta}\frac{\alpha(L-QL^*)}{(1-Q^2)f_D}, \quad n_1^* = \frac{\beta-1}{\beta}\frac{\alpha(L^*-QL)}{(1-Q^2)f_D} \tag{3-28}$$

同时，根据 $G[\cdot]$ 我们可以得出本地进出口产品种类数

$$n_{1im} = \frac{\beta-1}{\beta}\frac{\alpha\Omega(L^*-QL)}{(1-Q^2)f_D}, \quad n_{1im}^* = \frac{\beta-1}{\beta}\frac{\alpha\Omega(L-QL^*)}{(1-Q^2)f_D} \tag{3-29}$$

以及本地消费的产品种类数

$$\begin{cases} n_{1c} = \dfrac{\alpha(\beta-1)}{\beta}\dfrac{L(1-\Omega Q)+L^*(\Omega-Q)}{(1-Q^2)f_D} \\ n_{1c}^* = \dfrac{\alpha(\beta-1)}{\beta}\dfrac{L^*(1-\Omega Q)+L(\Omega-Q)}{(1-Q^2)f_D} \end{cases} \tag{3-30}$$

进一步地，我们可以得到本地产品种类数（企业数）的比例为

$$\lambda_1 = \frac{1}{2} + \frac{1+\Omega}{1-\Omega}(s_E - \frac{1}{2}) \tag{3-31}$$

其中，$\Omega = (\phi / T)^{\beta}$，$\lambda_1 = n_1 / (n_1 + n_1^*)$，$s_E = L / (L + L^*)$。从式（3-29）中我们可以发现，地区进口产品的种类数与两地区之间的贸易自由度ϕ，以及贸易壁垒T有着直接的关系。这里的Ω我们可以称为“进口开放度”。贸易自由度越大，贸易壁垒越小，这种“进口开放度”越大，一国进口的产品种类数越多。由此，我们可以得到命题 3.9。

命题 3.9（进口开放度） 在开放型经济 I 中，一国进口的产品种类数并非另外一国生产的所有产品种类数，这取决于两国之间的“进口开放度”。贸易自由度越大，贸易壁垒越小，“进口开放度”则越高。

（二）企业数量（产品种类数）变化分析

从式（3-28）中我们还可以发现，一国生产的产品种类数与本国消费需求（L）呈正相关，与“贸易开放度”呈负相关，与本国市场进入成本呈负相关。比较式（3-14）与式（3-28），我们可以得到

$$n_1 - n = \frac{(\beta-1)E^w}{\beta f_{\mathrm{D}}} \frac{\Omega[(1+\Omega)s_E - 1]}{1-\Omega^2} \tag{3-32}$$

同样，我们可以得到南部地区在封闭型经济中和开放型经济 I 中地区生产的产品种类数

$$n_1^* - n^* = \frac{(\beta-1)E^w}{\beta f_{\mathrm{D}}} \frac{\Omega[\Omega - (1+\Omega)s_E]}{1-\Omega^2} \tag{3-33}$$

从式（3-32）及式（3-33）我们可以发现，与封闭型经济相比，开放型经济 I 中地区生产的产品种类是否增加主要取决于地区的“贸易开放度”Ω，以及本地的支出份额s_E，具体的情况如表 3-1 所示。

表 3-1 开放型经济 I 与封闭型经济中地区生产的产品种类数变化

Ω 取值	s_E 取值	生产的产品种类数变化（开放-封闭经济）	
		北部地区（大国）	南部地区（小国）
$\Omega<1$	$1/2 < s_E < 1/(1+\Omega)$	+	+
	$1/(1+\Omega) \leqslant s_E \leqslant 1$	−/0	+/0

续表

Q 取值	s_E 取值	生产的产品种类数变化（开放-封闭经济）	
		北部地区（大国）	南部地区（小国）
$Q>1$	$1/2<s_E<Q/(1+Q)$	−	+
	$Q/(1+Q)\leqslant s_E\leqslant 1$	−/0	−/0

注：表中“+”表示开放型经济Ⅰ中的产品种类数多于封闭型经济；“−”表示开放型经济中的产品种类数少于封闭型经济；0表示取闭区间临界值可能出现的情况，两种类型经济中无差异，下文同

除了地区生产的产品种类数之外，我们同样可以得到关于北部地区消费的产品种类数的变化

$$n_{1c}-n=\frac{(\beta-1)E^w}{\beta f_D}\frac{Q(1-T)}{1-Q^2}[(1+Q)s_E-1] \tag{3-34}$$

与式（3-32）相比，我们可以发现式（3-34）中增加了$1-T$项。这就表明如果我们考察地区生产的产品种类数的话，我们同时还需要考察T的大小，这里我们不再做详细的分析。

从表3-1中我们可以得出一些富有启示的结论：首先，与封闭型经济相比，地区生产和消费的产品是否发生变化与地区的产业份额有关；其次，当北部地区的产业份额没有足够大时，如果地区之间的贸易开放度比较小，更有可能出现两地区生产的产品种类数同时增加。但是，如果贸易开放度很大之后，北部地区生产的产品种类数将会减少，而南部地区生产的产品种类数将会增加。究其原因，当地区贸易开放度比较小时，小地区的工业企业并没有能够充分地利用规模经济，但是如果贸易开放度比较高时，情况就会截然不同。

实际上，在开放型经济Ⅰ我们会发现，无论单个地区生产的产品种类数是否增加，两地区生产的产品总数总是减少的。举一个简单的例子，在封闭型经济中，两地区同时生产某种产品，区域一体化之后形成分工由某一地区单独生产。在封闭型经济中，同时存在多个相似企业的行为，产业内的分工体系并没有形成。但是一旦区域实行贸易自由化之后，产业内的分工体系就会逐步形成，同时两地区加总的产品种类数也会减少。

命题3.10（产业内分工）　在开放型经济Ⅰ中，随着“贸易开放度”的提高，专业化分工加强，两地区生产的产品种类总数会减少。当然，对于单个地区而言，可能会出现生产和消费产品种类数同时增加的情况，这主要取决于初始市场规模的大小。

最后，根据式(3-31)，在$Q<1$时，我们可以发现由于$(1+Q)/(1-Q)>1$，存在着明显的本地市场效应，“贸易开放度”Q越高，本地市场效应越明

显。但是，在$Q>1$时，$(1+Q)/(1-Q)<0$，也就是说出现了“逆本地市场效应”，即本地市场越大本地的产业份额反而会越小。

命题3.11（本地市场效应与逆本地市场效应） 在开放型经济Ⅰ中，当$Q<1$时，始终存在本地市场效应，本地支出份额的增加，将会导致本地产出份额出现更高比例的增加，在$Q<1$时，“贸易开放度”越高，这种效应越明显；但是，在“贸易开放度”$Q>1$时，出现了“逆”本地市场效应。

四、国际贸易对地区消费者福利的影响

地区价格指数$P=\Delta^{1-\sigma}$及$B_1=B^*=E/\Delta_1=E^*/\Delta_1^*$，因此两地区价格指数的对数比与封闭型经济相同。此外，由于拟线性效用函数中不存在收入效用，在消费者收入增加的同时，消费者对工业品支出的比例并没有发生变化。在长期均衡时，地区资本的预期收益为零，消费者的收入仅包括劳动力收入。由此，我们可以得到两地区消费者的福利水平差异为

$$\Delta V_1=\frac{\alpha}{\sigma-1}\ln\frac{s_E}{1-s_E} \tag{3-35}$$

我们发现，式（3-35）与封闭型经济中式（3-18）中的第一部分完全相同，这与本书研究中设定的拟线性效用函数有着直接的关联。虽然该函数具有相对简单的形式，但是由于不存在“收入效应”，消费者收入增加后也只是会增加农产品的消费，对工业品的消费不产生影响。因此，在开放型经济Ⅰ中，国际贸易并没有改变地区间消费者的福利差异，地区间消费者的福利差异仍然存在。但是与封闭型经济相比，单个地区的消费者福利发生了变化

$$V_1-V=\frac{\alpha}{\rho}\ln(1+Q)\geqslant 0 \tag{3-36}$$

从式（3-36）我们可以发现，经济开放之后地区消费者的福利水平得到了提高，也就是说，贸易提高了两地区的消费者的福利水平。由此，我们可以得到命题3.12。

命题3.12（国际贸易与消费者福利水平） 在开放型经济Ⅰ中，虽然国际贸易没有缩小地区消费者的福利差距，但是国家贸易同时促进了两地区消费者福利水平的提高。

第四节　开放型经济Ⅱ

本章第三节，从新新贸易经济理论的角度探讨了开放型经济的均衡，本节我们将从新经济地理学的角度来探讨开放型经济的均衡。新经济地理学模型与新贸易模型的最大区别在于，前者探讨了企业在空间中重新选择区位。尽管以往的新经济地理学模型中研究了企业重新选择区位的问题，但是这些模型中并没有探讨企业的异质性。在本节中，我们的模型中除了增加了企业异质性之外，同时加入了市场进入成本等新新贸易理论中的其他重要因素。

采用与新经济地理学均衡研究相同的方法，这里我们首先从短期均衡着手，对开放型经济进行研究。我们假定短期均衡时所有地区的企业数量固定，那么此时有哪些企业会考虑迁移呢？

由式（3-7）我们可以知道，$\pi(x_i)=p_i x_i/\sigma-F_{\mathrm{I}}$，即企业的经营利润与企业的边际投入、固定成本及企业的产量有着直接的关联。现在我们假定所有的企业都出口，那么厂商的产量同样包括两个市场（本地市场和国外市场）上的加总产量，$(x_2)_i=(c_2)_i+\tau(c_2^*)_i$。[①]同样，这里的$\tau$表示“冰山贸易成本”。此外，与第二节相似，这里我们引入了企业死亡率δ。由此，我们可以得到i企业的经营利润现值为

$$\pi_i(x_2)=(p_2)_i(x_2)_i/\delta\sigma-F_{\mathrm{I}} \tag{3-37}$$

一、短期均衡条件

开放型经济中的短期均衡条件,我们可以概括为ZCP条件和FE条件，从而最终确定企业的迁移状况和区位。

（一）ZCP条件

当然，并不是所有的企业都可以进行生产，只有那些具有一定效率的企业才能进行生产。无论是在本地生产，还是到其他地区进行生产，企业要想进入本地和国外市场，都需要支付进入市场的固定成本$F_{\mathrm{X}}+F_{\mathrm{D}}$，这里为了简化我们标记为$F_2=F_{\mathrm{X}}+F_{\mathrm{D}}$。采用与第二节及第三节中相同的方法，我们可以得到北部地区X型企业的ZCP条件：

$$(a_{2\mathrm{X}})^{1-\sigma}B_2=f_2 \tag{3-38}$$

① 本章中的下标“2”只是标志了开放型经济Ⅱ中的变量和参数，没有其他特别的含义。

其中，$B_2 = L^w(\frac{s_E}{\Delta_2} + \phi\frac{1-s_E}{\Delta_2^*})$，$f_2 = F_2\delta\sigma/\alpha$。

$$\begin{cases} \Delta_2 = \int_0^{a_{2X}} na^{1-\sigma}\mathrm{d}G[a \mid a_{2X}] + \phi\int_0^{\tilde{a}_X^*} n^* a^{1-\sigma}\mathrm{d}G[a \mid a_{2X}^*] \\ \Delta_2^* = \int_0^{a_{2X}^*} n^* a^{1-\sigma}\mathrm{d}G[a \mid a_{2X}^*] + \phi\int_0^{\tilde{a}_X} na^{1-\sigma}\mathrm{d}G[a \mid a_{2X}] \end{cases} \tag{3-39}$$

同样，我们可以得到南部地区 X 型企业的 ZCP 条件为 $(a_{2X}^*)^{1-\sigma} B_2^* = f_2$。

（二）FE 条件

根据式（3-38），采用与上文相似的方法，我们可以得到开放型经济Ⅱ中的 FE 条件

$$\begin{aligned} &\int_0^{a_{2X}} (a^{1-\sigma}B_2 - f_2)\mathrm{d}G[a] = f_I \\ &\int_0^{a_{2X}^*} (a^{1-\sigma}B_2^* - f_2)\mathrm{d}G[a] = f_I \end{aligned} \tag{3-40}$$

二、长期均衡条件

长期内企业在空间上会发生迁移。相应地，我们的 ZCP 条件和 FE 条件也会发生一些变化。

（一）ZCP 条件

与式（3-29）相似，我们仍然可以得到

$$(a_{2X})^{1-\sigma} B_2 = f_2，\ (a_{2X}^*)^{1-\sigma} B_2^* = f_2 \tag{3-41}$$

现在，不同的是，我们这里的 Δ 和 Δ^* 发生了变化，

$$\begin{cases} \Delta_2 = \int_0^{a_{2X}} na^{1-\sigma}\mathrm{d}G[a \mid a_{2X}] + \phi\int_{a_{2R}^*}^{a_{2X}^*} n^* a^{1-\sigma}\mathrm{d}G[a \mid a_{2X}^*] + \int_0^{a_{2R}^*} n^* a^{1-\sigma}\mathrm{d}G[a \mid a_{2X}^*] \\ \Delta_2^* = \int_{a_{2R}^*}^{a_{2X}^*} n^* a^{1-\sigma}\mathrm{d}G[a \mid a_{2X}^*] + \phi\int_0^{a_{2R}^*} n^* a^{1-\sigma}\mathrm{d}G[a \mid a_{2X}^*] + \phi\int_0^{a_{2X}} na^{1-\sigma}\mathrm{d}G[a \mid a_{2X}] \end{cases} \tag{3-42}$$

（二）FE 条件

同样，在长期均衡时会出现市场的自由进出，企业进出在长期均衡时始终保持平衡。如果北部地区的利润高于南部地区，南部地区的企业将会迁移至北部地区。南部地区的企业迁移对南部地区和地区的企业自由进出将会产生影响，从而我们可以得到长期均衡的 FE 条件：

$$\int_0^{a_{2X}} (a^{1-\sigma} B_2 - f_2) \mathrm{d}G[a] = f_{\mathrm{I}}$$
$$\int_{a_{2R}^*}^{a_{2X}^*} (a^{1-\sigma} B_2^* - f_2) \mathrm{d}G[a] + \int_0^{a_{2R}^*} (a^{1-\sigma} B_2 - f_2) \mathrm{d}G[a] = f_{\mathrm{I}} \tag{3-43}$$

（三）R 条件

短期内企业空间区位给定，企业无法对地区经营利润的差异迅速作出反应。但是在长期内，企业可能会在空间上发生迁移。因此，在长期均衡时我们增加了短期均衡中所不具有的迁移均衡条件（R 条件）。企业之所以会考虑迁移，是因为企业迁移到另外一个地区可以获得更高的利润。我们不妨假设南部地区的企业迁移到了北部地区，那么南部地区的企业迁移前后的利润差为

$$\pi_2(a_i) - \pi_2^*(a_i) = (a_2)_i^{1-\sigma}(B_2 - B_2^*) \tag{3-44}$$

如果初始 $B_2 > B_2^*$，那么 a 越小，企业迁移前后的利润差异越大。也就是说，那些具有较高生产效率的企业迁移能够获得更多的好处。从而，具有较高生产率的企业具有更强的迁移动机。由此，我们可以得到命题 3.13。

命题 3.13（企业迁移利润）　在同等条件下，生产效率越高的企业迁移动机越强，其迁移所能获得的收益越大。

根据式（3-44），只有满足如下条件时企业才不会发生迁移

$$B_2 = B_2^* \tag{3-45}$$

当然，我们这里需要指出的是，还有可能存在边界解的情形，即如果两地区相同生产效率的企业收益完全相同或者所有的企业集聚在同一地区都是可以达到长期均衡的。因此，我们的长期均衡条件为

$$\begin{cases} B_2 = B_2^* \\ B_2 > B_2^*, \lambda_2 = 1 \\ B_2 < B_2^*, \lambda_2 = 0 \end{cases} \tag{3-46}$$

其中，λ_2 为开放型经济 II 中长期均衡时北部地区的产业份额。[①]式（3-46）表明长期均衡时，两地区企业收益完全相同或者企业完全集聚在南部地区或北部地区。当然，如果要想长期均衡稳定，我们必然要求产业集聚地的企业经营收益大于另外一个地区，否则产业会重新回流到“母国”。

① 需要注意的是，我们这里的 λ_2 与本节所使用的 s_n 是两个不同的概念。前者是迁移后本地的企业份额，而后者是在迁移之前初始的本地企业份额。

三、企业迁移对企业生产效率的影响

上文中我们提到了国际贸易对企业生产效率的影响，在存在企业迁移时，企业迁移同样会对企业生产效率产生一定的影响。

（一）X 型企业生产效率与迁移企业生产效率

根据$G[a]=(a_X / a_0)^\rho$，长期均衡时的 ZCP 条件及 FE 条件，我们同样可以得到 X 型企业临界生产边际投入

$$(a_{2X})^\rho=(\beta-1)f_I / f_2 \tag{3-47}$$

此外，根据 R 条件我们可以求出

$$a_{2r}=\frac{2\phi}{(1-\phi)(1-s_E)}(s_E-1/2) \tag{3-48}$$

其中，$a_{2r}=(a_{2R} / a_{2X})^{\rho+1-\sigma}$。由此，我们可以得到南部地区 R 型企业的临界生产投入

$$a_{2R}{}^{\rho+1-\sigma}=\left\{\frac{(s_E-s_n)+\phi[s_n-(1-s_E)]}{(1-\phi)(1-s_n)}\right\}[(\beta-1)f_I / f_2]^{1-1/\beta} \tag{3-49}$$

式（3-48）是关于ϕ的单调递增函数，因此如果出现完全的核心-边缘结构，那么$a_{2r}=1$。从而我们可以得到开放型经济 II 中核心边缘结构的门槛值，即$\phi_2^{cp}=(1-s_E)/s_E$。当然，由于式（3-48）关于ϕ单调递减，我们无法得到 Krugman 的核心-边缘模型中出现的突破点与持续点。

（二）迁移如何影响 X 型企业的生产效率？

而根据式（3-26）和式（3-47），我们可以得到两种不同类型的开放型经济中 X 型企业生产效率差异

$$a_{2X}^\rho-a_{1X}^\rho=\frac{f_I(\beta-1)}{(f_D+f_X)(1+\Omega)}(1-\Omega) \tag{3-50}$$

由此，我们可以看出，两种不同类型的经济中出口企业的生产效率与市场开放程度有关。当$\Omega \geqslant 1$时，$a_{2X} \leqslant a_{1X}$；当$\Omega<1$时，$a_{2X}>a_{1X}$。也就是说，在市场开放度比较大的时候，开放型经济 II 的企业出口临界生产效率相对较高；而在市场开放度比较小时，开放型经济 I 的企业出口临界生产效率相对较高。

四、企业迁移对企业数量的影响分析

毫无疑问，企业的迁移会对市场中企业的数量产生影响。一些地区的企业迁移后，在丧失一些企业的同时，地区的竞争相对减弱，本地会新增部分企业。换句话说，企业迁入或迁出会对本地企业数量产生两个方面的影响，而至于最终是增加还是减少，则需要具体分析。

（一）地区企业数量、迁移企业数量

在长期均衡时，两地区产品的种类数之和 $n_2^w=(1-1/\beta)E^w/f_2$。也就是说，在开放型经济Ⅱ中，长期均衡时两地区产品种类数是固定的。产品种类数与两地区消费者的数量成正比，而与企业的市场进入成本（F_X和F_D）成反比。消费者消费的产品种类与贸易自由化水平没有任何关系。

进一步来说，地区初始生产的产品种类数与地区的支出份额成正比，因此我们可以得到开放型经济Ⅱ中北部地区和南部地区初始的产品种类数分别为

$$n_2=(1-1/\beta)E/f_2,\quad n_2^*=(1-1/\beta)E^*/f_2 \tag{3-51}$$

而南部地区向北部地区迁移的企业数量为

$$n_{2r}=\frac{2\phi}{1-\phi}\frac{s_E-1/2}{1-s_E}\frac{(1-1/\beta)E^*}{f_2} \tag{3-52}$$

从式（3-52）中我们可以看出，地区迁移的企业数量与地区的支出份额、迁移成本、贸易自由度，以及地区初始的消费水平有着直接的关联。当然，它们之间的关系仍然是非线性的。根据式（3-51）及式（3-52），我们同样可以得到长期均衡时本地的企业份额

$$\lambda_2=\frac{1}{2}+\frac{1+\phi}{1-\phi}(s_E-\frac{1}{2}) \tag{3-53}$$

值得一提的是，式（3-53）与式（3-31）在形式上是相似的。但是，地区间的贸易自由度始终为$\phi\in[0,1]$，因此式（3-53）中本地市场效应是始终存在的。此外，式（3-53）与 Baldwin 等（2003）研究中标准的自由资本模型的本地市场效应是一致的。也就是说，企业异质性及市场进入成本的纳入并未改变本地市场效应的存在性，甚至本地市场效应的大小都不会发生变化。

（二）迁移如何影响企业数量

比较开放型经济Ⅰ和开放型经济Ⅱ的 FE 条件，我们发现 FE 条件没有发生实质性的变化。事实上，迁移只是南部地区的部分企业转移到北部，企业总数量并不会发生变化。由于 FE 条件没有发生根本性的改变，南部地区和北部地区也没有企业进入和退出或者进退始终相等。也就是说，迁移并没有影响国外市场的进入条件。从南部向北部实际迁移的企业数量为式（3-52）中的数值。

五、企业迁移对地区消费者福利水平的影响分析

在长期均衡时，我们始终有 $s_E / \Delta_2 = (1 - s_E) / \Delta_2^*$。从而，我们可以得到两地区消费者福利水平的差异为

$$\Delta V_2 = \frac{\alpha}{\sigma - 1} \ln \frac{s_E}{1 - s_E} \tag{3-54}$$

从式（3-54）我们可以看出，企业的迁移并没有对地区间的福利水平差异产生任何影响。从价格指数上来看，地区间消费者的价格指数差异仍然与地区的初始产品份额有关；从收入水平来看，两地区的收入水平仍然与地区的初始资本分配有关。因此，在我们的模型中，区域之间的消费者福利差异始终是保持不变的。但是，在比较北部地区消费者福利在封闭型经济和开放型经济Ⅱ时，我们同样可以发现

$$V_2 - V = \frac{\alpha}{\sigma - 1}(1 - \frac{1}{\beta}) \ln \frac{f_2}{f_{\mathrm{D}}} + \ln(1 + \phi) > 0 \tag{3-55}$$

也就是说，开放型经济Ⅱ中地区的消费者福利水平同样发生了变化，开放型经济Ⅱ有利于提高消费者的福利水平。南部地区与此相类似，消费者的福利水平同样得到了提高。在新经济地理学的模型中，消费者福利水平之所以能够得到提高，主要还是得益于地区消费者的价格指数发生了变化。

第五节　开放型经济Ⅲ

在前文的第二节至第四节中，我们分别探讨了封闭型经济、开放型经济Ⅰ和开放型经济Ⅱ。本节我们将建立一个一般化的模型，模型中将同时包含开放型经济Ⅰ和开放型经济Ⅱ，即模型中同时包括 N 型、D 型、X 型

及 R 型企业。与开放型经济Ⅱ相似，这里我们仍然进行短期均衡和长期均衡的分析。在短期均衡内，地区企业数量给定，但是在长期均衡内，企业可以在不同的地区之间进行迁移。

一、短期均衡条件

同样，在开放型经济Ⅲ中，短期均衡时并不考虑企业的迁移，因此我们在均衡中仍然需要看 ZCP 条件和 FE 条件。

（一）ZCP 条件

现在，企业可以进入本地市场或者选择在国内和国外两个市场上进行销售。均衡时，我们可以得到 ZCP 条件为

$$\begin{cases}(a_{3\mathrm{D}})^{1-\sigma}B_3 = f_{\mathrm{D}}, \phi(a_{3\mathrm{X}})^{1-\sigma}B_3^* = f_{\mathrm{X}} \\ (a_{3\mathrm{D}}^*)^{1-\sigma}B_3^* = f_{\mathrm{D}}, \phi(a_{3\mathrm{X}}^*)^{1-\sigma}B_3 = f_{\mathrm{X}}\end{cases} \tag{3-56}$$

其中，$B_3 = L/\Delta_3$，$B_3^* = L^*/\Delta_3^*$。在没有迁移时，我们的 Δ 和 Δ^* 为

$$\begin{cases}\Delta_3 = n_3\int_0^{a_{3\mathrm{D}}} a^{1-\sigma}\mathrm{d}G[a\,|\,a_{3\mathrm{D}}] + \phi n_3^*\int_0^{a_{3\mathrm{X}}^*} a^{1-\sigma}\mathrm{d}G[a\,|\,a_{3\mathrm{D}}^*] \\ \Delta_3^* = \phi n_3\int_0^{a_{3\mathrm{X}}} a^{1-\sigma}\mathrm{d}G[a\,|\,a_{3\mathrm{D}}^*]\widehat{n}^* + n_3^*\int_0^{a_{3\mathrm{D}}^*} a^{1-\sigma}\mathrm{d}G[a\,|\,a_{3\mathrm{D}}]\end{cases} \tag{3-57}$$

（二）FE 条件

同样，我们可以得到短期均衡时的 FE 条件。对应地，北部地区的 FE 条件为

$$\underbrace{\int_0^{a_{3\mathrm{D}}}(a^{1-\sigma}B_3 - f_{\mathrm{D}})\mathrm{d}G[a]}_{\text{本地市场利润}} + \underbrace{\int_0^{a_{3\mathrm{X}}}(\phi a^{1-\sigma}B_3^* - f_{\mathrm{X}})\mathrm{d}G[a]}_{\text{国外市场利润}} = f_{\mathrm{I}} \tag{3-58}$$

相似地，南部地区的 FE 条件为

$$\underbrace{\int_0^{a_{3\mathrm{D}}^*}(a^{1-\sigma}B_3^* - f_{\mathrm{D}})\mathrm{d}G[a]}_{\text{本地市场利润}} + \underbrace{\int_0^{a_{3\mathrm{X}}^*}(\phi a^{1-\sigma}B_3 - f_{\mathrm{X}})\mathrm{d}G[a]}_{\text{国外市场利润}} = f_{\mathrm{I}} \tag{3-59}$$

二、长期均衡条件

短期均衡时，企业并不存在迁移。但是，在长期均衡形成过程中，企

业不断出现迁移，并且，最终出现迁入与迁出的均衡。

（一）X 型企业迁移

从前文的分析中我们可以看到，企业的利润与企业的生产效率呈正相关。因此，最先发生迁移的企业是那些生产效率最高的企业。这里我们不仅要提出这样一个问题，即是否存在仅有 X 型企业迁移而 D 型企业不发生迁移的情况呢？在仅有 X 型企业迁移就可以达到均衡时，我们长期均衡时的 ZCP 条件将发生变化。

1. ZCP 条件

在只有 X 型企业发生迁移（下文简称为 X 型企业发生迁移）时，对应的 ZCP 条件中的 $\varDelta$ 和 $\varDelta^*$ 变化为

$$\begin{cases}\varDelta_3 = \dfrac{1}{1-1/\beta} a_{3\mathrm{D}}^{1-\sigma}\{n_3 + n_3^*[Q+(1-\phi)a_{3r}^*]\} \\ \varDelta_3^* = \dfrac{1}{1-1/\beta}(a_{3\mathrm{D}}^*)^{1-\sigma}\{n_3 Q + n_3^*[1-(1-\phi)a_{3r}^*]\}\end{cases} \tag{3-60}$$

其中，$a_{3r}^* = (a_{3\mathrm{R\text{-}X}}^* / a_{3\mathrm{D}}^*)^{1-\sigma+\rho}$。对应地，$a_{3\mathrm{R\text{-}X}}^*$ 为开放型经济Ⅲ中 X 型企业发生迁移的临界生产效率，$a_{3\mathrm{D}}^*$ 为开放型经济Ⅲ中 D 型企业的临界生产效率。

2. FE 条件

这里需要同时处理 D 型、X 型及 R 型企业，因此 FE 条件相对较为复杂。为此，我们采用 Baldwin（2005）的方法，即预期成本与预期收益方法。[①]我们可以得到单个企业的预期现值为 $E^w/\sigma\delta$，对应地企业预期成本总和为 $F_\mathrm{D} + F_\mathrm{X} G[a_{3\mathrm{X}}]/G[a_{3\mathrm{D}}] + F_\mathrm{I}/G[a_{3\mathrm{D}}]$。长期均衡时，FE 条件可以简化为

$$\frac{E^w}{\sigma\delta} = F_\mathrm{D} + F_\mathrm{X}\frac{G[a_{3\mathrm{X}}]}{G[a_{3\mathrm{D}}]} + F_\mathrm{I}\frac{1}{G[a_{3\mathrm{D}}]} \tag{3-61}$$

其中，第一项是企业进入本地市场支付的成本，所有进入市场销售的企业都需要支付；第二项是进入国外市场支付的成本，只有那些出口型企业需要支付；第三项是企业固定成本，无论何种企业都需要支付。

3. R 条件

与本章第四节相同，我们可以得到长期均衡条件为

① 这种方法实际上与我们上文中采用的 FE 条件是等价的，只是两者分别从不同的角度考察而已，并不影响分析的过程和结果。

$$\begin{cases} B_3 = B_3^* \\ B_3 > B_3^*, \quad \lambda_3 = 1 \\ B_3 < B_3^*, \quad \lambda_3 = 0 \end{cases} \tag{3-62}$$

（二）D 型企业迁移

如果某地区 D 型企业出现迁移，那么此时该地区 X 型企业必然已经全部迁移完毕（下文中我们所称的 D 型企业迁移中包括已经迁移完的 X 型企业）。从而，ZCP 条件中的 $\varDelta_3$ 和 $\varDelta_3^*$ 再次发生变化：

$$\begin{cases} \varDelta_3 = \dfrac{1}{1-1/\beta} a_{3\mathrm{D}}^{1-\sigma} (n_3 + n_3^* a_{3r1}^*) \\ \varDelta_3^* = \dfrac{1}{1-1/\beta} (a_{3\mathrm{D}}^*)^{1-\sigma} [(n_3 + n_3^*)Q + n_3^*(1 - a_{3r1}^*)] \end{cases} \tag{3-63}$$

其中，$a_{3r1}^* = (a_{3\mathrm{R\text{-}D}}^* / a_{3\mathrm{D}}^*)^{1-\sigma+\rho}$，$a_{3\mathrm{R\text{-}D}}^*$ 为开放型经济Ⅲ中 D 型企业发生迁移的临界生产效率。

三、D 型企业是否一定发生迁移？

如果 D 型企业不发生迁移，那么在 X 型企业迁移的过程中，我们可以得到长期均衡的条件。根据 $B_3 = E / \varDelta_3$，$B_3^* = E^* / \varDelta_3^*$，$B_3 = B_3^*$ 及式（3-60），在初始 $s_n = s_E$ 的条件下，我们可以得到

$$a_{3r}^* = \frac{Q}{(1-\phi)(1-s_E)}(2s_E - 1) \tag{3-64}$$

按照我们的定义，如果 D 型企业不发生迁移的话，那么 $a_{3r}^* \leqslant (a_{3\mathrm{X}}^* / a_{3\mathrm{D}}^*)^{1-\sigma+\rho}$。从而我们可以得到 Baldwin 和 Okubo（2014）所说的 X 型企业和 D 型企业的“分割”（partitioning）贸易自由度 $\phi_3^P \leqslant (1-s_E)/s_E$。也就是说，只有在两地区之间的贸易自由化水平低于 $(1-s_E)/s_E$ 时，D 型企业才不会发生迁移，否则，D 型企业一定会发生迁移。对应地，我们可以得到 X 型企业发生迁移时的各种类型企业的临界生产效率、产出量、出口量及消费者效用函数等。

（一）国际贸易、外商直接投资与企业临界生产效率

1. D 型、X 型及 R 型企业的临界生产效率

长期均衡时，我们可以求出 D 型企业的临界生产效率、X 型企业的临

界生产效率：

$$a_{3\mathrm{D}}=[(\beta-1)f_{\mathrm{I}}/f_{\mathrm{D}}(1+Q)]^{1/\rho}，\quad a_{3\mathrm{X}}=[Q(\beta-1)f_{\mathrm{I}}/f_{\mathrm{X}}(1+Q)]^{1/\rho} \tag{3-65}$$

同时，我们可以得到南部地区迁移至北部地区企业的生产效率

$$a_{3\mathrm{R}}^{*}=\left[\frac{Q(2s_E-1)}{(1-\phi)(1-s_E)}\right]^{1/(\rho+1-\sigma)}\left[\frac{(\beta-1)f_{\mathrm{I}}}{f_{\mathrm{D}}(1+Q)}\right]^{1/\rho} \tag{3-66}$$

从式（3-66）我们可以发现，在同时存在国际贸易及外商直接投资时，地区迁移型企业的临界效率与地区之间的“贸易开放度”、固定投入成本，以及市场进入成本等有着直接的关联。

2. 国际贸易与外商直接投资如何影响企业生产效率

这里我们再比较一下企业进入本地市场的临界生产效率与进入国际市场的临界生产效率。通过对式（3-66）与式（3-26）的比较，我们发现迁移并没有影响企业的临界生产效率。也就是说，在我们的模型中，只有国际贸易才会影响企业进入市场的临界生产效率，迁移并没有能够影响到企业进入市场的生产效率。有关国际贸易对进入市场效率的影响，我们在这里不再进行分析。

（二）国际贸易、外商直接投资与企业份额

1. 企业数量与企业份额

同样，我们可以求出两地区初始的企业数量，以及迁移企业的数量

$$n_3=\frac{(1-1/\beta)E}{(1+Q)f_{\mathrm{D}}}，\quad n_3^{*}=\frac{(1-1/\beta)E^{*}}{(1+Q)f_{\mathrm{D}}} \tag{3-67}$$

其中，X 型企业的比例为$(a_{3\mathrm{X}}/a_{3\mathrm{D}})^{\rho}=\Omega_3$，那么我们可以得到北部地区和南部地区初始进口的企业数量分别为

$$n_{3im}=\frac{(1-1/\beta)\Omega_3E^{*}}{(1+Q)f_{\mathrm{D}}}，\quad n_{3im}^{*}=\frac{(1-1/\beta)\Omega_3E}{(1+Q)f_{\mathrm{D}}} \tag{3-68}$$

南部地区向北部地区迁移的企业数量为

$$n_{3\mathrm{R}}=\frac{(1-1/\beta)QE^{*}}{(1+Q)f_{\mathrm{D}}}\frac{(2s_E-1)}{(1-\phi)(1-s_E)} \tag{3-69}$$

对应地，我们可以求出长期均衡时北部地区的企业份额

$$\lambda_3=\frac{1}{2}+\left(\frac{2Q}{1-\phi}+1\right)\left(s_E-\frac{1}{2}\right) \tag{3-70}$$

从式（3-70）我们可以看出，本地市场效应在我们的开放型经济Ⅲ中

仍然是存在的，因为$2Q/(1-\phi)+1>1$。至于本地市场效应与开放型经济Ⅰ、开放型经济Ⅱ相比是否放大，则取决于Q值的大小。在本章的第六节中我们将会进一步分析。

2. 迁移对地区企业数量的影响分析

现在，我们可以对开放型经济Ⅰ和开放型经济Ⅲ进行分析。前者处理的只是国际贸易，后者则同时对国际贸易及外商直接投资进行了处理。虽然我们消费的产品种类总数没有发生变化，但是在企业迁移前各地区生产的产品数量还是存在差异的

$$n_3-n_1=Q\frac{(1-1/\beta)}{(1-Q^2)f_{\mathrm{D}}}(E^*-E)<0 \tag{3-71}$$

对应地，南部地区

$$n_3^*-n_1^*=Q\frac{(1-1/\beta)}{(1-Q^2)f_{\mathrm{D}}}(E-E^*)>0 \tag{3-72}$$

从式（3-71）和式（3-72）我们可以看出，相比开放型经济Ⅰ，在存在D型企业时，北部地区在迁移发生前的企业数量减少了，而南部地区在迁移发生前的企业数量增加了。在两个模型中，出口企业与本地企业的比例始终相同，因此两地出口的情况与此有着相似的规律。由此，我们可以得到命题3.14。

命题 3.14（迁移-产业效应）　在允许企业迁移时，地区总的企业数量是不变的。相比较而言，大国初始阶段的产业出现了不足，而小国初始阶段的产业出现了过度。这种情形的出现，是因为我们预期到在贸易自由化的过程中，小国的产业将会向大国迁移，使得地区的产业份额存在扭曲。这种扭曲对地区的产业所带来的影响，我们可以称为“迁移-产业效应”。

（三）国际贸易、外商直接投资与消费者福利水平的变化

在本章的第三节和第四节中，我们发现地区之间的消费者福利差距始终保持不变。与前两章相似，我们这里的区域之间的消费者福利差异仍然不变，即

$$\Delta V_3=\frac{\alpha}{\sigma-1}\ln\frac{s_E}{1-s_E} \tag{3-73}$$

我们再来考察一下开放型经济Ⅲ和开放型经济Ⅰ中地区单个消费者间接效用函数的变化

$$V_3-V_1=\ln(1+Q)\geqslant 0 \tag{3-74}$$

从式（3-74）中我们可以进一步发现，如果存在企业迁移，那么迁移

后两地区消费者的福利水平总是会得到提高的。根据式（3-36）及式（3-74）我们可以得到$V_3 > V_2 > V_1$。也就是说，区域经济越开放，消费者的福利水平提高得越快。由此，我们可以得到命题 3.15。

命题 3.15（开放型经济与消费者福利水平） 经济的开放总能提高单个地区消费者的福利水平。相比较而言，含有国际贸易的经济中居民的福利水平明显高于封闭型经济，而同时含有国际贸易和外商直接投资的经济中居民的福利水平则更高。

四、完全集聚是否一定出现?

根据 ZCP 条件及 R 条件，我们可以得到 D 型企业发生迁移时的a_{3r1}^*值为

$$a_{3r1}^* = \frac{n_3}{n_3^*}Q \tag{3-75}$$

由上文关于a_{3r1}^*的定义，我们知道当北部地区所有 D 型企业发生迁移时，核心-边缘结构就会出现，这就要求$a_{3r1}^* = 1$，对应地我们可以得到核心-边缘结构的ϕ值：$\phi_3^{CP} = (1 - 1/s_E)^{1/\beta} T^{1-1/\beta}$。我们可以看到，在$T$值比较大时，$\phi_3^{CP}$可能会大于 1，从而核心-边缘结构不会出现。Baldwin 和 Okubo（2014）指出，在$\rho \to \infty$时，完全集聚的核心-边缘结构才不会出现，然而我们发现限制条件并非如此严格。在存在国内外市场的进入成本差异时，只要$\rho > \sigma - 1$，则不完全集聚总是有可能发生的。由此，我们可以得到命题 3.16。

命题 3.16（不完全集聚） 在开放型经济中，如果国外市场的进入成本相对于国内市场的进入成本较大时，核心-边缘结构可能并不会出现，从而出现了不完全的集聚。而两地区初始的产业份额差异较小，核心-边缘结构相对越不可能出现。

此外，D 型企业迁移时，地区的产品种类总数、D 型及 X 型企业的临界生产效率保持不变。D 型企业迁移至北部地区之后仍然还是 D 型企业。根据式（3-75）我们可以得到迁移性企业的临界生产效率为

$$a_{3R}^* = \left(\frac{s_E}{1 - s_E}Q\right)^{1/(\rho+1-\sigma)} \left[\frac{(\beta - 1) f_I}{f_D (1 + Q)}\right]^{1/\rho} \tag{3-76}$$

北部地区的产业份额为

$$\lambda_3 = (1 + Q) s_E \tag{3-77}$$

第六节　贸易自由化效应

在新经济地理学中，大量研究和探讨了贸易自由化对产业集聚的影响。由于本章的第五节是后续章节模型的基础，因此这里我们主要以第五节中分析的结论为基础。在本节，我们将从贸易自由化的角度对第五节中分析的企业生产效率、企业数量，以及消费者的福利水平分别进行研究。

一、贸易自由化对企业生产效率的影响

贸易自由化是新经济地理学中的重要变量，贸易自由化直接改变了企业的运输成本，从而影响到企业的生产决策。从而贸易自由化对企业进入本地市场临界生产效率、进入国外市场临界生产效率，以及迁移临界生产效率等都会产生重要的影响。

（一）贸易自由化对进入本地市场临界生产效率的影响

对式（3-64）第一项求Q的导数，我们可以得到

$$\frac{\mathrm{d}a_{3\mathrm{D}}}{\mathrm{d}Q}=-\frac{1}{\rho(1+Q)}\left[\frac{(\beta-1)f_{\mathrm{I}}}{f_{\mathrm{D}}(1+Q)}\right]^{1/\rho}<0 \tag{3-78}$$

此外，由$Q=\phi^{\beta}T^{1-\beta}$可知，$\mathrm{d}Q/\mathrm{d}\phi>0$（下文同）。因此，在贸易自由化的进程中，随着贸易自由化水平的提高，进入本地市场的边际投入将变小，临界最低生产效率将提高。也就是说，贸易自由化水平越高，地区生产的企业数越少。

（二）贸易自由化对进入国外市场临界生产效率的影响

同理，对式（3-64）第二项求Q的导数，我们可以得到

$$\frac{\mathrm{d}a_{3\mathrm{X}}}{\mathrm{d}Q}=\frac{1}{\rho(1+Q)Q}\left[\frac{Q(\beta-1)f_{\mathrm{I}}}{f_{\mathrm{X}}(1+Q)}\right]^{1/\rho}>0 \tag{3-79}$$

而从式（3-79）我们可以看出，在贸易自由化的进程中，随着贸易自由化的水平逐步提高，地区出口企业的边际投入变大，临界最低生产效率将降低。也就是说，与本地生产不同，贸易自由化水平越高，本地出口的企业将会增加。

（三）贸易自由化对迁移临界生产效率的影响

根据前文假设，$\beta > 1$，即 $\rho > \sigma - 1$。由此，我们可以发现 $\mathrm{d}a_{3r}^{*} / \mathrm{d}Q > 0$ 始终成立，在贸易自由化水平提高时，迁移企业的边际投入增加。也就是说，在贸易自由化水平提高时，外商直接投资型企业将会增加。由此，我们可以得到命题 3.17。

命题 3.17（贸易自由化的临界效率效应）　贸易自由化将提高 D 型企业的临界生产效率，降低本地 X 型和 R 型企业的临界生产效率。

为了更加直观，我们在这里借助于数值模拟。在我们的模拟过程中，参数取值情况如下：$f_{\mathrm{D}} = f_{\mathrm{X}} = f_{\mathrm{I}} = 1$；$\rho = 6$；$\sigma = 5$；$s_E = 0.6$。我们将式（3-64）及式（3-65）画在同一个坐标轴中，可以得到 3 条曲线。通过对 3 条曲线的分析，我们可以得出 N 型企业、D 型企业、X 型企业及 R 型企业的贸易自由度-边际投入的取值范围。其中，R 型企业我们又可以分为 R-D 型企业和 R-X 型企业。R-D 型企业即原来为 D 型企业但发生了生产区位的迁移的企业；同理，R-X 型企业为原来 X 型企业发生迁移的企业，如图 3-1 所示。

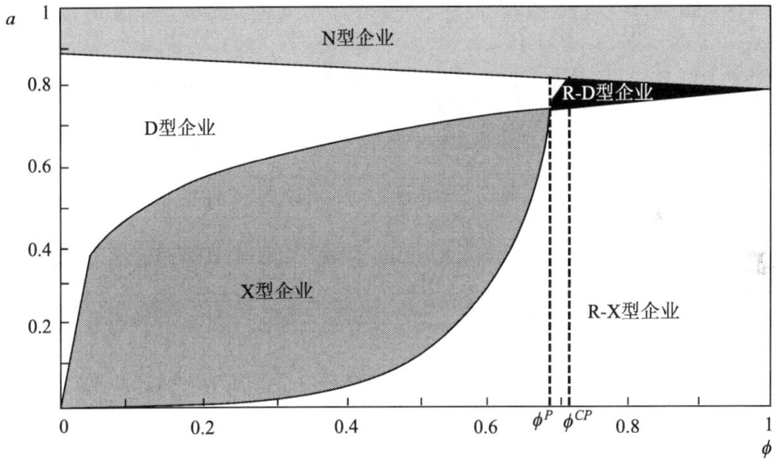

图 3-1　贸易自由化与企业类型

图 3-1 中的横轴为贸易自由度 ϕ，纵轴为工业企业的边际投入 a。从图 3-1 中我们可以得出与上文边际分析相似的结论。从边际投入的取值范围来看，N 型企业的取值范围逐步扩大，D 型企业的取值范围逐步缩小，X 型企业的取值范围先扩大后缩小，R 型企业的取值范围逐步扩大。此外，我们从该图形中还可以发现，在贸易自由化的过程中，X 型企业率先发生迁移，其次才是 D 型企业。企业迁移的顺序依然是从高到底。由此，我们可以得

到命题 3.18。

命题 3.18（企业迁移排序效应） 在贸易自由化的过程中，一些生产效率最高的 X 型企业首先会重新选择区位，在所有 X 型企业迁移完成之后，D 型企业才会发生迁移。在企业重新选择区位的过程中，企业迁移是按照生产效率的排序进行的。

二、贸易自由化对企业数量的影响分析

由于企业边际投入的分布服从 Pareto 分布，也就是是 $G[a]=a^{\rho}$。在 $\rho>1$ 时，该分布为非线性分布，这里我们有必要对地区各类企业的数量进行详细的分析。

（一）地区企业总数

根据式（3-67），我们可以求出

$$\frac{\mathrm{d}n_3}{\mathrm{d}Q}=-\frac{(1-1/\beta)E}{(1+Q)^2 f_{\mathrm{D}}}<0\text{，}\quad \frac{\mathrm{d}n_3^*}{\mathrm{d}Q}=-\frac{(1-1/\beta)E^*}{(1+Q)^2 f_{\mathrm{D}}}<0 \tag{3-80}$$

式（3-80）表明，随着贸易开放度的提高，在迁移发生之前，各地区企业的数量都会发生减少。

（二）地区出口企业数量

但是，与地区企业总数不同的是，随着贸易自由度 ϕ 的提高，本地进口和出口将得到同步的提高。由式（3-68）我们可以发现

$$\frac{\mathrm{d}n_{3im}}{\mathrm{d}Q}=\frac{(1-1/\beta)E^*}{(1+Q)^2 f_{\mathrm{X}}}>0\text{，}\quad \frac{\mathrm{d}n_{3im}^*}{\mathrm{d}Q}=\frac{(1-1/\beta)E^*}{(1+Q)^2 f_{\mathrm{X}}}>0 \tag{3-81}$$

（三）迁移企业数量

根据式（3-69），我们可以得到从南部向北部地区迁移的企业数量关于贸易自由度的倒数 $\mathrm{d}n_{3r}/\mathrm{d}\phi>0$。从而随着贸易自由化水平的提高，南部地区向北部地区迁移的企业数量增加。

与贸易自由化对企业边际投入的影响相似，在这里我们仍然可以发现，随着贸易自由化水平的提高，D 型企业数量会减少，但是 X 型企业数量会增加。此外，随着贸易自由化水平的提高，R 型企业数量同样出现了增加。

三、贸易自由化对产业集聚的影响分析

从前文的分析中我们可以看出，贸易自由化不断地影响着 D 型企业的数量、X 型企业的数量及 R 型企业的数量。那么，贸易自由化如何影响着地区最终的产业份额呢？从式（3-70）我们可以看出，地区企业份额与地区的初始企业份额 s_n，两地区的市场进入成本 T，以及贸易自由度 ϕ 有着直接的关联。为了清晰地阐述问题，这里我们再次进行数值模拟。在模拟过程中，对应的 s_E=0.6，$\beta=1.5$，$T=1$。

图 3-2 中的横轴为贸易自由度 ϕ，纵轴为北部地区（南部地区）企业份额。其中，图中的实线为北部地区（大国的企业份额），虚线为南部地区（小国的企业份额）。从图中我们可以看出，在贸易自由度变大的过程中，北部地区的企业份额在逐步变大，而南部地区的企业份额在逐步变小。贸易自由度达到 ϕ_3^P 时，南部地区的 X 型企业全部迁移至北部地区，在贸易自由度达到 ϕ_3^{CP} 时，出现了核心-边缘结构，此时所有产业完全集中到南部地区。

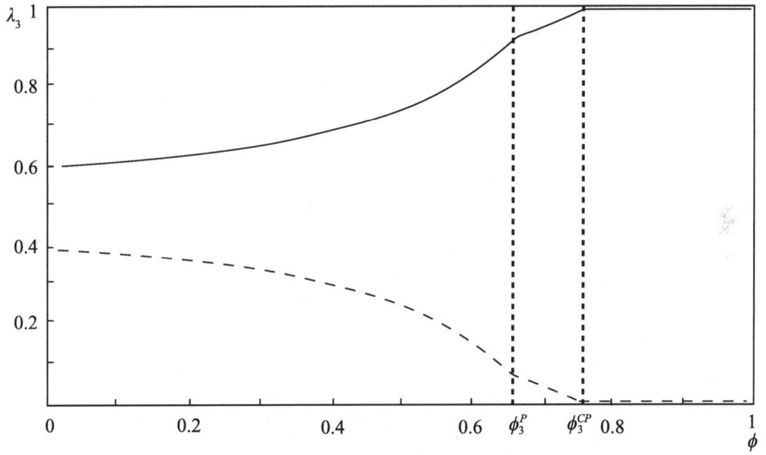

图 3-2 贸易自由度与地区产业份额

根据式(3-70)我们可以发现，核心-边缘结构的突破点 $\phi_3^{CP}=(1-1/s_E)^{1/\beta}T^{1-1/\beta}$。对式（3-70）及式（3-77）分别求其关于 ϕ 的导数我们可以得到

$$\frac{\mathrm{d}\lambda_3}{\mathrm{d}\phi}=\begin{cases}2\phi^\beta T^{1-\beta}(2s_E-1)\left[\dfrac{\beta}{\phi(1-\phi)}+\dfrac{1}{(1-\phi)^2}\right], & \phi\in[0,\phi^P]\\ \phi^\beta T^{1-\beta}, & \phi\in[\phi^P,1]\end{cases} \tag{3-82}$$

由式（3-82）可以发现，无论ϕ取何值时，贸易自由化总是能够促进大地区产业份额的提高。T值越小，β值越大，s_E值越大，贸易自由化的集聚效应越发明显。由此，我们可以得到命题 3.19。

命题 3.19（贸易自由化与产业集聚） 在开放型经济中，随着贸易自由化水平的逐步提高，北部地区逐步成为核心地区，而南部地区逐步成为边缘地区。T值越小，β值越大，s_E值越大，贸易自由化的集聚效应越明显，核心-边缘结构越容易出现。

在贸易自由化的过程中，地区聚集租金逐步增加，不同生产效率的企业逐步向市场规模较大的地区迁移。在一定的条件下，随着贸易自由化水平的逐步提高，新经济地理学代表 Krugman（1991）所述的核心-边缘结构会出现。当然，与新经济地理学中所不同的是，这种核心-边缘结构只有在一定的条件下才会出现。

四、贸易自由化对消费者福利的影响

从式（3-73）我们可以看到，虽然在 X 型企业迁移中，贸易自由化对地区之间消费者的福利差距没有任何影响，但是对于单个地区而言，北部地区的消费者间接效用函数为

$$V_3=-\frac{\alpha}{\beta(\sigma-1)}\ln\frac{s_E(\beta-1)f_{\mathrm{I}}}{(1+Q)f_{\mathrm{D}}}+C \tag{3-83}$$

其中，C 为常数，$C=\frac{\alpha}{\sigma-1}\left[\ln\frac{\sigma(\beta-1)}{(\sigma-1)\beta}-\frac{1}{\beta}\ln s_E\right]+Y+\alpha(\ln\alpha-1)$。

从式（3-83）中我们得到$\mathrm{d}V_3/\mathrm{d}Q>0$，再次使用$\mathrm{d}Q/\mathrm{d}\phi>0$，我们可以发现地区的消费者福利水平与贸易自由化呈正向变化，即$\mathrm{d}V_3/\mathrm{d}\phi>0$。同样，在 D 型企业迁移时，我们得到了类似的结论。而在本章第五节中我们对式（3-74）分析发现，区域之间的福利水平差距始终保持不变，这就表明不同区域在贸易自由化的过程中福利水平都得到了提高。也就是说，贸易自由化始终能够提高两个区域居民的福利水平，而与国家的规模无关。这一点与 Baldwin 和 Okubo（2014）及 Baldwin 和 Forslid（2010）的研究结论是一致的。由此，我们可以得到命题 3.20。

命题 3.20（贸易自由化与消费者福利） 无论区域规模大小如何，在贸易自由化的过程中，不同区域的消费者福利水平始终可以得到提高。因此，提高地区贸易自由化的水平，有利于本地消费者福利的改善。

第七节　小结

本章是全书研究的基础，在这一章中我们构建了包含 N 型企业、D 型企业、X 型企业及 R 型企业的一般化的模型。在构建一般化模型之前，我们首先构建了封闭经济模型，随后构建了新新贸易、新新经济地理学等开放型经济模型。在本章构建的新新贸易理论模型中，我们得出了与 Melitz（2003）相似的结论；而在新新贸易理论模型中，我们得出了与新经济地理学中 Melitz（2003）所研究的“非对称”自由资本模型中相似的结论。在我们的一般化模型中，得到了包含两者的结论。因此，我们可以将一般化模型看作包含新新贸易理论和新经济地理学研究结论的综合模型。

在本章的研究中，我们得出了如下一些重要的结论。

（1）对于单个企业而言，生产效率越高的企业，产品售价越高，企业产量越高。不同生产效率的企业在开放型经济中可能会选择不同的战略行为，相比较而言，效率最高的企业选择迁移；效率较高的企业选择同时供应本地市场和国外市场；效率一般的企业选择只供应本地市场；而效率最低的企业选择退出市场。

（2）本地市场效应在大多数情况下总是存在的，但是在仅有国际贸易没有跨国投资行为时，如果国外的进入成本相对较高，可能会存在与之相反的“逆”本地市场效应。当然，只有存在企业跨国迁移时，本地市场效应才始终存在，并且随着贸易自由化水平的提高，本地市场效应得到放大。

（3）由于企业有着不同的生产效率，企业对国外市场的反应程度不同，从而在选择迁移方面会有着不同的反应。为了能够接近国外市场，企业会按照生产效率的高低次序逐步迁移，最先选择迁移的是那些生产效率最高的 X 型企业。在所有的 X 型企业全部迁移出本地之后，那些 D 型企业才可能会选择迁移。

（4）在贸易自由化的过程中，地区聚集租金逐步增加，不同生产效率的企业逐步向市场规模较大的地区迁移。在一定的条件下，随着贸易自由化水平的逐步提高，新经济地理学中的 Krugman（1991）模型所述的核心-边缘结构会出现。当然，与新经济地理学中情况有所不同的是，这种核心-边缘结构并不必然出现，只有在一定的条件下才会出现。

（5）在区域一体化的过程中，市场开放度越高，本地区消费者福利水平的改善越明显。尽管贸易自由化能够同时提高两地区消费者的福利水平，但是市场规模较大地区消费者福利水平的改善更为明显。

第四章 贸易政策与产业的空间分布

在第三章中我们研究了包含 D 型企业、X 型企业及 R 型企业等多种企业类型的一般均衡模型。在模型的最后，我们分析了贸易自由化的效应。在第三章的模型中，我们始终假设地区之间具有相同的贸易自由度，即从南部地区到北部地区的运输成本与从北部地区到南部地区的运输成本相同；同时，我们还假设地区国外企业的进入成本相同，即南部地区企业进入北部地区的市场进入成本和北部地区进入南部地区的市场进入成本相同。

然而，现实是很残酷的，为了维护自身的利益，贸易保护主义无处不在。当然，贸易保护主义也不是没有任何代价的。在一国采用贸易保护政策的同时，另外一国很有可能会采取一些报复性的措施，包括征收高额关税及反倾销税收等。本章我们将在第三章的基础上，继续探讨贸易自由度，以及地区国外企业进入成本的非对称情况。本章的结构安排如下：第一节我们构建一个地区之间冰山交易成本存在差异的模型，即 ϕ 与 ϕ^* 可以存在差异；第二节我们将建立一个有着不同国外市场进入成本的模型，即探讨 F_X 与 F_X^* 可以有不相等的情况；在第三节中，我们建立多地区模型，考察地区与其他地区构建自由贸易区的情况。

第一节 非对称冰山贸易成本

在多数情况下，两国或两地区的贸易关税削减和优惠政策是对称的。但是，一些发达国家在国际贸易的开展中也会选择单边最惠条款，出现了非对称贸易成本的情形。因此，在考察贸易政策时，我们有必要首先考察最常见的非对称贸易成本的情况。

一、基本假设

在第三章中，我们构建了一个 2×2×2 模型：两地区（北部地区和南部地区）、两部门（农业部门和工业部门）、两要素（劳动力和资本）。其中，农业部门为传统部门，以瓦尔拉斯均衡为特征，使用劳动力作为可变投入要素生产农产品；工业部门为现代部门，以 Dixit-Stiglitz 垄断竞争为特征，使用资本作为固定投入要素，劳动力作为可变投入要素生产工业品。两地区初始要素禀赋存在差异，北部地区有着更多的劳动力和资本。但是，这里我们假定两地区初始的劳动力与资本比是相同的，即 $L/K=L^*/K^*$ 。地区企业生产效率存在差异，企业的边际投入 a 服从 Pareto 分布。此外，两地区企业有着相同的本地市场进入成本 F_D、国外市场进入成本 F_X 等。

与第三章的基础模型相比，在本节中我们假定地区工业产品的运输具有不同的“冰山交易成本”，除此之外所有的假设均相同。我们假定北部地区工业产品运输到南部地区的“冰山贸易成本”为 τ，对应地南部地区工业产品运输到北部地区的“冰山贸易成本”为 τ^*。在新经济地理学的研究中，冰山贸易成本也被拓展为包括运输成本、时间成本、政策障碍、信息成本、合同执行成本、折现成本、法规成本，以及本地分配的成本（Anderson and Wincoop，2004）。

为了便于分析，这里我们的“冰山贸易成本”泛指关税。如果设定“冰山贸易成本” $\tau=1+t$，那么可以将其中的 t 看作关税税率，由对方来收取。需要特别强调的是，在本节的研究中，我们所指的北部地区的贸易自由化水平越高，实质上从南部地区运输到北部地区产品的“冰山贸易成本”越低。这是因为我们假设税收是由对方地区征收的，南部地区产品出口到北部地区之后，“冰山贸易成本”的大小由北部地区决定；同理，南部地区的贸易自由化水平越高，从北部地区运输的产品贸易成本越低。与前文的研究相似，如果我们设定 $\phi=\tau^{1-\sigma}$ 为贸易自由度，那么 $\mathrm{d}\phi/\mathrm{d}t<0$，也就是说贸易自由度与关税税率呈反方向变化，关税税率的水平越低，贸易自由化的水平越高。

二、均衡条件

根据产品和要素市场供求均衡等，我们可以得到长期均衡时的条件、供应本地市场与国际市场的“分割”贸易自由化水平、均衡时地区的企业数量及企业的生产效率。

（一）长期均衡条件

长期均衡时，产品和要素市场都出清。并且，企业在空间上并不是在流动。对应地，我们可以得到长期均衡时的 ZCP 条件、FE 条件及 R 条件。

1. ZCP 条件

与第三章相似，我们可以得到企业 ZCP 条件：

$$(a_{\mathrm{D}})^{1-\sigma}B=f_{\mathrm{D}},\ \ \phi^*(a_{\mathrm{X}})^{1-\sigma}B^*=f_{\mathrm{X}},\ \ (a_{\mathrm{D}}^*)^{1-\sigma}B^*=f_{\mathrm{D}},\ \ \phi(a_{\mathrm{X}}^*)^{1-\sigma}B=f_{\mathrm{X}} \tag{4-1}$$

其中，$B=L/\Delta$，$B=L^*/\Delta^*$。$\phi=\tau^{1-\sigma}$，是指北部地区对南部地区的贸易自由化水平；$\phi^*=(\tau^*)^{1-\sigma}$，是指南部地区对北部地区的贸易自由化水平。① 这里我们仍然需要考虑两种情况：

1）在 X 型企业迁移时，长期均衡时有 $B=\phi_1 B^*$，其中 $\phi_1=(1-\phi^*)/(1-\phi)$。对应的 Δ 和 Δ^* 分别为

$$\begin{cases}\Delta=\dfrac{1}{1-1/\beta}(a_{\mathrm{D}}^*)^{1-\sigma}\left\{n/\phi_1+n^*[Q+(1-\phi)a_r^*]\right\}\\ \Delta^*=\dfrac{1}{1-1/\beta}(a_{\mathrm{D}}^*)^{1-\sigma}\left\{nQ^*/\phi_1+n^*[1-(1-\phi^*)a_r^*]\right\}\end{cases} \tag{4-2}$$

2）在 D 型企业迁移时，对应的 Δ 和 Δ^* 分别为

$$\begin{cases}\Delta=a_{\mathrm{D}}^{1-\sigma}(n+n^*a_{r1}^*)\\ \Delta^*=(a_{\mathrm{D}}^*)^{1-\sigma}\left[(n+n^*)Q^*+n^*(1-a_{r1}^*)\right]\end{cases} \tag{4-3}$$

其中，$Q=\phi^\beta T^{1-\beta}$，$Q^*=(\phi^*)^\beta T^{1-\beta}$。

2. FE 条件

从式（4-1）我们可以发现，两地区的出口企业现在的临界边际投入是不相同的，也就是说两地区出口企业的比例发生了变化。无论是 D 型企业迁移还是 X 型企业迁移，我们长期均衡的 FE 条件始终为

$$\frac{E^w}{\sigma\delta}=F_{\mathrm{D}}+F_{\mathrm{X}}\left[s_n\frac{G[a_{\mathrm{X}}]}{G[a_{\mathrm{D}}]}+(1-s_n)\frac{G[a_{\mathrm{X}}^*]}{G[a_{\mathrm{D}}]}\right]+F_{\mathrm{I}}\frac{1}{G[a_{\mathrm{D}}]} \tag{4-4}$$

3. R 条件

同样，我们可以得到长期均衡时的迁移条件为

$$\begin{cases}B=\phi_1 B^*\\ B>\phi_1 B^*,\ \ s_n=1\\ B<\phi_1 B^*,\ \ s_n=0\end{cases} \tag{4-5}$$

（二）“分割”与 C-P 结构的贸易自由度

我们可以解出“分割”的贸易自由度

$$\phi^\beta=\frac{\phi {s_E}^2(\phi^*)^\beta}{(1-s_E)\phi_1[\phi_1^{1-\beta}(1-\phi^*)+\phi_1\phi(1-s_E)]} \tag{4-6}$$

① 如无特殊说明，这里的变量与第三章第五节相同，本章将下标去掉以简化。

从式（4-6）中我们可以看出$\partial\phi^P/\partial\phi^*>0$，也就是说南部地区对北部地区的贸易自由化水平越高，“分割”越难以达成。当ϕ^*足够大时，我们可以发现$\phi^P>1$，而贸易自由度的极大值不超过1。也就是说，即使北部地区的贸易自由化水平足够高，南部地区的D型企业仍然可能没有完全迁移。与第三章第五节中讨论的情况相比，我们无需使用$\phi<(1-s_E)/s_E$这一限制条件，“分割”生产仍然可能不会出现。如果这种情形出现的话，完全集聚的核心-边缘结构将不复存在。

那么，什么时候可能会出现完全集聚的核心-边缘结构呢？根据式（4-3）及R条件，我们可以得到当$a_{r1}^*=Q^*s_E/(1-s_E)$等于1时北部成为完全集聚的核心区。也就是说，经济系统中是否出现核心边缘结构完全取决于南部地区制定的贸易自由度（或关税税率）。除非南部地区仍然可以从以北部为核心的核心-边缘结构中获得收益，否则南部地区不会愿意实施较高的单边贸易自由化水平。在本节的第三部分我们将会继续对这一问题进行探讨。

（三）地区企业数量

均衡时，单个地区的企业数量和市场中企业的市场数量都得以确定。对应地，我们也可以得到市场中企业产品的种类数、迁移企业的数量，以及地区的企业份额。

1. 企业总数与单个地区企业数量

长期均衡时，两地区的企业总数为

$$n^w=(1-1/\beta)NE^w/f_{\mathrm{D}} \tag{4-7}$$

其中，$N=\begin{cases}\dfrac{1}{s_EQ^*/\phi_1+(1-s_E)\phi_1Q}, & \phi\in[0,\ \phi^P]\\ 1/(1+Q^*), & \phi\in(\phi^P,\ 1]\end{cases}$。

2. 产品的种类数

对应地，我们分别得到北部地区和南部地区的初始产品种类数为

$$n=(1-1/\beta)NE/f_{\mathrm{D}},\quad n^*=(1-1/\beta)NE^*/f_{\mathrm{D}} \tag{4-8}$$

3. 迁移企业数与地区企业份额

此外，我们还可以得到南部地区向北部地区迁移的产品种类数

$$n_r=\begin{cases}\dfrac{\left[{s_E}^2Q^*-\phi_1^2(1-s_E)^2Q\right](1-1/\beta)E^*N}{\phi_1(1-s_E)(1-\phi^*)f_{\mathrm{D}}}, & \phi\in[0,\ \phi^P]\\ s_EQ^*(1-1/\beta)E^*/(1-s_E)(1+Q^*)f_{\mathrm{D}}, & \phi\in(\phi^P,\ 1]\end{cases} \tag{4-9}$$

长期均衡时，北部地区的企业份额为

$$\lambda = s_E + a_r^*(1-s_E) = \begin{cases} s_E + \dfrac{s_E{}^2 Q^* - \phi_1^2(1-s_E)^2 Q}{\phi_1(1-\phi^*)}, & \phi \in [0,\phi^P] \\ s_E(1+Q^*), & \phi \in (\phi^P,1] \end{cases} \tag{4-10}$$

（四）企业生产效率

均衡时，各种类型的企业临界生产效率也由此而确定，供应本地市场产品的本地企业的临界生产效率远低于出口地区企业的临界生产效率，而R 型企业的临界生产效率也可以由此而得到。从而，根据企业的生产效率我们也可以确定企业的类型，即企业是属于本地型、出口型或迁移型。

1. 本地企业的临界生产效率

此外，我们还可以求出本地企业的临界生产效率

$$a_{\mathrm{D}} = \left\{ \frac{f_{\mathrm{I}} / f_{\mathrm{D}}}{(1-1/\beta)N - [1+s_n Q^* + (1-s_n)Q]} \right\}^{1/\rho} \tag{4-11}$$

以及 $(a_{\mathrm{D}}^*)^{1-\sigma} = \phi_1 (a_{\mathrm{D}})^{1-\sigma}$。

2. 地区出口企业的临界生产效率

北部地区出口企业的临界生产效率

$$a_{\mathrm{X}} = \left\{ \frac{f_{\mathrm{I}} / f_{\mathrm{D}}}{(1-1/\beta)N - [1+s_n Q^* + (1-s_n)Q]} \right\}^{1/\rho} \tag{4-12}$$

同样，我们可以求出南部地区出口企业的临界生产效率

$$a_{\mathrm{X}}^* = \left\{ \frac{f_{\mathrm{I}} / f_{\mathrm{D}}(\phi_1)^{\beta}}{(1-1/\beta)N - [1+s_n Q^* + (1-s_n)Q]} \Omega \right\}^{1/\rho} \tag{4-13}$$

3. 南部地区迁移企业的生产效率

南部地区迁移企业的临界生产效率为

$$a_{\mathrm{R}}^* = \left\{ (a_{r0})^{\beta/(\beta-1)} \frac{f_{\mathrm{I}} / f_{\mathrm{D}}}{(1-1/\beta)N - [1+s_n Q^* + (1-s_n)Q]} \right\}^{1/\rho} \tag{4-14}$$

其中，

$$a_{r0} = \begin{cases} \dfrac{s_E{}^2 Q^* - \phi_1^2(1-s_E)^2 Q}{\phi_1(1-\phi^*)(1-s_E)}, & \phi \in [0,\phi^P] \\ \dfrac{s_E}{1-s_E} Q^*, & \phi \in (\phi^P,1] \end{cases}$$

式（4-11）～式（4-14）中包含了变量$N(\phi,\phi^*)$，形式相对较为复杂，这里我们不再做深入分析。从式（4-1）或式（4-11）～式（4-14）中，我们仍然可以得出一些比较有意义的结论：①两地区进入本地生产的企业具有不同的生产效率，贸易自由化水平高的地区其生产效率越高；②对方国家的贸易自由化水平越低，本地X型企业的临界进入生产效率越低，本国的X型企业越多。这也是比较容易理解的，当对方降低进口关税成本时，本地的厂商可以扩大市场，从而出口企业数量会增加。在比较极端的情况下，当一国对另一国的贸易自由化程度比较高时，另一国所有的企业将是X型企业。由此，我们可以得到命题4.1。

命题4.1（贸易自由化与X型企业） 一国贸易自由化水平将影响另一国X型企业的比例及临界生产效率。一国贸易自由化水平越高，另一国X型企业的比例越高，X型企业的临界生产效益越低；反之亦然。

三、单边贸易保护政策是否有利于产业集聚?

尽管在WTO的框架下，两国通常有着对等的贸易政策。但不可否认的是，单边贸易保护政策仍然是存在的。当然，在某国或某地区实施单边保护政策时，另外一国是否会进一步选择报复性关税值得关注。

（一）不存在博弈的单边贸易政策

从式（4-10）第一项我们可以看出，北部地区的企业份额是一个关于地区企业份额与ϕ及ϕ^*的函数，由此我们可以考察北部地区实施单边的贸易政策对产业空间分布的影响。其中，式（4-10）中的$Q=\phi^{\beta}T^{1-\beta}$，$Q^*=(\phi^*)^{\beta}T^{1-\beta}$。由此，我们可以得到$\mathrm{d}\lambda/\mathrm{d}\phi<0$及$\mathrm{d}\lambda/\mathrm{d}\phi^*>0$。也就是说，随着本地对外开放程度的增加，本地的产业份额将减少。因此，作为理性的政府，如果选择地区产业份额最大化的话，在X型企业迁移时一定会选择单边贸易保护主义。

那么D型企业迁移时两地区政府是否仍然选择单边贸易保护主义呢？由式（4-10）第二项我们可以得到$\mathrm{d}\lambda/\mathrm{d}\phi=0$，$\mathrm{d}\lambda/\mathrm{d}\phi^*>0$。也就是说，在D型企业迁移时，北部地区的单边贸易政策对地区产业份额不产生影响，相反南部地区的贸易保护主义能够增加该地区的产业份额。

从前文的分析中我们可以看出，当不存在地区之间的政策博弈时，如果X型企业发生迁移，那么两地区都会选择贸易保护主义；而如果D型企业发生迁移，那么北部地区会选择不变的贸易政策，而南部地区则会选择贸易保护主义。

（二）存在博弈的区域贸易政策

当存在博弈时，单边的贸易政策可能会发生变化。如果不考虑博弈，单个地区和国家都有贸易保护的动机。但是，如果考虑博弈，考虑“报复性”关税的征收，那么情况也许会截然不同。值得一提的是，对于大国和小国而言，是否有“报复性”的关税，居民的福利水平也会完全不同，从而在选择贸易政策时也会有较大的差异。

1. 博弈中地区贸易政策的选择

从前文的分析中我们可以看到，在地区之间初始的一体化水平比较低时（即地区之间初始的贸易自由度$\phi<\phi^P$），对于两地区而言最优的政策是采取贸易保护主义。从消费者的间接效用函数中我们可以得知，贸易保护主义（$\phi\downarrow$或$\phi^*\downarrow$）都将降低两地区消费者的间接效用水平。因此，如果双方都采取贸易保护主义以提高本地的产业份额，那么至少有一地区的产业份额和消费者福利水平都将降低。因此，如果南部（北部）地区采取贸易保护主义，而北部（南部）地区不采取任何措施，那么对北部（南部）地区而言将受到双重损失。对于北部（南部）地区而言，最优的选择同样是选择贸易保护主义。如此往复，双方最终回到了自给自足的状态，两地区对外的贸易自由度均为零。

如果地区之间初始的一体化水平比较高（即$\phi\geqslant\phi^P$），那么两地区是否存在最优的贸易政策呢？对南部地区而言，由于$d\lambda/d\phi^*>0$，最优的贸易政策仍然是贸易保护主义。而由于$d\lambda/d\phi=0$，北部地区采取何种政策并不会改变本地的产业份额。当然，北部地区的贸易自由化能够有效地提高两地区消费者的福利水平。因此，对于北部地区而言，实则上还是存在着最优选择的。

2. 报复性关税的探讨

如果两地区初始的经济一体化已经达到了一定的水平，此时再回到自给自足的状态必然会降低两地区消费者的福利水平，这一结果并不是两地区或者两国政府所愿意看到的结果。在存在博弈的分析中，这可能并不是最终结果。贸易自由化能够有效地提高地区消费者的福利水平，我们在第三章第六节中已经进行了分析，而且这一结论在本章中同样是成立的。由此，北部地区和南部地区都有着某种激励去促进贸易自由化水平的提高，两地区的分歧在于地区的产业份额。

对于主动采取贸易保护政策的地区而言，贸易保护主义具有间接效应和直接效应。其中，间接效应是指本地产业份额的增加而提高地区消费者的福利水平；直接效应则是指贸易保护主义直接降低本地居民的福利水平。

至于最终消费者福利水平如何变化，则需要综合考察间接效应和直接效应的结果。这其中有一个问题我们一直没有深入探讨，那就是关于报复性关税的征收问题。

我们假定初始的贸易自由度为（ϕ_0,ϕ_0），并且$\phi_0<\phi^P$。现在北部地区率先背离初始协定的关税水平，本地的单边贸易保护促使本地的企业份额得到了增加。此时，南部的消费者福利水平和企业份额同时出现了下降，南部地区损失严重。南部地区必然会选择降低本地的贸易自由化水平，征收“报复性”关税，从而促进本地企业份额的提高。南部地区的贸易保护主义又会导致北部地区的企业份额出现降低，从而北部地区同样会征收“报复性”关税。最终，双方回到自给自足的状态。实际上，在博弈的过程中，双方都会预期到对方一定会实行单边贸易保护政策，并且对方的威胁是可置信的。因此，大家都会保持初始的贸易自由化水平ϕ_0，也就是说，（ϕ_0,ϕ_0）是一个纳什均衡结果，但是并不是一个占优策略均衡结果。

但是，在初始贸易自由化水平比较高时（$\phi_0\geqslant\phi^P$），北部地区的企业份额是否增加，主要取决于南部地区的贸易自由化水平。此时，北部地区会强烈倡议贸易自由化，而南部地区会极力反对贸易自由化。北部地区单边的贸易自由化或者贸易保护主义对北部地区的企业份额和消费者福利水平没有任何影响，但是北部地区的单边贸易自由化能够提高本地的福利水平。北部地区可能会对南部地区的单边贸易保护主义采取威胁，但是这种威胁是不可置信的。当然，南部地区也不会选择将本国的对外贸易自由化水平无限降低，必须选择保持北部地区消费者福利水平不降低。否则，北部地区会重新启用“报复性”关税。此时，双方的贸易自由度组合为（ϕ_0,ϕ^*）。由此，我们可以得到命题 4.2。

命题 4.2（纳什均衡）　在地区初始贸易水平比较低时（$\phi_0<\phi^P$），两地区都有征收高额关税的激励，但是同时也担心对方征收“报复性”关税，最终选择保持初始的贸易自由化水平（ϕ_0,ϕ_0），从而该均衡解为纳什均衡解，但是该均衡不是占优策略均衡解。

然而，在地区初始贸易自由化水平比较高时（$\phi_0\geqslant\phi^P$），北部地区有进一步提高贸易自由化水平的激励，但是南部地区有进一步征收高额关税的激励，此时南部地区和北部地区都需要考虑对方贸易自由化的水平来决定本地的贸易自由化水平，均衡解（ϕ,ϕ^*），亦为纳什均衡解，但是该均衡不是占优策略均衡解。

3. 一个例子

根据前文的分析，如果我们取$s_E=0.6$和$\beta=1.5$，对于南部地区而言，

在 $\phi^* < \phi^P$ 时总是会遭到北部地区征收“报复性”关税的威胁，其最佳选择是 $\phi^* = \phi$。但是，如果 $\phi \geqslant \phi^P$，那么这种“报复性”关税的威胁是不可信的。因此，在 $\phi^* < \phi^P$ 时，南部地区最佳的关税税率为 $\phi = \phi^* = \phi^P$，我们可以计算出 $\phi^P = 0.667$。

而在第二阶段，北部地区的贸易自由化虽然提高了本地消费者的福利水平，但是南部地区的贸易保护主义降低了本地的消费者福利水平。因此，此时南部地区最优的选择是根据北部地区的贸易政策制定本地区的贸易政策。由此，我们可以发现 $\partial V^* / \partial \phi^* < 0$，$\partial V / \partial \phi^* < 0$，并且无论是对于南部地区还是北部地区而言，南部地区此时的贸易自由化都会引起地区消费者福利的损失。

由此，可以得到长期均衡时两地区贸易自由度博弈结果的组合示意图（图 4-1），其中横轴为北部地区的贸易自由化水平（ϕ），纵轴为南部地区贸易自由化水平（ϕ^*），图中的实线为均衡解。从图 4-1 中我们可以看出，在初始贸易自由水平比较低时（阶段 1），地区之间的贸易自由化对双方来说都是最优的，并且两国总是会选择遵守这一协议。但是，如果贸易自由化水平比较高时（阶段 2），南部地区会选择背离初始的规定，当然南部地区的贸易自由化水平也需要小幅的提升，以确保双方的福利水平不会降低。

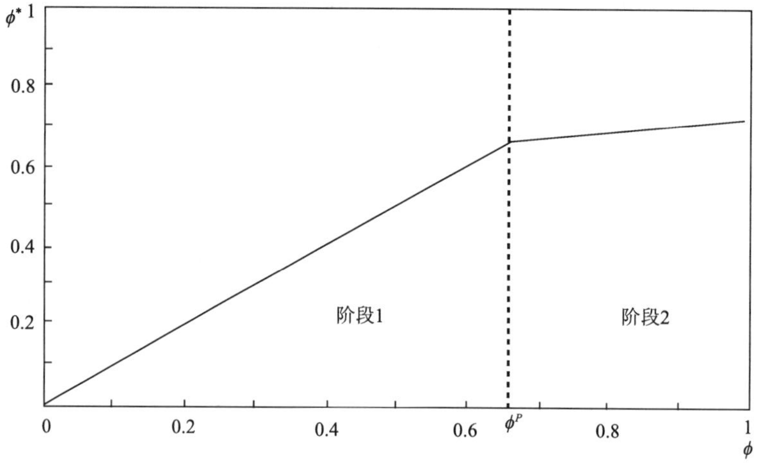

图 4-1　两地区贸易自由度的均衡解

4. 小国贸易政策优势

从图 4-1 中我们可以看出，在区域经济一体化的第二阶段，任何贸易保护对北部地区而言都会遭受损失。相反，贸易保护政策完全可以确保南部地区的企业份额获得增加。因此，在这一阶段，小国具有贸易保护政策优势，非对称的贸易政策将会增加小国的企业份额。

在现实世界中，很多西方发达国家总是在 WTO 的框架中提出促进地区的贸易自由化，这些政策的提出与此可能有着直接的关联。同样，一些欠发达国家（小国）的首选总是背离现有的贸易自由化水平，对他们而言采取贸易保护政策是有利可图的。第二次世界大战后，日本在经济比较落后（经济小国情形）时，曾经采用过战略性贸易保护政策，但是在本国经济得到快速发展之后（经济大国情形），则极力倡议促进地区之间的贸易自由化。比如，在 2010 年 10 月 15 日上午的日本参议会的会议上，日本首相菅直人就提出需要促进贸易自由化，以及加快自由贸易区的建立。针对前文的讨论，我们提出了命题 4.3。

命题 4.3（小国贸易政策优势） 如果双方初始的自由化水平比较高，小国无需担心大国采取贸易保护政策。相反，此时小国可以在不降低大国消费者福利水平的情况下采用贸易保护政策，从而小国在这种情况下具有某种优势。

四、非对称贸易成本如何影响企业的空间分布？

一些发达国家在国际贸易中通常会选择主动降低关税，而这主要是因为在降低关税的过程中可能会有更多的贸易所得。事实上，在考虑企业迁移时，单边的贸易自由化也会引起产业在空间上的充分布局。

（一）北部地区贸易自由化与地区企业份额的空间分布

图 4-2 中我们给出了长期均衡时 ϕ 和 ϕ^* 的取值，我们可以看到在 ϕ 取不同值的时候有着与之唯一对应的 ϕ^* 值。将（ϕ,ϕ^*）代入到式（4-10）中，我们可以获得北部地区的企业份额。我们可以发现，实际上在 $\phi \leqslant \phi^P$ 时，由于 $\phi=\phi^*$，式（4-10）的形式与式（3-70）的形式是一致的。对应地，在 $s_E=0.6$，$\beta=1.5$，$T=1.5$ 时，我们可以得到两地区的企业份额的空间分布图。

图 4-2 为北部地区贸易自由化与企业的空间分布，其中横轴为北部地区的贸易自由化水平，纵轴为北部（南部）地区的企业份额，其中实线部分代表北部地区的企业份额，虚线部分代表南部地区的企业份额。

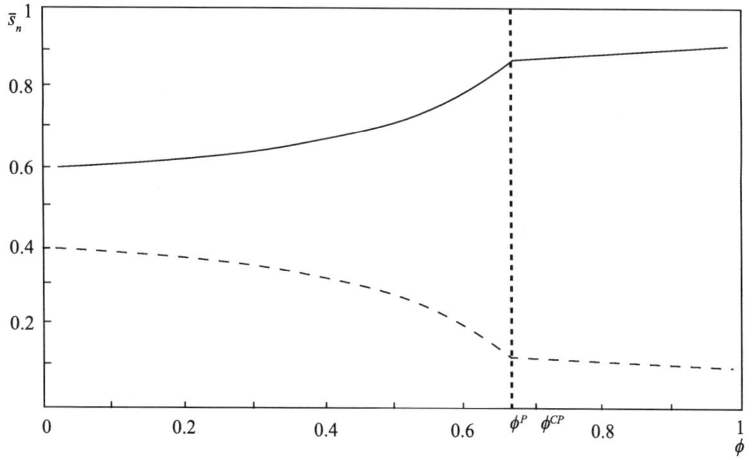

图 4-2 北部地区的贸易自由化与企业空间分布

我们现在来看北部地区的企业份额，即图 4-2 中的实线部分。我们可以发现，在北部地区贸易自由化的过程中，北部地区的企业份额保持上升，但是在 $\phi > \phi^P$ 时上升的幅度较小。此时，北部地区采取贸易自由化的政策，而南部地区采取贸易保护政策，因此北部地区的企业份额增加较慢。

这里我们可以发现，在 $\phi > \phi^P$ 之后，无论北部地区如何采取单边的贸易自由化政策，南部地区总是选择最优的 ϕ^*。从而，小国的 D 型企业不会全部发生迁移，完全集聚的核心-边缘结构也不会发生。

（二）完全的核心-边缘结构是否可能出现？

从上文中的分析我们可以看出，在 $\phi \geq \phi^B$ 时出现了完全的核心-边缘结构。那么，这种核心-边缘结构是否一定会出现呢？如果会出现，那又将在什么情况下出现呢？

从图 4-2 中我们可以看到，在北部地区贸易自由化的过程中，北部地区的企业份额总是在不断地增加，但地区贸易自由度达到 1 时企业份额最大。如果我们考察北部地区是否可能成为完全集聚区，那么我们可以选择北部地区的贸易自由度为 1 计算南部地区此时对应的最小贸易自由度。将 $\phi^P = (1-s_E)/s_E$ 代入到 Δ 中，我们可以得到一个 ϕ^* 关于 s_E 的方程（下文中方程 1）。此外，根据 $a_{r1}^* = Q^* s_E/(1-s_E)$ 我们可以求出 $\phi^* = [(1-s_E)/s_E]^{1/\beta} T^{(1-\beta)/\beta}$（下文中的方程 2）。

图 4-3 为北部地区支出份额与南部地区贸易自由度的关系图，横轴为北部地区的支出份额，纵轴为南部地区的贸易自由度。数值模拟时我们同

样选择了 $s_E = 0.6$，$\beta = 1.5$，$T = 1.5$。

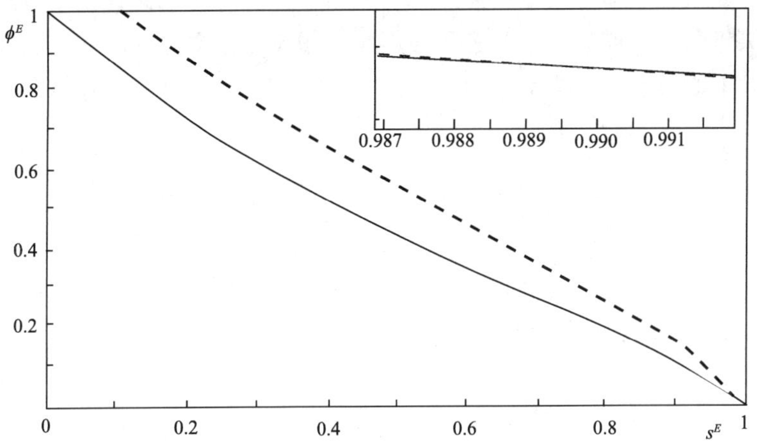

图 4-3　北部地区的支出份额与贸易自由度

图 4-3 中实线为方程 1，线上的点是对应于 s_E 南部地区可能取到的最大值。因此，在实线的上方是不可能存在的区间，不在我们的讨论范围之内。对应地，虚线为方程 2，只有在这条线之上的点才可能出现以北部为核心的完全集聚。然而，从图 4-3 中我们可以发现，只有在 s_E 比较接近 1 的时候才有可能出现核心-边缘结构（图 4-3 右上角的放大图）。

命题 4.4（不完全集聚）　在地区支出份额非对称的情况下，随着地区之间的贸易自由化，Krugman（1991）的核心-边缘结构可能并不存在。由于南部地区的贸易保护措施，非对称的贸易自由度导致不完全集聚。

在现实世界中，类似于 Krugman（1991）的核心-边缘结构我们并没有观察到。同样，我们也没有观察到一些地区所谓的“突发性集聚”，产业的集聚也都是“不完全集聚”，而这些与我们的非对称贸易自由化的分析结论是一致的。

第二节　差异化的国外市场进入成本

在上一节中我们探讨了地区不同的贸易自由度（非对称“冰山贸易成本”），研究了地区“非对称冰山贸易成本”对产业空间分布的影响。从第三章第五节的基础模型中我们可以发现，有两个与贸易政策有关的变量：地区的贸易自由度及产品国外市场的进入成本。因此，本节我们将继续探讨差异化的国外市场进入成本对产业空间分布的影响。

对于 X 型企业而言，优良的基础设施、宽松的贸易环境，以及政府的大力保障总是能够间接影响企业在国外销售及建立据点的成本，国外市场进入成本的高低直接影响着企业的利润，从而影响着市场上 X 型企业的数量等。本节我们将针对这一问题进行深入的探讨。

一、模型的基本假设

与本章第一节的假设相似，我们的模型仍然是一个 2×2×2 模型：两地区（北部地区和南部地区）、两部门（农业部门和工业部门）、两要素（劳动力和资本）。两部门分别为农业部门和工业部门。农业部门为传统部门，以瓦尔拉斯一般均衡为特征，使用劳动力作为可变投入要素生产农产品；工业部门为现代部门，以 Dixit-Stiglitz 垄断竞争为特征，使用资本作为固定投入要素，劳动力作为可变投入要素生产工业品。两地区初始要素禀赋存在差异，北部地区有着更多的劳动力和资本。同时，为了简化我们假定两地区初始的劳动力与资本比是相同的，即 $L/K = L^*/K^*$，从而我们无需探讨要素禀赋理论。

此外，地区企业生产效率存在差异，企业的边际投入 a 服从 Pareto 分布。两地区的本地市场进入成本相同。在运输成本方面，我们假定两地区有着对称的运输成本，从而我们无需探讨非对称的“冰山交易成本”。与我们在第三章第五节中的基本模型唯一不同的假设是：北部地区和南部地区有着不同的国外市场进入成本。我们假定北部地区的企业进入南部地区市场的成本为 F_X^*，而南部地区的企业进入北部地区市场的成本为 F_X。

二、长期均衡条件

同样，如果存在差异化市场进入成本，我们也可以得到长期均衡时的条件、“分割”和核心边缘结构时的贸易自由化水平及企业的数量。

（一）均衡条件

长期均衡时，同样需要满足 3 个条件：ZCP 条件、FE 条件及 R 条件。对应地，我们可以写出 ZCP 条件现在为

$$\begin{cases}(a_D)^{1-\sigma}B = f_D，\phi(a_X)^{1-\sigma}B^* = f_X^* \\ (a_D^*)^{1-\sigma}B^* = f_D，\phi(a_X^*)^{1-\sigma}B = f_X\end{cases} \tag{4-15}$$

其中，f_X^* 代表南部地区对北部地区企业进入征收的市场进入成本 F_X^* 与 $\sigma\delta$ 的乘积；f_X 代表北部地区对南部地区企业进入征收的市场进入成本 F_X 与 $\sigma\delta$ 的乘积。从式（4-15）中我们可以看出，国外市场进入成本越高，本国出口企业的临界生产效率越高。

对应地，该模型中的 FE 条件为

$$\frac{E^w}{\sigma\delta} = F_D + F_X^* s_n \frac{G[a_X]}{G[a_D]} + F_X(1-s_n)\frac{G[a_X^*]}{G[a_D^*]} + F_I\left(\frac{1}{G[a_D]} + \frac{1}{G[a_D^*]}\right) \quad (4\text{-}16)$$

与第三章第五节中的式（3-61）相比，这里我们的进出不同市场的成本是不同的，因此我们的表达式（4-16）中包含了 4 项。其中，第一项为所有进入市场的企业都需要支付的本地市场进入成本，第二项为北部地区 X 型企业支付的出口市场进入成本，第三项为南部地区 X 型企业支付的出口市场进入成本，第四项为所有企业支付的研发成本（固定投入，沉没成本）。此外，长期均衡时的 R 条件，D 型企业迁移时仍然为 $B = B^*$，X 型企业迁移式为 $B = \overline{T}B^*$。其中，

$$\overline{T} = \frac{(1+T^*) - \phi(1+T)}{(1+T) - \phi(1+T^*)}$$

由此，我们可以得到地区各种类型企业的临界生产效益及企业的数量。

（二）“分割”与核心-边缘结构的贸易自由度

与第一节相似，这里我们同样可以求出“分割”的贸易自由度为

$$\phi^P = \frac{(1-s_E)\overline{T}\overline{T}^{1-\beta}\left[s_E + (1-s_E)\overline{T}\right]}{(1-s_E)\left[s_E\overline{T} + s_E{}^2\gamma\right]\overline{T}^{1-\beta} + \gamma s_E{}^2 - \overline{T}^2(1-s_E)^2} \quad (4\text{-}17)$$

其中，$\gamma = (f_X^* / f_X)^{1-\beta}$。对应地，我们可以得到北部地区成为核心地区的贸易自由度为

$$\phi^{CP} = \left(\frac{1-s_E}{s_E}\right)^{1/\beta}(T^*)^{(\beta-1)/\beta} \quad (4\text{-}18)$$

（三）企业的数量

我们可以得到两个地区企业的数量、两地区企业总数、企业迁移数量，以及最终两地区的企业份额。

1. 地区企业总数

根据长期均衡条件，我们可以求出两地区初始企业总数

$$n^w = (1-1/\beta)N_1E^w / f_D \quad (4\text{-}19)$$

需要注意的是，虽然其形式上与式（4-7）相同，但是在这里，$Q=\phi^{\beta}T^{1-\beta}$，$\bar{Q}=\phi^{\beta}(T^{*})^{1-\beta}$，$T=f_{\mathrm{X}}/f_{\mathrm{D}}$，$T^{*}=f_{\mathrm{X}}^{*}/f_{\mathrm{D}}$，并且 $\beta>1$。此外，

$$N_1=\begin{cases}\dfrac{s_E/\bar{T}+(1-s_E)}{(1-s_E)(1+Q)+s_E(1+\bar{Q})/\bar{T}}, & \phi\in[0,\phi^P]\\[2ex] \dfrac{s_E/\bar{T}+(1-s_E)}{1+\bar{Q}}, & \phi\in(\phi^P,1]\end{cases}$$

2. 单个地区企业数

同样，我们可以求出两地区初始的企业总数分布为

$$n=(1-1/\beta)EN_1/f_{\mathrm{D}},\quad n^{*}=(1-1/\beta)E^{*}N_1/f_{\mathrm{D}} \tag{4-20}$$

3. 南部地区迁移企业数

南部地区向北部地区迁移的企业总数为

$$n_r=\begin{cases}\dfrac{s_E{}^2\bar{Q}-(1-s_E)^2\bar{T}^2Q}{\bar{T}(1-\phi)(1-s_E)\left[s_E+(1-s_E)\bar{T}\right]}\dfrac{(1-1/\beta)NE^{*}}{f_{\mathrm{D}}}, & \phi\in[0,\phi^P]\\[2ex] \dfrac{s_E}{1-s_E}\bar{Q}(1-1/\beta)E^{*}/(1+\bar{Q})f_{\mathrm{D}}, & \phi\in(\phi^P,1]\end{cases} \tag{4-21}$$

4. 北部地区均衡时的企业份额

长期均衡时，北部地区的企业份额为

$$\lambda=\begin{cases}s_E+\dfrac{s_E{}^2\bar{Q}-(1-s_E)^2\bar{T}^2Q}{\bar{T}(1-\phi)\left[s_E+(1-s_E)\bar{T}\right]}, & \phi\in[0,\phi^P]\\[2ex] s_E(1+\bar{Q}), & \phi\in(\phi^P,1]\end{cases} \tag{4-22}$$

三、单边贸易政策如何影响产业的空间分布？

单边的贸易政策不仅体现在关税方面，同样，在市场进入方面两地区或两国家通常也会有所体现。为了吸引企业迁移，一些地区可能相比另外一些地区有着更加优惠的市场政策，而这也会对产业在空间上的分布产业一定的影响。

（一）单边贸易政策对企业总数的影响

从式（4-19）中我们可以发现，在 $\phi\leqslant\phi^P$ 时，$\mathrm{d}n^w/\mathrm{d}Q<0$，$\mathrm{d}n^w/\mathrm{d}f_{\mathrm{X}}>0$。也就是说，北部地区进入成本提高之后，两地区的企业总数变得更多。但

是，当$\phi > \phi^P$时，$\mathrm{d}n^w / \mathrm{d}f_X = 0$。同样，我们可以看到$\mathrm{d}n^w / \mathrm{d}f_X^* > 0$，即南部地区对国外市场进入成本的提高可能会引起企业总数的增加。究其原因，也就是地区“贸易开放度”$Q(\bar{Q})$越高，两地区加总的产品种类数越少，这与市场开放后地区之间形成产业内的分工有着直接的关联。此时，两地区企业总数可能会出现减少的情况，同时由于竞争效应减弱，企业的规模相对较大，能够更加充分地利用规模经济。

（二）单边贸易政策对产业空间分布的影响

根据长期均衡时北部地区企业份额的公式（4-22）可知，在X型企业迁移时，北部地区的企业份额随着北部对国外企业征收的市场进入成本f_X的提高而提高，即$\mathrm{d}\lambda / \mathrm{d}f_X \geqslant 0$。此外，根据$\mathrm{d}^2\lambda / \mathrm{d}f_X{}^2 \leqslant 0$，我们可以判定函数$\lambda(f_X)$是关于$f_X$的凹函数。同样，我们可以对南部地区对国外企业征收的市场进入成本f_X^*求导，得到$\mathrm{d}\lambda / \mathrm{d}f_X^* \leqslant 0$。总之，本地如果提高对国外企业的进入成本，本地的企业份额将会增加。而在D型企业迁移时，国外市场的进入成本对地区产业份额没有任何影响。

那么，为何对国外企业征收更高的进入成本之后，本地的企业份额将会增加呢？这里我们需要注意这样一个问题：本地市场进入成本与企业迁移成本是两个不同的问题。本地市场进入成本提高后，那么原来的X型企业在此时可能会通过选择迁移来提高本企业的利润。因此，一旦国外对X型企业征收高额关税时，可以促进本国企业份额的增加。但是，从上文的分析中我们发现，地区企业总数$\mathrm{d}n^w / \mathrm{d}f_X > 0$，从而北部地区在采取单边贸易政策之后，无论是企业的比例还是企业总数都有所提高。当然，如果南部地区采用这种单边贸易政策，那么对本地有着同样的效果。

（三）核心-边缘结构何时出现？

在新经济地理学的研究中，比较强调核心-边缘结构的出现。那么，差异化的市场进入成本存在时，核心-边缘结构是否一定能够存在？如果存在，又应该在什么时候存在？

1. 是否会出现核心-边缘结构？

从式（4-22）我们可以得到北部（南部地区）为核心地区时f_X与f_X^*的关系。北部地区为核心地区时，我们始终有$\bar{s}_n = 1$。我们不妨对式（4-22）进行数值模拟，$\beta = 1.5$，$s_E = 0.6$，$f_X^* = 1.5$，$f_D = 1.0$。

图4-4的横轴为地区间的贸易自由度，纵轴为北部地区的企业份额。图中虚线部分取$T = 1.5$，点线部分取$T = 1.2$，实线部分取$T = 1.0$。从图4-4

中我们可以发现 3 个特征：①核心-边缘结构是可以出现的；②在本地区对国外企业征收市场进入成本的大小，对核心-边缘结构的出现不会产生影响；③不同的市场进入成本直接影响着地区“分割”生产的出现。市场进入成本越高，“分割”生产出现得越早。

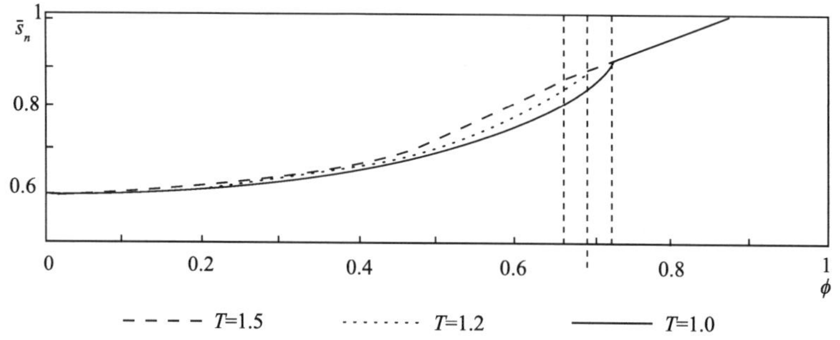

图 4-4　北部地区不同市场进入成本与产业的空间分布

2. 核心-边缘结构是否一定存在？

那么，北部地区是否一定会成为核心地区呢？很显然，情况并非如此。这里我们使用反证法。从式（4-22）中我们可以看出，$\mathrm{d}\lambda/\mathrm{d}\phi>0$。因此，我们只需取 $\phi=1$ 来考察 λ 是否达到 1。然而，在 $\phi=1$ 时，式（4-22）的第一个式子右边第二项的分母变为零。我们不妨假定分子同时也为零，这样可以借助于洛必达法则，我们求得

$$\lim_{\phi\to1}\frac{\phi^{\beta}[{s_E}^2(T^*)^{1-\beta}-(1-s_E)^2T^{1-\beta}]}{1-\phi}=0 \tag{4-23}$$

此时始终有 $\overline{s}_n=s_E$，因此只要 ${s_E}^2(T^*)^{1-\beta}=(1-s_E)^2T^{1-\beta}$，核心-边缘结构总是不存在的。

3. 什么时候可能会出现核心-边缘结构？

实际上，从式（4-18）我们可以得到 ϕ^{CP}，我们可以看到 $\mathrm{d}\phi^{CP}/\mathrm{d}f_{\mathrm{X}}=0$，即北部地区对南部地区的国外市场进入成本的变化，并不会改变地区核心-边缘结构的出现。根据式（4-18），我们可以得到北部地区为核心区时，北部地区的企业份额与南部地区的国外市场进入成本的要求。

图 4-5 的横轴为北部地区初始的支出份额，纵轴为南部地区国外市场进入成本。图中实线为 $\phi^{CP}=1$。也就是说，只有在实线下方的点才是有可能成为以北部为核心地区的点，从而确定了南部地区对北部地区出口企业征收的最高进入成本。如果征收的进入成本高于这一数额，那么核心-边缘结构将不会出现。

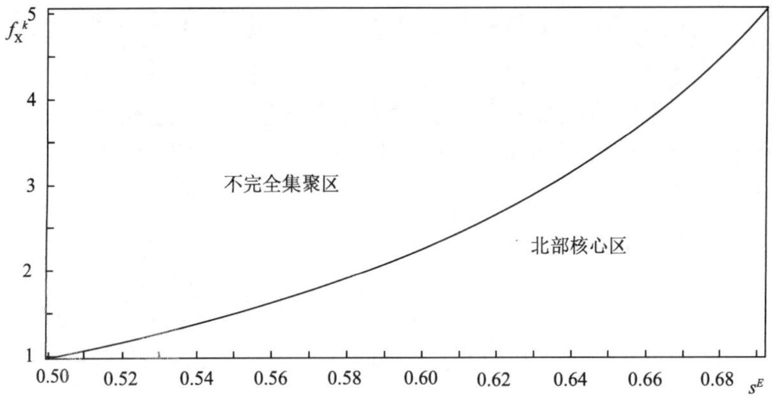

图 4-5　北部地区初始支出份额与南部地区的国外市场进入成本

在选择区域政策方面，无论南部地区或者是北部地区都会选择提高该地区国外企业进入的成本。与非对称“冰山贸易成本”不同，在“非对称国外市场进入成本”的模型中不会出现多重博弈结果，两地区有着政策始终一致的趋势。根据上文的分析，我们可以得到命题 4.5。

命题4.5（国外市场进入成本与产业集聚）　一国对国外企业设定相对越高的国外市场进入成本，本国企业份额相对越高。当且仅当南部地区的国外企业进入成本相对较低，以及北部地区初始企业份额相对较高时，北部地区才有可能成为完全集聚的核心地区。

四、单边贸易政策的“两难困境”

在“非对称贸易成本”的模型中，我们曾经探讨过地区福利的问题，这里我们想换一个视角来探讨单边贸易政策的损失。在上文中我们计算出了地区不同类型的企业效率问题，这里我们不妨考察一下北部地区实行单边贸易保护政策（提高 f_X）对本地生产效率的影响。

从式（4-21）中我们可以发现，$\mathrm{d}a_D/\mathrm{d}N_1<0$，$\mathrm{d}N_1/\mathrm{d}Q>0$。此外，$\mathrm{d}Q/\mathrm{d}f_X<0$，借助于链式法则，我们同样可以得到 $\mathrm{d}a_D/\mathrm{d}f_X>0$。也就是说，随着国外企业进入本地的成本降低之后，本地企业进入本地市场的生产效率降低了。同样，我们也可以得到 $\mathrm{d}a_D/\mathrm{d}f_X^*>0$。

在现实中我们经常会碰到一些问题，比如，一国如果长期对本地市场采取保护措施，那么本国企业的竞争力将减弱。上述数理分析与现实是吻合的，如果一地区对国外企业征收高额的进入成本，那么该地区的企业实际上是获得了某种保护，国内的竞争将减弱，从而企业的生产效率偏低。同样，我们可以发现 $\mathrm{d}a_X/\mathrm{d}f_X$ 也是大于零的，即本国的出口企业临界生产效率也是降低的，本国出口企业的数量将增加。反观国外，虽然另一国的企业份额有所减少，但是 $\mathrm{d}a_{\mathrm{X}}^{*} / \mathrm{d}f_{\mathrm{X}} < 0$。这就表明，本国如果对国外的企业征收了高额的进入成本，使得国外进入本国市场的企业减少，本国的企业得到保护，但是国外企业进入本国的企业具有更高的生产效率。从长远的角度来看，这将不利于本地企业的发展，从而出现两难困境，一国不得不有所放弃。由此我们可以得到命题 4.6。

命题 4.6（单边贸易政策的两难困境） 如果采取提高本地国外企业进入成本来保护本国企业，那么本国企业份额将会出现增加，同时本国 D 型企业及 X 型企业的生产效率都将降低，实行单边政策将会遇到两难困境。

第三节 关税同盟的聚集效应

在前面的章节中，我们分别介绍了两种贸易政策：非对称“冰山贸易成本”、差异化的国外市场进入成本。从上文的研究中我们发现，虽然两者同样可以作为一种贸易政策用于保护本国的产业等，但是两者有着不同的政策效果。本节中我们将介绍第三种贸易政策：关税同盟。

按照 Salvatore 的《国际经济学》（第五版）的介绍，经济一体化可以分为 5 个阶段，依次为特惠贸易协定（preferential trade arrangements, PTA）、自由贸易区（free trade area, FTA）、关税同盟（custom union, CU）、共同市场（common market, CM）及经济联盟（economic union, EU）。在本章中，我们将会探讨一种介于关税同盟与共同市场的一体化形式，在这种形式中，同盟国有着相同的对外关税和对内关税，对外关税高于对内关税，同时允许资本的跨国流动。

一、基本假设

在前面的章节中我们所讨论的模型都是两地区模型，而在本节中我们将构建一个 3×2×2 模型：三地区（地区 1、地区 2 和地区 3）、两部门（农业部门和工业部门）、两要素（劳动力和资本）。与上文的假设相同，这里工业部门仍然为现代部门，以 Dixit-Stiglitz 垄断竞争为特征，使用资本作为固定投入要素，劳动力作为可变投入要素生产工业品；农业部门为传统部门，以瓦尔拉斯均衡为特征，使用劳动力作为可变投入要素生产农产品。三地区初始的要素禀赋存在差异，但是要素禀赋比例完全相同。对应地，我们假定三地区的劳动力资本比相同（$L_1 / K_1 = L_2 / K_2 = L_3 / K_3$）。此外，地区内企业的生产效率存在差异，企业的边际投入 a 服从 Pareto 分布。企业进入本地市场销售需要支付进入成本 F_D，进入国外市场需要支付成本 F_X。

我们假定地区 2 和地区 3 的初始的支出规模相同，而地区 1 的初始规模大于单独的一个地区，但是小于地区 2 和地区 3 的总和。从而我们始终有 $s_{E2}+s_{E3} > s_{E1} > s_{E2} > s_{E3}$。在运输成本方面，我们假定农产品的贸易不存在运输成本，但是工业品的贸易存在着“冰山贸易成本”。

二、一个简化的三地区模型

从本章的前两节中我们可以看到，在存在 X 型和 D 型企业迁移时增加了模型的复杂程度，但是研究的结论并没有实质性的改变。在本节中，我们的模型中将涉及 3 个地区，地区企业的迁移可能会同时涉及另外两个地区，加之 D 型和 X 型企业的迁移分析，模型将变得十分复杂。[①]因此，在探讨关税同盟问题之前，这里我们首先建立一个基础的三地区模型。

（一）哪些地区的企业会发生迁移？

现在我们的模型中假定只存在 X 型企业，我们的模型与第三章第四节的模型基本假设相似。唯一不同的是，现在我们的模型为三地区模型。对应地，消费者的效用函数与企业的生产函数保持不变。由此，我们可以得到 k 地区 i 企业的利润为

$$\pi_{ik} = \frac{(a_i)^{1-\sigma} B_k}{\delta\sigma} - F_I, \quad k = 1, \cdots, 3 \tag{4-24}$$

$B_k = s_{Ek} / \varDelta_k$。从而，我们得到 $(a_X)^{1-\sigma} B_k = f$，其中 $f = f_X + f_D$。初始时对应地，

$$\begin{aligned}
\varDelta_1 &= \frac{a_X^{1-\sigma} n^w}{1-1/\beta}(s_{E1} + \phi s_{E2} + \phi s_{E3}) \\
\varDelta_2 &= \frac{a_X^{1-\sigma} n^w}{1-1/\beta}(\phi s_{E1} + s_{E2} + \phi s_{E3}) \\
\varDelta_3 &= \frac{a_X^{1-\sigma} n^w}{1-1/\beta}(\phi s_{E1} + \phi s_{E2} + s_{E3})
\end{aligned} \tag{4-25}$$

我们假定初始时三地区具有相同的贸易自由化水平，那么在没有进行关税同盟之前，由于地区初始支出份额存在差异，必然有 $B_1 > B_2 > B_3$，从

① 当然，我们仍然可以求出模型的显性解，只是形式十分复杂。本书进行了简化处理，但是并不影响我们的研究结论。

而地区 3 的企业向地区 1 迁移。长期均衡时，三地区的资本收益相同，从而 $B_1 = B_2 = B_3$。在达到长期均衡之前，随着地区 1 的企业利润下降和地区 3 的企业利润上升，可能出现两种类型的中期均衡结果：① $B_1 = B_2 = B_3$；② $B_1 > B_2 = B_3$。

（二）中期均衡何时得以打破？

1. 地区 1 和地区 2 的企业利润率先相等

在情况 1 下，地区 3 的企业不断地向地区 1 迁移。期间，地区 3 的企业利润逐步提升，而地区 1 的企业利润逐步下降。如果地区 1 和地区 2 的企业利润初始时期相差微弱，那么这种情况就会很可能发生。如果碰到这种情况，那么在第二阶段将会出现地区 3 的企业同时向地区 1 和地区 2 迁移，如图 4-6 所示。图中横轴为企业的边际投入，纵轴为企业的数量，图 4-6（a）为迁移前的地区企业数量与企业边际投入的分布图，图 4-6（b）为迁移后的地区企业数量与企业的边际投入的分布图，图 4-6（a）中灰色实线与横轴及 $a = 1$ 围成的面积为企业初始的分布图，图 4-6（b）中实线所围成的面积为最终地区企业的分布（下文同）。

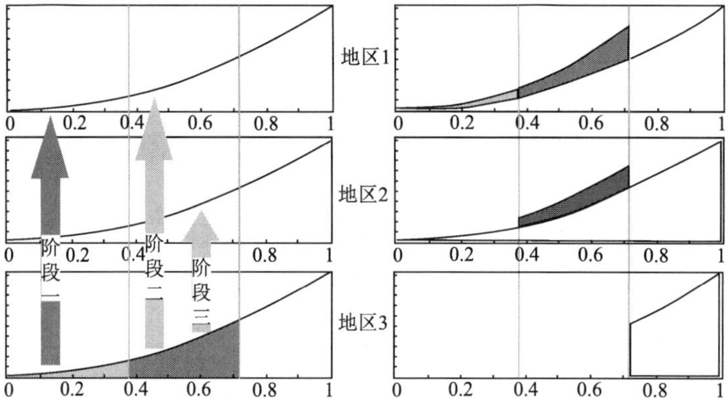

（a）迁移前　　（b）迁移后

图 4-6　企业迁移示意图（一）

2. 地区 2 和地区 3 的企业利润率先相等

当然，我们还需要考虑情况 2，也就是地区 3 的企业向地区 1 迁移后，在地区 1 和地区 3 的企业利润还没有完全相等时，地区 3 的企业利润已经和地区 2 的企业利润相等了。这样的话，在第二阶段时，地区 2 和地区 3 的企业将同时向地区 1 迁移。如果在地区 3 企业已经全部迁移完之后，地区 1 的企业利润仍然高于地区 2，地区 2 的企业则将继续迁移到地区 1，直至 $B_1 = B_2 = B_3$。

那么，经历了两阶段的迁移之后，情况 2 是否就一定能够达到长期均衡呢？未必。在情况 2 中我们还需要考虑可能出现第三阶段。如果地区 3 的企业全部迁移到地区 1，之后仍然有 $B_1 > B_2$，那么地区 2 余下的企业会继续迁移到地区 1，直至两地区企业的利润相等或者地区 2 的企业全部迁移到地区 3。如果这种情况出现，则会出现图 4-7 的迁移过程。

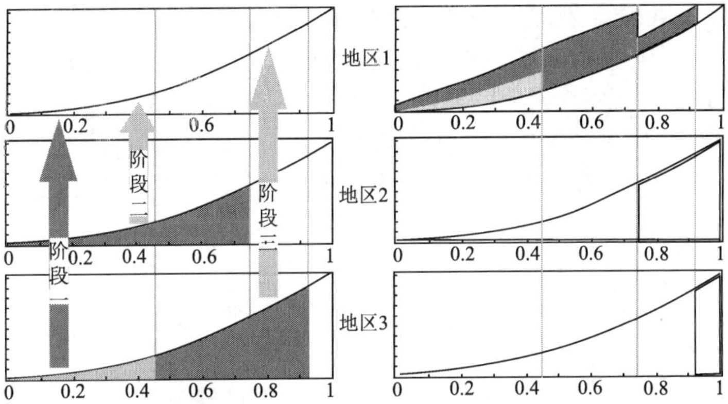

（a）迁移前　　（b）迁移后

图 4-7　企业迁移示意图（二）

从上文的分析中我们可以看出，在初始条件不同时，出现的结果是截然不同的。那么，初始条件满足什么条件时更有可能出现情况 1 呢？又在什么条件下更有可能出现情况 2 呢？或者在什么条件下需要经历情况 2 的第三阶段呢？

（三）地区企业份额

1. 情况 1：地区 1 和地区 2 的企业利润率先相等

1）第一阶段：地区 3 的企业向地区 1 迁移

迁移之后，三地区的价格指数发生了变化，对应的 $\varDelta$ 值分别为

$$\begin{aligned}
\varDelta_1 &= \frac{a_{\mathrm{X}}^{1-\sigma} n^w}{1-1/\beta}[s_{E1} + \phi s_{E2} + s_{E3} a_{3r1} + \phi(1-a_{3r1}) s_{E3}] \\
\varDelta_2 &= \frac{a_{\mathrm{X}}^{1-\sigma} n^w}{1-1/\beta}[\phi(s_{E1} + s_{E3} a_{3r1}) + s_{E2} + \phi(1-a_{3r1}) s_{E3}] \\
\varDelta_3 &= \frac{a_{\mathrm{X}}^{1-\sigma} n^w}{1-1/\beta}[\phi(s_{E1} + s_{E3} a_{3r1}) + \phi s_{E2} + (1-a_{3r1}) s_{E3}]
\end{aligned} \tag{4-26}$$

其中，$a_{3r1} = (a_{\mathrm{R}31} / a_{\mathrm{D}})^{\rho+1-\sigma}$，$a_{\mathrm{R}31}$是地区 3 在第一阶段发生迁移的企业临界边际投入。从而我们可以得到第一阶段迁移的企业比例为

$$a_{3r1}=\frac{\phi(s_{E1}-s_{E2})}{(1-\phi)s_{E2}s_{E3}} \tag{4-27}$$

对应地，三地区的企业份额分别为

$$\overline{s}_{n1}=\frac{\phi(s_{E1}-s_{E2})}{s_{E2}(1-\phi)}+s_{E1},\quad \overline{s}_{n2}=s_{E2},\quad \overline{s}_{n3}=s_{E3}-\frac{\phi(s_{E1}-s_{E2})}{s_{E2}(1-\phi)} \tag{4-28}$$

2）第二阶段：地区 3 的企业继续向地区 2 和地区 1 迁移

在地区 3 的企业向地区 2 和地区 1 迁移的过程中，要想始终保持地区 1 企业和地区 2 企业的利润相等，那么企业向两地迁移之后对两地区的价格指数的影响与地区初始的支出份额成正比，我们不妨设地区 1 获得第二阶段的 θ 的份额，那么地区 2 获得第二阶段的（$1-\theta$）的份额。则有

$$\begin{aligned}
\varDelta_1&=\frac{a_{\mathrm{X}}^{1-\sigma}n^w}{1-1/\beta}\{s_{E1}+\phi[s_{E2}+(1-\theta)(1-a_{3r1})a_{3r2}s_{E3}]\\
&\quad+s_{E3}a_{3r1}+\phi(1-a_{3r2})(1-a_{3r1})s_{E3}+\theta(1-a_{3r1})a_{3r2}s_{E3}\}\\
\varDelta_2&=\frac{a_{\mathrm{X}}^{1-\sigma}n^w}{1-1/\beta}\{\phi[s_{E1}+s_{E3}a_{3r1}+\theta(1-a_{3r1})a_{3r2}s_{E3}]+s_{E2}\\
&\quad+\phi(1-a_{3r2})(1-a_{3r1})s_{E3}+(1-\theta)(1-a_{3r1})a_{3r2}s_{E3}\}\\
\varDelta_3&=\frac{a_{\mathrm{X}}^{1-\sigma}n^w}{1-1/\beta}\{\phi[s_{E1}+s_{E2}+s_{E3}a_{3r1}+(1-a_{3r1})a_{3r2}s_{E3}]\\
&\quad+(1-a_{3r1})(1-a_{3r2})s_{E3}\}
\end{aligned} \tag{4-29}$$

根据式（4-32）第一项及第二项和 $B_1=B_2$，我们可以得到地区 1 获得第二阶段迁移的份额为 $\theta=s_{E1}/(s_{E1}+s_{E2})$。由此，我们可以得到

$$a_{3r2}=\frac{\phi(3s_{E2}-1)(s_{E1}+s_{E2})}{\phi s_{E1}(s_{E2}-1)+s_{E2}{}^2(\phi-1)+s_{E2}(1-s_{E1})} \tag{4-30}$$

对应地，我们可以得到长期均衡时，地区 1 的企业份额为

$$\tilde{s}_{n1}=\frac{s_{E1}(1+2\phi)-\phi}{(1-\phi)} \tag{4-31}$$

地区 2 的企业份额为

$$\tilde{s}_{n2}=\frac{s_{E2}(1+2\phi)-\phi}{(1-\phi)} \tag{4-32}$$

地区 3 的企业份额为

$$\tilde{s}_{n3}=\frac{(1+\phi)-(s_{E1}+s_{E2})(1+2\phi)}{(1-\phi)} \tag{4-33}$$

对应地，我们可以求地区 3 的企业份额为零时的ϕ，

$$\phi^{cp1} = \frac{s_{E3}}{1-2s_{E3}} \tag{4-34}$$

此时，$a_{3r1} = \dfrac{s_{E1} - s_{E2}}{s_{E2}(1-3s_{E3})}$，很显然$\mathrm{d}a_{3r1} / \mathrm{d}s_{E2} < 0$，而我们知道$s_{E2} > 1/3$，我们发现$\lim\limits_{s_{E2} \to 1/3} a_{3r1} = \dfrac{s_{E1} - 1/3}{1/3(1-3s_{E3})} = 1$。因此，不会违反我们的基本假设。当地区 3 成为边缘区时，地区 1 和地区 2 的企业份额分别为

$$\tilde{s}_{n1}{}^{*} = \frac{s_{E1} - s_{E3}}{1-3s_{E3}}, \quad \tilde{s}_{n2}{}^{*} = \frac{s_{E2} - s_{E3}}{1-3s_{E3}} \tag{4-35}$$

3）第三阶段：地区 2 的企业向地区 1 迁移

在地区 3 的企业全部迁移出之后，地区 2 和地区 1 之前是否还会发生企业的迁移呢？我们不妨对式（4-31）和式（4-32）相减，从而得到

$$\widehat{s}_{n1} - \widehat{s}_{n2} = \frac{(s_{E1} - s_{E2})(1+2\phi)}{(1-\phi)} > 0 \tag{4-36}$$

求式（4-36）关于ϕ的导数，我们可以得到$\mathrm{d}(\overline{s}_{n1} - \overline{s}_{n2}) / \mathrm{d}\phi > 0$。也就是说，在贸易自由化的过程中，地区 2 的企业份额与地区 1 的企业份额相差越来越多。由于“本地市场效应”和“价格指数效应”的存在，在地区 3 的企业全部迁移到地区 1 之后，地区 2 的企业继续迁移到地区 1，直至出现核心-边缘结构。进一步地，

$$\begin{aligned} \varDelta_1 &= \frac{a_{\mathrm{X}}^{1-\sigma} n^{w}}{1-1/\beta} \left\{ \tilde{s}_{n1}{}^{*} + \phi \tilde{s}_{n2}{}^{*} + (1-\phi) a_{2r3} \tilde{s}_{n2}{}^{*} \right\} \\ \varDelta_2 &= \frac{a_{\mathrm{X}}^{1-\sigma} n^{w}}{1-1/\beta} \left\{ \phi \tilde{s}_{n1}{}^{*} + \tilde{s}_{n2}{}^{*} - (1-\phi) a_{2r3} \tilde{s}_{n2}{}^{*} \right\} \end{aligned} \tag{4-37}$$

从而，我们求出

$$a_{2r3} = \frac{(s_{E1} - s_{E2})[\phi - s_{E3}(2\phi - 1)]}{(s_{E2} - s_{E3})(1 - s_{E3})(1-\phi)} \tag{4-38}$$

对应地，地区 1 和地区 2 的企业份额为

$$\widehat{s}_{n1} = \frac{s_{E1} - \phi s_{E2}}{(1-\phi)(s_{E1} + s_{E2})}, \quad \widehat{s}_{n2} = \frac{s_{E2} - \phi s_{E1}}{(1-\phi)(s_{E1} + s_{E2})} \tag{4-39}$$

对应地，当地区 2 的企业份额为零时，我们可以得到核心-边缘结构 2 的贸易自由度

$$\phi^{cp2} = s_{E2} / s_{E1} \tag{4-40}$$

2. 情况 2：地区 2 和地区 3 的企业利润率先相等

1）第一阶段：地区 3 的企业向地区 1 迁移

与式（4-29）中的 $\varDelta$ 相同，所不同的是现在是 $B_2=B_3$，而不是 $B_1=B_2$。对应地，我们可以得到

$$a_{3r1}=\frac{\phi(s_{E2}-s_{E3})}{(1-\phi)s_{E2}s_{E3}} \tag{4-41}$$

此时，地区的企业份额为

$$\bar{s}_{n1}=s_{E1}+s_{E3}a_{3r1}，\quad \bar{s}_{n2}=s_{E2}，\quad \bar{s}_{n3}=(1-a_{3r1})s_{E3} \tag{4-42}$$

2）第二阶段：地区 2、地区 3 的企业向地区 1 迁移

在第二阶段，由于地区 1 的企业利润高于地区 2 和地区 3 的企业利润，从而在这一段地区 2 的企业和地区 3 的企业同时向地区 1 迁移，从而我们得到

$$\begin{aligned}\varDelta_1&=\frac{a_{\mathrm{X}}^{1-\sigma}n^w}{1-1/\beta}\big[s_{E1}+a_{2r2}s_{E2}+\phi(1-a_{2r2})s_{E2}+s_{E3}a_{3r1}\\&\quad+s_{E3}(1-a_{3r1})a_{3r2}+\phi(1-a_{3r1})(1-a_{3r2})s_{E3}\big]\\\varDelta_2&=\frac{a_{\mathrm{X}}^{1-\sigma}n^w}{1-1/\beta}\{\phi[s_{E1}+s_{E3}a_{3r1}+a_{2r2}s_{E2}+s_{E3}(1-a_{3r1})a_{3r2}]\\&\quad+(1-a_{2r2})s_{E2}+\phi(1-a_{3r1})(1-a_{3r2})s_{E3}\}\\\varDelta_3&=\frac{a_{\mathrm{X}}^{1-\sigma}n^w}{1-1/\beta}\{\phi[s_{E1}+s_{E3}a_{3r1}+a_{2r2}s_{E2}+s_{E3}(1-a_{3r1})a_{3r2}]\\&\quad+\phi(1-a_{2r2})s_{E2}+(1-a_{3r1})(1-a_{3r2})s_{E3}\}\end{aligned} \tag{4-43}$$

其中，a_{2r2} 为地区 2 在第二阶段迁移的企业比例。从中期向长期均衡调整的过程中，$B_2=B_3$，从而我们可以得到 $a_{2r2}=a_{3r2}(1-a_{3r1})$。此外，长期均衡时，我们可以得到

$$a_{3r2}=\frac{(1-3s_{E2})s_{E3}}{s_{E2}s_{E3}(1-\phi)-\phi(s_{E2}-s_{E3})} \tag{4-44}$$

由此，我们得到

$$\phi^{cp1}=\frac{s_{E3}}{1-2s_{E3}} \tag{4-45}$$

同时，我们可以得到

$$a_{2r2}=\frac{\phi(1-3s_{E2})}{(1-\phi)s_{E2}} \tag{4-46}$$

对应地，迁移之后地区 1 的企业份额为

$$\tilde{s}_{n1}=\frac{s_{E1}-\phi(1-2s_{E1})}{1-\phi} \tag{4-47}$$

地区 2 的企业份额为

$$\tilde{s}_{n2}=\frac{s_{E2}-\phi(1-2s_{E2})}{1-\phi} \tag{4-48}$$

地区 3 的企业份额为

$$\tilde{s}_{n3}=\frac{(1+\phi)-(s_{E1}+s_{E2})(1+2\phi)}{(1-\phi)} \tag{4-49}$$

我们可以发现，下文的式（4-51）～式（4-53）与式（4-37）～式（4-39）在形式上是完全相同的。当地区 3 的企业份额为零时，我们得到

$$\tilde{s}_{n1}{}^{*}=\frac{s_{E1}-s_{E3}}{1-3s_{E3}}，\quad \tilde{s}_{n2}{}^{*}=\frac{s_{E2}-s_{E3}}{1-3s_{E3}} \tag{4-50}$$

如果进入到第三阶段，那么地区 3 的工业全部迁移到地区 1，地区 2 在第二段迁移的企业比例为 $a_{2r2}{}^{*}=(s_{E2}-s_{E3})/(1-3s_{E3})s_{E2}s_{E3}$。

3）第三阶段：地区 3 的企业全部迁移完毕，地区 2 的企业向地区 1 迁移，有

$$\begin{aligned}\varDelta_1&=\frac{a_{\mathrm{X}}^{1-\sigma}n^w}{1-1/\beta}\left[\tilde{s}_{n1}{}^{*}+\tilde{s}_{n2}{}^{*}a_{2r3}+\phi\tilde{s}_{n2}{}^{*}(1-a_{2r3})\right]\\ \varDelta_2&=\frac{a_{\mathrm{X}}^{1-\sigma}n^w}{1-1/\beta}\left[\phi(\tilde{s}_{n1}{}^{*}+\tilde{s}_{n2}{}^{*}a_{2r3})+\tilde{s}_{n2}{}^{*}(1-a_{2r3})\right]\end{aligned} \tag{4-51}$$

从而，我们得到

$$a_{2r3}=\frac{(s_{E2}-\phi s_{E1})(s_{E1}-s_{E3})}{(s_{E1}-s_{E2})[1-s_{E3}(\phi+2)]} \tag{4-52}$$

从而，我们得到

$$\tilde{s}_{n1}=\frac{(1-s_{E3})^2(s_{E1}-\phi s_{E2})}{(1-3s_{E3})(s_{E1}-s_{E2})[1-s_{E3}(2+\phi)]}，\quad \tilde{s}_{n2}=1-\tilde{s}_{n1} \tag{4-53}$$

从而我们可以求得 $\phi^{cp2}=s_{E2}/s_{E1}$。当 $\phi>\phi^{cp2}$ 时，所有的产业全部集中到地区 1。

（四）一个例子

从上面的数理分析中我们对企业的迁移过程还有一些不太清楚的地方，比方说，到底是地区 1 和地区 2 的企业利润率先相等，还是地区 2 和

地区 3 的企业利润率先相等？判定的依据是什么呢？

首先，我们必须选择情况 1 和情况 2 中较小的 a_{3r1} 值。我们可以看到，当 $s_{E2}>1/3$ 时，情况 1 的 a_{3r1} 值较小，而当 $s_{E2}<1/3$ 时，情况 2 的 a_{3r1} 值较小。其次，我们需要判定在情况 1 中的 $B_1>B_3$，以及情况 2 中的 $B_2>B_3$ 是否得到满足。根据式（4-29）我们可以得到

$$B_2-B_3=\frac{\phi s_{E2}(1-3s_{E2})}{[\phi+(1-\phi)s_{E2}][\phi(1-s_{E3}-3s_{E2})-s_{E2}s_{E3}(1-\phi)]} \tag{4-54}$$

当 $s_{E2}>1/3$ 时，式（4-54）的分子、分母同为负。因此，我们可以得到 $B_2>B_3$。另外，根据情况 2 我们可以得到

$$B_1-B_2=\frac{\phi s_{E2}(1-3s_{E2})}{[\phi+(1-\phi)s_{E2}][\phi({s_{E2}}^2-{s_{E3}}^2)+(s_{E1}s_{E2}-\phi s_{E1}s_{E3})+\phi s_{E2}]} \tag{4-55}$$

当 $s_{E2}<1/3$ 时，分子和分母同为正，也就是说 $B_1>B_2$。因此，在 $s_{E2}=1/3$ 时，在第一阶段就可以达到均衡状况。特别地，在 $s_{E1}=0.375$，$s_{E2}=0.35$ 时，我们模拟出地区企业份额随着贸易自由度变化的关系图（图 4-8）。我们可以发现，$s_{E2}=0.35>1/3$，因此数值模拟我们选择情况 1 来计算地区的企业份额。

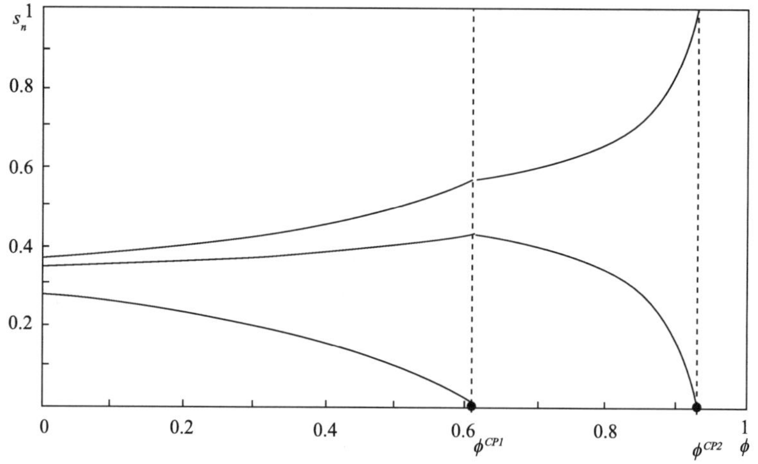

图 4-8　贸易自由化与地区的企业份额

图 4-8 的横轴为地区之间的贸易自由度 ϕ，纵轴为地区的企业份额 s_n。从图 4-8 中我们可以清晰地看出，在地区间的贸易自由化水平比较低时，地区 3 的企业不断地向地区 1 和地区 2 转移，直到地区 3 的企业份额为零。在三地区经济一体化的过程中，由于地区 1 具有较大的市场规模，

本地市场效应导致地区 1 和地区 2 的企业份额逐步增加。与非对称的三地区自由资本模型的 PTA 相似，当地区 3 没有产业继续转移时，由于地区 1 的本地市场效应所产生的聚集力太强，地区 2 的企业份额逐步被地区 1“吸引”过去，地区 1 成为核心地区。从式（4-40）及式（4-45）我们可以看到，只要地区之间存在企业份额的差距，那么核心-边缘结构总是会出现的。

命题 4.7（多层本地市场效应与核心-边缘结构） 在多区域模型中，只要地区初始的企业份额存在差异，那么将会出现多层的本地市场效应。按照地区规模的大小排序，规模较小的地区逐渐成为边缘区而丧失全部的产业。在本地区成为边缘区之前，随着规模最小的地区企业的转移，本地企业份额出现了短暂的增加过程。最终规模最大的地区获得了全部的企业份额。

（五）不考虑迁移过程的方法

在上文的分析中，我们详细地将迁移的过程拆分开，并分析了多层本地市场效应与经济集聚的关系。实际上，我们可以采用更加简化的方法。在很多情况下，我们只想知道长期均衡时各地区的企业份额。当然，我们的迁移均衡分为不同的阶段，我们暂且不考虑最终的企业向哪个地区迁移。我们设定三地区最终的企业份额分别为 λ_1，λ_2 及 λ_3，没有出现核心-边缘结构时 Δ 的值为

$$\Delta_1 = \frac{a_X^{1-\sigma} n^w}{1-1/\beta}(\lambda_1 + \phi\lambda_2 + \phi\lambda_3)$$
$$\Delta_2 = \frac{a_X^{1-\sigma} n^w}{1-1/\beta}(\phi\lambda_1 + \lambda_2 + \phi\lambda_3) \tag{4-56}$$
$$\Delta_3 = \frac{a_X^{1-\sigma} n^w}{1-1/\beta}(\phi\lambda_1 + \phi\lambda_2 + \lambda_3)$$

在长期均衡时，$B_1 = B_2 = B_3$，从而可以得到第二阶段时各地区的企业份额为

$$\lambda_{12}=\frac{s_{E1}-\phi(1-2s_{E1})}{1-\phi}，\quad \lambda_{22}=\frac{s_{E2}-\phi(1-2s_{E2})}{1-\phi}，\quad \lambda_{32}=\frac{s_{E3}-\phi(1-2s_{E3})}{1-\phi} \tag{4-57}$$

从式（4-57）中我们可以看出，由于 $s_{E1} > 1/3$，$\mathrm{d}\lambda_1 / \mathrm{d}\phi > 0$；由于 $s_{E3} < 1/3$，$\mathrm{d}\lambda_3 / \mathrm{d}\phi < 0$；而 $\mathrm{d}\lambda_3 / \mathrm{d}\phi$ 的大小则取决于地区 2 的初始支出份额，从而出现了上文中讨论的两种情况。无论如何，$s_{E1} > s_{E2} > s_{E3}$，并且 $\mathrm{d}\lambda_i / \mathrm{d}s_{Ei} > 0$，其中 $i = 1,2,3$，为地区 1、地区 2 和地区 3。因此，如果出现地区之间的贸易自由化，首先成为边缘地区的一定是初始支出份额最小的

一个地区。对应地，在上文分析的第二阶段结束时，我们可以得到 $\lambda_{32}=0$，从而我们得到 $\phi^{cp1}=s_{E3}/(1-2s_{E3})$。这也说明了上文中为何两种情况的迁移顺序不同，但是最后总是地区 3 率先成为边缘地区，并且两种情况下地区 3 成为边缘地区时贸易自由度相等的原因。因为从式（4-57）我们可以看到，实际上地区 3 的企业份额只是与自己的初始支出份额及贸易自由度有关，因此上文中的两种情况的 ϕ^{cp1} 相等不足为奇。我们再来看一下第三阶段，与上文完全相似，这里我们不再赘述。

三、拓展模型：关税同盟

上文中我们建立了一个简化的模型，考察了两层“本地市场效应”对产业分布的影响。这里我们打算建立关税同盟模型，考察 3 种关税同盟：①地区 1 和地区 2 结成关税同盟（图 4-9（a））；②地区 2 和地区 3 结成关税同盟（图 4-9（b））；③地区 1 和地区 3 结成关税同盟（图 4-9（c））。情形 1 为大国-中等国（B-M）关税同盟；情形 2 为中等国-小国（M-S）关税同盟；情形 3 为大国-小国（B-S）关税同盟。

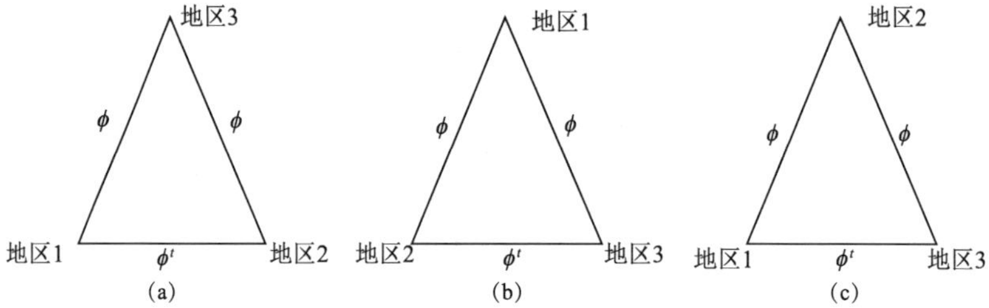

图 4-9　三地区地理位置示意图

我们假定关税同盟之间的“冰山贸易成本”为 τ'，非关税同盟之间的“冰山贸易成本”为 τ。对应地，关税同盟之间的贸易自由度为 $\phi'=(\tau')^{1-\sigma}$；非关税同盟之间的贸易自由度为 $\phi=\tau^{1-\sigma}$。相比非关税同盟，关税同盟之间的贸易自由化水平相对更高，因此我们始终假定 $\phi'\geqslant\phi$。为了计算的方便，我们假设关税同盟之间的贸易自由化水平比非关税同盟要高出 ϕ_0，也就是说 $\phi'=\phi+\phi_0$。

（一）大国-中等国关税同盟

与式（4-56）相似，我们仍然得到三地区在建立大国-中等国关税同盟之后，没有出现核心-边缘结构时 Δ 值，

$$\Delta_1 = \frac{a_X^{1-\sigma} n^w}{1-1/\beta}(\lambda_1 + \phi'\lambda_2 + \phi\lambda_3)$$
$$\Delta_2 = \frac{a_X^{1-\sigma} n^w}{1-1/\beta}(\phi'\lambda_1 + \lambda_2 + \phi\lambda_3) \tag{4-58}$$
$$\Delta_3 = \frac{a_X^{1-\sigma} n^w}{1-1/\beta}(\phi\lambda_1 + \phi\lambda_2 + \lambda_3)$$

同样，长期均衡时，在第二阶段地区 1 的企业份额为

$$\lambda_{12} = \frac{s_{E2}(\phi' - \phi^2) - s_{E1}(1-\phi^2) + s_{E3}\phi(1-\phi')}{(1-\phi')[s_{E3}(\phi'-\phi) + (1-\phi)]} \tag{4-59}$$

对应地，地区 2 的企业份额为

$$\lambda_{22} = \frac{s_{E1}(\phi^2 - \phi') + s_{E2}(1-\phi^2) - s_{E3}\phi(1-\phi')}{(1-\phi')[s_{E3}(\phi'-\phi) + (1-\phi)]} \tag{4-60}$$

地区 3 的企业份额为

$$\lambda_{32} = \frac{s_{E3}(\phi+1) - (1-s_{E3})\phi'}{s_{E3}(\phi'-\phi) + (1-\phi)(1-\phi')} \tag{4-61}$$

与上文相似，我们仍然可以得到地区 3 企业份额为零时，

$$\phi^{cp1} = \frac{s_{E3}}{1-s_{E3}}(1+\phi') \tag{4-62}$$

与式（4-34）及式（4-45）相比，ϕ^{cp1} 变大。此时，地区 1 和地区 2 的企业份额分别为

$$\lambda_1^* = \frac{s_{E1} - \phi' s_{E2}}{(1-\phi')(1-s_{E3})}, \quad \lambda_2^* = \frac{s_{E2} - \phi' s_{E1}}{(1-\phi')(1-s_{E3})} \tag{4-63}$$

此时，与地区 3 的贸易自由化并不影响两地区的产业分布。但是，两地区之间的进一步贸易自由化会导致地区 2 的企业份额全部转移到地区 1。对应地，在地区 2 成为边缘区时，关税同盟的贸易自由化水平为

$$(\phi')^{cp2} = s_{E2} / s_{E1} \tag{4-64}$$

（二）中等国-小国关税同盟

与大国-中等国关税同盟的分析相似，在建立中等国-小国关税同盟时，地区 2 和地区 3 之间的贸易自由化水平更高。从而，我们可以得到

$$\varDelta_1 = \frac{a_X^{1-\sigma} n^w}{1-1/\beta}(\lambda_1 + \phi\lambda_2 + \phi\lambda_3)$$
$$\varDelta_2 = \frac{a_X^{1-\sigma} n^w}{1-1/\beta}(\phi\lambda_1 + \lambda_2 + \phi'\lambda_3) \tag{4-65}$$
$$\varDelta_3 = \frac{a_X^{1-\sigma} n^w}{1-1/\beta}(\phi\lambda_1 + \phi'\lambda_2 + \lambda_3)$$

长期均衡时，我们同样可以到地区 1 的企业份额

$$\lambda_{12} = \frac{s_{E1}(\phi+1)-(1-s_{E1})\phi'}{s_{E1}(\phi'-\phi)+(1-\phi)(1-\phi')} \tag{4-66}$$

对应地，地区 2 的企业份额为

$$\lambda_{22} = \frac{s_{E3}(\phi^2-\phi')+s_{E2}(1-\phi^2)-s_{E1}\phi(1-\phi')}{(1-\phi')[s_{E1}(\phi'-\phi)+(1-\phi)]} \tag{4-67}$$

地区 3 的企业份额为

$$\lambda_{32} = \frac{s_{E2}(\phi'-\phi^2)-s_{E3}(1-\phi^2)+s_{E1}\phi(1-\phi')}{(1-\phi')[s_{E1}(\phi'-\phi)+(1-\phi)]} \tag{4-68}$$

与大国-中等国关税同盟不同，当$0 \leqslant \phi' < [s_{E2}(1+s_{E2})-s_{E1}]/s_{E1}s_{E2}$时，地区 1 成为边缘地区，否则地区 3 首先成为边缘地区。$\phi^{cp1}=(1+\phi')s_{E1}/(1-s_{E1})$，$\phi^{cp2}=s_{E3}/s_{E2}$。同样，我们可以得到地区 1 成为边缘地区之后，地区 2 和地区 3 的企业份额分别为

$$\lambda_2^* = \frac{s_{E2}-\phi' s_{E3}}{(1-\phi')(1-s_{E1})}，\quad \lambda_3^* = \frac{s_{E3}-\phi' s_{E2}}{(1-\phi')(1-s_{E1})} \tag{4-69}$$

而如果地区 3 率先成为边缘地区，我们同样可以求出地区 2 和地区 3 的企业份额。不过，由于形式相对较为复杂，这里我们就省略了。

（三）大国-小国关税同盟

在建立大国-小国关税同盟时，地区 1 和地区 2 之间的贸易自由化水平更高。从而，我们可以得到

$$\varDelta_1 = \frac{a_X^{1-\sigma} n^w}{1-1/\beta}(\lambda_1 + \phi\lambda_2 + \phi'\lambda_3)$$
$$\varDelta_2 = \frac{a_X^{1-\sigma} n^w}{1-1/\beta}(\phi\lambda_1 + \lambda_2 + \phi\lambda_3) \tag{4-70}$$
$$\varDelta_3 = \frac{a_X^{1-\sigma} n^w}{1-1/\beta}(\phi\lambda_1 + \phi'\lambda_2 + \lambda_3)$$

长期均衡时，我们同样可以到地区 1 的企业份额为

$$\lambda_{12}=\frac{s_{E3}(\phi'-\phi^2)-s_{E1}(1-\phi^2)+s_{E2}\phi(1-\phi')}{(1-\phi')[s_{E2}(\phi'-\phi)+(1-\phi)]} \tag{4-71}$$

对应地，地区 2 的企业份额为

$$\lambda_{22}=\frac{s_{E2}(\phi+1)-(1-s_{E2})\phi'}{s_{E2}(\phi'-\phi)+(1-\phi)(1-\phi')} \tag{4-72}$$

地区 3 的企业份额为

$$\lambda_{32}=\frac{s_{E1}(\phi^2-\phi')+s_{E3}(1-\phi^2)-s_{E2}\phi(1-\phi')}{(1-\phi')[s_{E2}(\phi'-\phi)+(1-\phi)]} \tag{4-73}$$

地区 2 成为边缘区后，地区 1 和地区 3 的企业份额分别为

$$\lambda_1^*=\frac{s_{E1}-\phi' s_{E3}}{(1-\phi')(1-s_{E2})}，\quad \lambda_3^*=\frac{s_{E3}-\phi' s_{E2}}{(1-\phi')(1-s_{E2})} \tag{4-74}$$

四、关税同盟的“产业消失”效应与“产业转移”效应

上文中我们从数理上分析了地区一体化，以及关税同盟时各地区的企业份额，这里我们将继续分析关税同盟的“产业消失”效应与“产业转移”效应。“产业消失”效应是指由于关税同盟的建立，导致整个经济系统中产业总数减少；而“产业转移”效应则是指由于关税同盟的建立，导致一个国家或地区的产业转移至其他国家或地区。

（一）关税同盟的“产业消失”效应

在关税同盟建立之后，地区之间的专业化分工进一步加强，企业之间的竞争加剧，地区的产品种类总数发生了变化。由式（4-51）、式（4-58）、式（4-65）及式（4-70）我们可以得到在简化的三地区模型及三种类型的扩展的关税同盟模型中，三地区产业总数分别为

$$\begin{cases} n^w=\dfrac{(1-1/\beta)/f}{(1+2\phi)} \\ n^w_{\text{B-M}}=\dfrac{(1-1/\beta)/f}{(1+2\phi)+(1-\lambda_3)(\phi'-\phi)} \\ n^w_{\text{M-S}}=\dfrac{(1-1/\beta)/f}{(1+2\phi)+(1-\lambda_1)(\phi'-\phi)} \\ n^w_{\text{B-S}}=\dfrac{(1-1/\beta)/f}{(1+2\phi)+(1-\lambda_2)(\phi'-\phi)} \end{cases} \tag{4-75}$$

其中，下标分别代表大国-中等国关税同盟、中等国-小国关税同盟和大国-小国关税同盟。从式（4-75）我们了解到关税同盟带来的“产业消失”的几个特征如下。

1. 关税同盟导致“产业消失”效应

由于$\phi' > \phi$，我们总能得到n^w的值是式（4-75）4个值中最大的一个值。也就是说，如果出现关税同盟，那么产业总量一定会减少，从而出现了“产业消失”效应。

2. 关税同盟水平的高低决定“产业消失”效应的大小

从式（4-75）中我们可以发现，实际上“产业消失”效应的大小主要取决于三地区之间原有的贸易自由化水平ϕ，企业异质性程度ρ，工业产品之间的替代弹性σ，国内外市场的进入成本f，第三国产业份额，以及关税同盟的水平。在贸易自由化水平、企业异质性程度、工业产品之间的替代弹性、国内外市场的进入成本给定，以及各地区初始支出份额给定的情况下，“产业消失”效应的大小实际上取决于关税同盟的水平ϕ'。

关税同盟的产业“消失效应”包含直接效应和间接效应。直接效应主要体现在$\phi' - \phi$上，$\phi' \uparrow$，$(\phi' - \phi)\uparrow$，$n_m^w \downarrow$（m=B-M, M-S, B-S）。间接效应体现在关税同盟导致地区产业份额的转移上，在第三国没有成为完全的边缘地区之前，关税同盟导致第三国的产业份额减少，即$\phi' \uparrow$，$(1-\lambda_{\text{other}})\uparrow, n_m^w \downarrow$。其中，$\lambda_{\text{other}}$为第三国的产业份额，可以代表式（4-75）中的$\lambda_1$，$\lambda_2$及$\lambda_3$。一旦第三国的产业份额变为零，关税同盟“产业消失”的间接效应将变为零。

命题 4.8（关税同盟的“产业消失”效应）　只要关税同盟出现，关税同盟的“消失效应”总是会存在。关税同盟的产业“消失效应”包括直接效应和间接效应，关税同盟的直接效应总是为正。关税同盟的间接“消失效应”取决于第三国的产业份额，在第三国的产业份额为正时，该效应为正；而在第三国的产业份额为零时，该效应为零。

通常而言，关税同盟的“消失效应”是比较容易理解的。在关税同盟建立之后，由于地区之间的企业相互竞争，地区市场对进入的企业临界条件将会提高。本地原有部分企业将会倒闭，从而整个市场中的企业总数将会减少。

（二）关税同盟的“产业转移”效应

关税同盟除了改变地区的产业总数之外，同时还会改变经济活动在空间上的分布。在上文中我们分析了大国-中等国关税同盟、中等国-小国关税同盟和大国-小国关税同盟3种不同关税同盟的产业分布，那么不同的关税同盟对产业转移又会产生哪些影响呢？为了衡量关税同盟的“产业转移”效应，我们需要求关税同盟时各地区产业份额关于ϕ'的导数，并取$\phi=\phi'$进行分析。我们假定$s_{E2}+s_{E3}>s_{E1}$及$s_{E1}>s_{E2}>s_{E3}$，那么我们至少可以得到$s_{E1}\in(1/3,1/2)$，$s_{E2}\in(1/4,s_{E1})$，$s_{E3}\in(0,1/3)$。

1. 大国-中等国关税同盟

我们首先来考察一下大国-中等国关税同盟，根据式（4-59）我们可以得到

$$\frac{\mathrm{d}\lambda_{12}}{\mathrm{d}\phi'}\Big|_{\phi=\phi'}=\frac{\phi[s_{E1}-s_{E2}+s_{E3}(1-2s_{E1})]+({s_{E1}}^2+s_{E1}s_{E2}-s_{E2})}{(1-\phi)^2}>0 \tag{4-76}$$

当$\phi\leqslant\phi^{cp1}$时，关税同盟之间的贸易自由化将促进地区1的产业份额提高。同样，由式（4-63）我们可以得到

$$\frac{\mathrm{d}\lambda_1^*}{\mathrm{d}\phi'}=\frac{s_{E1}-s_{E2}}{(1-\phi')^2(1-s_{E3})}>0 \tag{4-77}$$

因此，在同盟国之间的贸易自由化始终能够促使地区1的产业份额提高，直至地区1获得了全部的产业份额。同样，求式（4-60）关于ϕ'的导数，我们可以得到

$$\frac{\mathrm{d}\lambda_{22}}{\mathrm{d}\phi'}\Big|_{\phi=\phi'}=\frac{\phi[(s_{E2}-s_{E1})+s_{E3}(1-2s_{E2})]+[{s_{E2}}^2-s_{E1}(1-s_{E1}s_{E2})]}{(1-\phi)^2} \tag{4-78}$$

很显然，式（4-78）分子的第二个方括号内的数值为负。如果初始值满足：$s_{E1}+s_{E2}\leqslant1/[2(1-s_{E2})]$，从而式（4-78）分子的第一项变为负，无论同盟国与第三国的贸易自由化水平如何，地区2的产业份额都会随着同盟国贸易自由化水平的提高而减少。如果$s_{E1}+s_{E2}\geqslant1/[2(1-s_{E2})]$，并且同盟国与第三国贸易自由化水平满足以下条件时，地区2的产业份额会随着关税同盟水平的提高而出现增加，直至地区3所有的产业被转移，否则地区2的产业份额会随着关税同盟水平的提高而仍然减少。即

$$\phi>\frac{s_{E1}(1-s_{E2})-{s_{E2}}^2}{1-2(1-s_{E3})(1-s_{E2})} \tag{4-79}$$

由此，我们可以得到$\mathrm{d}\lambda_{22}/\mathrm{d}\phi'|_{\phi=\phi'}>0$。而我们可以发现式（4-79）中的$\phi<\phi^{cp1}$，此外，当地区3成为边缘地区之后，进而

$$\frac{\mathrm{d}\lambda_2^*}{\mathrm{d}\phi'}=\frac{s_{E2}-s_{E1}}{(1-\phi')^2(1-s_{E3})}<0 \tag{4-80}$$

此外，我们还可以得到

$$\frac{\mathrm{d}\lambda_{32}}{\mathrm{d}\phi'}\bigg|_{\phi=\phi'}=\frac{s_{E3}(1-2\phi s_{E3}-s_{E3})}{(1-\phi)^2}<0 \tag{4-81}$$

从上文的分析中我们可以发现，在大国（地区 1）和中等国家（地区 2）建立的关税同盟中，大国的产业份额总是会得到提升。在小国（地区 3）成为边缘地区之前，只有当同盟国与第三国的贸易自由度达到一定水平时，地区 2 的产业份额才会增加，否则地区 2 的产业份额将会减少。作为非关税同盟成员国地区 3 的产业份额随着关税同盟的进一步贸易自由化而减少。但是，随着关税同盟的贸易自由化水平的提高，同盟国与第三国的贸易自由化水平更高时才会导致非关税成员国成为边缘地区。

命题4.9（大国-中等国关税同盟“产业转移”效应）　在一个包含 3 个国家的模型中，如果大国和中等国家建立关税同盟，那么小国的产业总是会向大国转移。在关税同盟与非关税同盟之间的贸易自由化水平达到一定的“门槛值”时，中等国家才有可能出现产业份额的增加，否则中等国家的产业同样会出现转移。而当非成员国产业变为零时，中等国家的产业随着关税同盟的贸易自由化而全部转移至大国。

2. 中等国-小国关税同盟

同样，我们可以求式（4-66）关于 ϕ' 的导数：

$$\frac{\mathrm{d}\lambda_{12}}{\mathrm{d}\phi'}\bigg|_{\phi=\phi'}=\frac{s_{E1}(1-2\phi s_{E1}-s_{E1})}{(1-\phi)^2} \tag{4-82}$$

我们可以发现，当且仅当 $\phi>(1-s_{E1})/2s_{E1}$ 时，同盟国的贸易自由化才会导致地区 1 的产业份额减少，否则地区 1 的产业份额会增加。也就是说，即使地区 2 和地区 3 结成关税同盟，地区 1 的产业份额也不一定会遭受损失。在关税同盟与非成员国之间的贸易自由化水平比较低时，关税同盟的“产业转移”效应对地区 1 所产生的分散力极其微弱，地区 1 的“本地市场效应”及“价格指数效应”所产生的集聚力超过了“市场拥挤效应”及“关税同盟效应”，从而地区 1 仍然成为产业活动的集聚地。但是，如果关税同盟与非关税同盟之间的贸易自由化水平较高时，地区 1 逐渐沦为“塌陷区”。此外，我们可以发现，$\mathrm{d}\phi/\mathrm{d}s_{E1}=-1/4{s_{E1}}^2<0$。也就是说，$s_{E1}$ 越大，地区 1 越有可能成为“塌陷区”。

命题4.10（大国悲剧）　在包含三地区的经济系统中，如果中等国和小国结成关税同盟，那么同盟国贸易自由化的水平提高可能会降低大国的产业份额。当大国与同盟国之间的贸易自由水平比较高时，大国的产业份额将会受到损失；否则，大国的产业份额仍然可以增加。大国初始的市场

规模越大，大国的产业越容易遭受损失。即

$$\frac{\mathrm{d}\lambda_{22}}{\mathrm{d}\phi'}\Big|_{\phi=\phi'}=-\frac{\phi[(s_{E2}-s_{E3})+s_{E1}(1-2s_{E2})]+[s_{E2}{}^2-s_{E3}(1-s_{E3}s_{E2})]}{(1-\phi)^2} \tag{4-83}$$

从式（4-83）我们可以看出，分子的第一项和第二项的正负号都是无法直接判定的。但是，我们可以判定，第一项和第二项不可能同时为正。对应地，当 $(1-2s_{E2})/2(1-s_{E2})<s_{E1}<(1-2s_{E2})/(1-s_{E2})$ 时，$\mathrm{d}\lambda_{22}/\mathrm{d}\phi'|_{\phi=\phi'}>0$。而当 s_{E1} 不满足该条件时，如果 $s_{E1}\leqslant(1-2s_{E2})/2(1-s_{E2})$，则分子第二项为正，因此只有同盟国与非成员国之间的贸易自由化水平 ϕ 大于临界值时，同盟国之间的贸易自由化才会导致地区 2 的产业份额增加，否则地区 2 的产业份额会减少。而如果 s_{E2} 满足 $s_{E1}\geqslant(1-2s_{E2})/2(1-s_{E2})$ 时，则只有在 ϕ 小于某个临界值时，地区 2 的产业份额会增加。同样，对于地区 3，则有

$$\frac{\mathrm{d}\lambda_{32}}{\mathrm{d}\phi'}\Big|_{\phi=\phi'}=\frac{\phi[(s_{E1}-s_{E2})+s_{E3}(1-2s_{E3})]+(s_{E3}{}^2+s_{E3}s_{E2}-s_{E2})}{(1-\phi)^2} \tag{4-84}$$

当 $\phi>(s_{E3}{}^2+s_{E3}s_{E2}-s_{E2})/[(s_{E1}-s_{E2})+s_{E3}(1-2s_{E3})]$ 时，地区 3 的产业份额随着同盟国之间的贸易自由化水平的提高会出现增加；反之，地区 3 的产业份额将会减少。

3. 大国-小国关税同盟

同样，我们可以得到

$$\frac{\mathrm{d}\lambda_{12}}{\mathrm{d}\phi'}\Big|_{\phi=\phi'}=\frac{\phi[s_{E1}-s_{E3}+s_{E2}(1-2s_{E1})]+(s_{E1}{}^2+s_{E1}s_{E3}-s_{E3})}{(1-\phi)^2}>0 \tag{4-85}$$

也就是说，大国在与小国建立的关税同盟中，同样能够提高本地的产业份额。而此时，地区 2 的产业份额为

$$\frac{\mathrm{d}\lambda_{22}}{\mathrm{d}\phi'}\Big|_{\phi=\phi'}=\frac{s_{E2}(1-2\phi s_{E2}-s_{E2})}{(1-\phi)^2} \tag{4-86}$$

当 $\phi>(1-s_{E2})/2s_{E2}$ 时，地区 2 的产业份额才会减少；否则，地区 2 的产业份额仍然可以增加。

$$\frac{\mathrm{d}\lambda_{32}}{\mathrm{d}\phi'}\Big|_{\phi=\phi'}=\frac{\phi[(s_{E3}-s_{E1})+s_{E2}(1-2s_{E3})]+[s_{E3}{}^2-s_{E1}(1-s_{E1}s_{E3})]}{(1-\phi)^2} \tag{4-87}$$

式（4-87）的分子第二项方括号内的数值为负，因此当且仅当 ϕ 满足如下条件：

$$\phi > \frac{s_{E1}(1-s_{E1}s_{E3})-s_{E3}{}^{2}}{(s_{E3}-s_{E1})+s_{E2}(1-2s_{E3})}$$

地区 3 的产业份额才会增加。否则，地区 3 的产业份额不会增加。从上文的分析中我们可以看出，在关税同盟建立时，只有大国（地区 1）的产业始终会获得增加，而中等国（地区 2）和小国（地区 3）的产业份额增加与否主要取决于与三地区初始的贸易自由化水平，以及地区的支出份额。通常情况下，在关税同盟建立时，地区的初始产业份额越大，本地的产业份额增加得越多。从上面的分析中，我们可以得出如下几个重要的结论：①如果小国不参与关税同盟，那么小国一定会成为边缘地区；而如果大国作为关税成员的同盟国，则一定会成为核心地区。②如果小国和中等国成立关税同盟，则大国也有可能沦为边缘地区，初始的贸易自由化水平越高，大国越有可能成为边缘地区。

第四节　小结

在第三章中我们研究了贸易自由化、异质性企业与产业空间分布的关系，研究中我们假定了地区相互之间具有相同的贸易自由度、国外市场进入成本等。在本章，我们拓展了第三章第五节的基础模型，进一步地分析了非对称“冰山贸易成本”、差异化的国外市场进入成本，以及关税同盟等常用的贸易政策对产业空间分布的影响。

从本章的研究中，我们可以得出如下一些关于贸易政策的结论。

（1）一国进口的关税水平直接决定了另外一国出口企业的最低生产效率，只有最高效率的企业会选择出口，进口国进口关税水平的提高将直接淘汰一些低效率的出口企业，这些企业只能成为本地型企业。

（2）如果地区采取提高“冰山贸易成本”的单边贸易自由化政策，在不考虑地区之间的“报复性”关税等措施时，两国总能获得好处。但是，如果大国实施单边贸易自由化政策时，则小国总是有采取单边贸易保护措施的动机。相反，大国只有在一定的情况下才具有单边贸易保护的动机。

（3）在地区之间初始的贸易自由化水平比较低时，两国都有贸易保护动机，但是同时担心对方采取“报复性”措施，此时双方的任何威胁都是可置信的。但是，当贸易自由化到达一定水平之后，大国的威胁不可置信，因此小国选择采取贸易保护措施。相对而言，小国总能作出对自己有利的选择，大国则可能遭受产业份额的损失，小国具有贸易政策优势。由于小国的贸易保护措施，“完全集聚”可能并不会存在。

（4）如果对国外企业设定较高的进入成本，那么本国的产业份额会出现提高。也就是说，如果国外的商品进入本国市场销售面临较高的成本，那么本国的市场份额相对较高。由于市场进入成本较高而迁移成本较低（本书中为零），国外的一些企业为了获得超额利润而选择流入本国，从而使本国的产业份额提高。

（5）在国外采取单边贸易自由化政策时，本国政府面临着两难的境况：如果采取单边贸易保护主义，那么本国的企业获得保护，无论是出口型还是本地型企业都会出现低效率，但是本国的产业份额得到了提升；如果采取贸易自由化的政策，那么本国企业的平均生产效率得到提高，但是本地的产业份额则会出现下降。

（6）在所有地区加入关税同盟的标准模型中，地区初始的支出水平越高，那么该地区的本地市场效用越强。在含有多地区的模型中，随着地区之间的关税同盟贸易自由化水平的提高，初始支出规模最小的地区率先沦为边缘地区，初始规模最大的地区成了核心区。在多地区的模型中，存在着多层的“本地市场效应”。

（7）关税同盟存在着“消失效应”，并且包括直接效应和间接效应。关税同盟的直接“消失效应”是指关税同盟的建立导致整个经济系统中的企业数量减少，关税同盟的间接“消失效应”则是指非成员国的产业迁移导致本地的企业消失。关税同盟的直接“消失效应”总是为正，间接“消失效应”在非成员国产业完全丧失之前由正逐渐变为零。

（8）关税同盟存在着“集聚效应”，关税同盟对成员国而言是一种聚集力，但是对非成员而言则是一种分散力。在地区初始支出规模存在差异时，地区的支出规模越大，地区的“本地市场效应”越大。因此，在大国-中等国关税同盟、中等国-小国关税同盟和大国-小国关税同盟等模型中，如果大国作为同盟国，则其始终能够增加本地的产业规模；反之，如果小地区成为非成员国，那么小国总是会损失本地的产业规模。在不同的关税同盟模型中，无论是大国或者小国都可能成为边缘地区，但是小国永远不可能成为核心地区。

第五章　财政政策与产业的空间分布

在产业空间分布形成的过程中，政府部门制定的政策通常能够影响地区的产业份额。在第四章中我们分析了贸易政策对产业空间分布的影响，这些贸易政策包括非对称“冰山贸易成本”、差异化的国外市场进入成本，以及关税同盟的建立。本章中我们将分析地区或国家的财政政策对产业空间分布的影响，具体的财政政策包括税收政策和补贴政策。

本章包括五节，结构安排如下：第一节和第二节为两个局部均衡模型，第一节探讨税收政策对产业空间分布的影响，包括消费税和收入税；第二节我们将探讨补贴政策对产业空间分布的影响，包括消费补贴及资本补贴；第三节我们建立了集权式财政政策的一般均衡模型，模型中政府同时采用税收政策和补贴政策，同时我们将分析中央政府的行为；第四节为分权式财政政策的一般均衡模型，模型中同样包括税收政策和补贴政策；第五节为本章的小结。

第一节　税收政策与产业的空间分布

我国的税收种类较多，包括消费税、增值税、企业所得税、个人所得税等。2008 年，我国的国内增值税（扣除出口货物退增值税）、国内消费税（扣除出口货物退增值税）、进口货物增值税、消费税、企业所得税及个人所得税分别为中央财政收入的 22.7%、7.6%、22.0%、21.3%、6.6%，占中央财政收入总额的 80.2%。实际上我们可以看出，上述税种大致可以归结为两大类：消费税（消费税、增值税等间接税）和收入税（个人所得税和企业所得税等直接税）。在我们的自由资本模型中，企业的利润平均分配给地区所有的劳动力，因此我们可以假定个人所得税和企业所得税从消费者的收入中扣除，而消费税则是附加在产品的价格之上。因此，在建模时我们需要分两种情况来考察。

与前面章节不同的是，本节我们建立的模型中增加了政府税收。在本节中我们仅考虑税收的征收，并不打算考虑政府的税收收入如何支出。因此，本章的模型无疑属于局部均衡模型。我们假定模型为一个 2×2×2 模型：两地区（北部地区和南部地区）、两部门（农业部门和工业部门）、两要素（劳动力和资本）。我们假定农业部门为传统部门，以瓦尔拉斯完全竞争均衡为特征，仅使用劳动力作为可变投入要素生产农产品；而工业部门则是现代部门，以 Dixit-Stiglitz 垄断竞争为特征，使用资本作为固定投入要素，劳动力作为可变投入要素生产工业品。两地区的初始要素比例相同，但是北部地区有着更多的劳动力禀赋和资本禀赋。农产品在地区之间的贸易不存在成本，但是工业产业在地区之间的贸易存在“冰山贸易成本”为 τ 。此外，初始阶段每一个地区都有着不同生产效率的企业，地区企业的边际投入 a 服从 Pareto 分布，两地区的本地市场进入成本为 F_D，国外市场进入成本为 F_X。

一、消费税对产业空间分布的影响

假定北部地区对本地销售的产品征收税率为 t_c 的消费税，如果本地厂商生产的产品销售价格为 p_s，那么北部地区消费者实际的支付价格为 $p_c = p_s(1+t_c)$。此外，我们假定对国外进口商品的消费税征收基数中包含运输成本。对应地，我们可以得到北部地区消费者对单个产品的销售量为

$$c = \alpha(p_c)^{-\sigma} P^{\sigma-1} \tag{5-1}$$

其中，P 为地区的价格指数。与第三章第五节相比，由于消费税的征收，消费者对商品的消费发生了改变，地区商品销售价格也发生了变化，从而地区的价格指数也发生了变化。短期均衡时，X 型产品供求均衡：$x_i = Lc_i + \tau L^* c_i^*$。我们可以得到北部地区的企业经营现值为

$$\frac{p_s(p_c)^{-\sigma}}{\delta\sigma P^{1-\sigma}}E + \frac{(\tau p_s)^{1-\sigma}}{\delta\sigma(P^*)^{1-\sigma}}E^* \tag{5-2}$$

对应地，$p_s = \dfrac{\sigma}{\sigma-1}a$，$p_c = (1+t_c)p_s$，$p_c^* = (1+t_c)p_s^*$，从而

$$\begin{cases} P = \left[\int_0^n (p_c)_i^{1-\sigma}\,\mathrm{d}i + \int_n^{n+n^*} (p_c^*)_i^{1-\sigma}\,\mathrm{d}i\right]^{1/(1-\sigma)} \\ P^* = \left[\int_0^n (p_s^*)_i^{1-\sigma}\,\mathrm{d}i + \int_n^{n+n^*} (p_s)_i^{1-\sigma}\,\mathrm{d}i\right]^{1/(1-\sigma)} \end{cases} \tag{5-3}$$

在这里，我们只对北部地区进行征税，因此南部地区消费者消费的所有商品的支付价格与厂商获得的价格相等。从而，我们可以发现式（5-3）中的价格指数与标准模型中的价格指数完全相同。

（一）长期均衡条件

在长期均衡的过程中，X 型企业和 D 型企业在税收的刺激下都有可能会发生迁移。对应地，X 型和 D 型企业的迁移条件分别如下。

1. X 型企业迁移的长期均衡条件

均衡时，ZCP 条件、FE 条件和 R 条件都发生了变化。

1）ZCP 条件

令 $t=(1+t_c)^{-\sigma}$，长期均衡时我们可以得到北部地区的 ZCP 条件为

$$ta_{\mathrm{D}}{}^{1-\sigma}B=f_{\mathrm{D}}，\quad \phi a_{\mathrm{X}}{}^{1-\sigma}B^{*}=f_{\mathrm{X}} \tag{5-4}$$

南部地区的 ZCP 条件为

$$(a_{\mathrm{D}}^{*})^{1-\sigma}B^{*}=f_{\mathrm{D}}，\quad t\phi(a_{\mathrm{X}}^{*})^{1-\sigma}B=f_{\mathrm{X}} \tag{5-5}$$

其中，$f_{\mathrm{D}}=\delta\sigma F_{\mathrm{D}}$，$f_{\mathrm{X}}=\delta\sigma F_{\mathrm{X}}$，$B=E/\varDelta$，$B^{*}=E^{*}/\varDelta^{*}$。长期均衡时，相同生产效率的企业在两地区的利润相等，从而我们可以得到 $tB=B^{*}$。对应地，我们始终有 $a_{\mathrm{D}}=a_{\mathrm{D}}^{*}$ 及 $a_{\mathrm{X}}=a_{\mathrm{X}}^{*}$。进一步地，长期均衡时，

$$\begin{cases}\varDelta=\dfrac{t^{1-1/\sigma}}{1-1/\beta}(a_{D})^{1-\sigma}\left\{n+n^{*}\left[Q+(1-\phi)a_{r}^{*}\right]\right\}\\ \varDelta^{*}=\dfrac{1}{1-1/\beta}(a_{D})^{1-\sigma}\left\{Qn+n^{*}\left[1-(1-\phi)a_{r}^{*}\right]\right\}\end{cases} \tag{5-6}$$

2）FE 条件

从式（5-4）和式（5-5）我们可以看出，南北两地区的 D 型和 X 型企业边际投入仍然相同，并且 $a_{\mathrm{D}}=a_{\mathrm{D}}^{*}$，从而我们发现此时的 FE 条件与第三章第五节中的 FE 条件相同，

$$\frac{E^{w}}{\sigma\delta}=F_{\mathrm{D}}+F_{\mathrm{X}}+F_{\mathrm{I}}\left(\frac{1}{G[a_{\mathrm{D}}]}\right) \tag{5-7}$$

3）R 条件

长期均衡的 R 条件现在变为

$$\begin{cases}tB=B^{*}\\ tB>B^{*},s_{n}=1\\ tB<B^{*},s_{n}=0\end{cases} \tag{5-8}$$

2. D 型企业迁移的条件

如果 D 型企业发生迁移，那么式（5-6）中的 $\varDelta$ 值也就发生了变化，

$$
\begin{cases}
\Delta = \dfrac{t^{1-1/\sigma}}{1-1/\beta}(a_{\mathrm{D}})^{1-\sigma}(n+n^{*}a_{r1}^{*}) \\
\Delta^{*} = \dfrac{1}{1-1/\beta}(a_{\mathrm{D}})^{1-\sigma}\left[Q(n+n^{*})+n^{*}(1-a_{r1}^{*})\right]
\end{cases} \tag{5-9}
$$

根据式（5-6）及式（5-8），我们可以得到长期均衡时分割的贸易自由度 ϕ^{P} 满足：

$$
\phi^{\beta}T^{1-\beta} = \frac{\phi s_{E}(1-s_{E})(1-t^{-1/\sigma})}{(1-\phi-s_{E})s_{E}+t^{-1/\sigma}(1-s_{E})^{2}} \tag{5-10}
$$

此外，由式（5-9）我们可以得到核心-边缘结构的贸易自由度为

$$
\phi^{cp} = \left(\frac{1-s_{E}}{s_{E}}\right)^{1/\beta} t^{-\beta/\sigma}T^{1-1/\beta} \tag{5-11}
$$

（二）初始企业数量及地区企业份额

1. 初始企业数量

同样，我们可以得到两地区初始的企业总量为

$$
n^{w} = \frac{E^{w}(1-1/\beta)[s_{E}+t^{-1/\sigma}(1-s_{E})]}{f_{\mathrm{D}}t^{1-1/\sigma}(1+Q)} \tag{5-12}
$$

对应地，北部地区的初始企业数量为

$$
n = \frac{(1-1/\beta)[s_{E}+t^{-1/\sigma}(1-s_{E})]E}{f_{\mathrm{D}}t^{1-1/\sigma}(1+Q)} \tag{5-13}
$$

南部地区的初始企业数量为

$$
n^{*} = \frac{(1-1/\beta)[s_{E}+t^{-1/\sigma}(1-s_{E})]E^{*}}{f_{\mathrm{D}}t^{1-1/\sigma}(1+Q)} \tag{5-14}
$$

2. 地区企业份额

$$
\lambda = \begin{cases}
s_{E} + \dfrac{Q[s_{E}{}^{2}-t^{-1/\sigma}(1-s_{E})^{2}]+(1-t^{-1/\sigma})s_{E}(1-s_{E})}{(1-\phi)[s_{E}+t^{-1/\sigma}(1-s_{E})]}, & \phi\in[0,\phi^{P}] \\
\dfrac{s_{E}(1+Q)}{s_{E}+t^{-1/\sigma}(1-s_{E})}, & \phi\in(\phi^{P},1]
\end{cases} \tag{5-15}
$$

（三）消费税效应

消费税对市场中的一些行为会产生影响，同时也会改变“分割”和“核

心-边缘”时的贸易自由化水平。

1. 消费税对“分割”和“核心-边缘”的贸易自由度的影响

由式(5-10)我们分别求出 $\mathrm{d}\phi^P/\mathrm{d}t<0$，而根据 $t=(1+t_c)^{1-\sigma}$，有 $\mathrm{d}t/\mathrm{d}t_c<0$，因此 $\mathrm{d}\phi^P/\mathrm{d}t_c>0$。同样，根据式（5-11）我们分别求出 $\mathrm{d}\phi^{cp}/\mathrm{d}t<0$，并且始终有 $\mathrm{d}t/\mathrm{d}t_c>0$，从而 $\mathrm{d}\phi^{cp}/\mathrm{d}t_c>0$。也就是说，随着北部地区征收的消费税税率的提高，只有在两地区之间的贸易自由度更高时，才有可能出现分割生产及核心-边缘结构。

2. 消费税对地区企业份额的影响

同样，由式（5-15）我们可以得到北部地区的消费税对地区企业份额的影响：

$$\mathrm{d}\lambda/\mathrm{d}t=\frac{t^{1+1/\sigma}s_E(1-s_E)(1+Q)}{[s_Et^{1/\sigma}-(1-s_E)]^2(1-\phi)\sigma}>0 \tag{5-16}$$

很显然，无论 ϕ 取何值，我们始终有 $\mathrm{d}\lambda/\mathrm{d}t>0$，即 $\mathrm{d}\lambda/\mathrm{d}t_c<0$。因此可以发现，北部地区税收的消费税税率越高，则北部地区的产业份额越低。针对核心地区消费者征收的消费税，能够有效地促进边缘地区产业份额的增加。

新经济地理学的税收研究中指出，只要北部地区征收的税率低于北部地区的聚集租金，那么北部地区税率的提高仍然有可能会提高北部地区的产业份额。但是，我们从上文的研究中可以发现，只要 $t^{1/\sigma}\neq(1-s_E)/s_E$，始终有 $\mathrm{d}\lambda/\mathrm{d}t>0$。也就是说，新经济地理学中的税收竞争研究结论在含有企业异质性的新新经济地理学模型中不再成立。当然，我们需要指出的是，税收对产业空间分布的影响是非线性的，这一点我们从式（5-15）中可以得出。

命题 5.1（消费税的分散效应）　消费税对产业的空间分布具有重要的影响，如果北部地区对本地销售的商品（含进口商品）征收消费税，那么该地区的产业份额将会减少，消费税具有某种分散效应。

二、收入税对产业空间分布的影响

收入税可以是针对劳动力或者是针对企业经营者进行征收的，两种不同的征税方式会对企业的经营产生不同的影响。虽然我们假定消费者拥有全部资本收入，但是针对经营者的收入税直接扣除企业利润，从而直接影响着企业的经营决策。采用收入税方式，则只是影响了地区劳动力的税后收入，并没有影响企业的生产经营。因此，我们有必要对不同的收入税分类进行讨论。

（一）针对北部地区劳动力收入征收的收入税

在上文的分析中，我们一直假定南部地区和北部地区具有相同的名义工资，这种假定可以简化我们对模型的处理，同时也是以农业部门作为标准部门的结果。现在如果我们假定北部地区对本地区的劳动力征收税率为 t_L 的收入税，由于农业部门为完全竞争的部门，那么南部地区的名义工资水平和北部地区的含税名义工资相等，即 $w = w^* = \overline{w}(1+t_L)$，其中 $\overline{w}$ 为北部地区的税后工资。现在我们仍然假定北部地区的税前工资水平单位化为 1，对应地南部地区的工资水平为 1。

我们可以发现，收入税的征收并没有影响工农业的经营状况。北部地区生产的工业产品和农产品使用的劳动力成本仍然为 1，这与第三章的模型相同。此外，我们假定消费者的效用函数为拟线性效用函数，劳动力收入的变化只是会改变消费者对农产品消费的变化，对工业产品没有任何影响，因此在针对北部地区劳动力收入征收收入税时的长期均衡与第三章第五节的基础模型实则上是一致的。但是，如果对劳动者的收入征税，北部地区消费者的间接效用函数将会变为 $V(P,Y) = -\alpha \ln P + w/(1+t_L) + \alpha(\ln\alpha - 1)$，从而 $\mathrm{d}V/\mathrm{d}t_L < 0$。即北部地区对消费者征收的收入税越高，北部地区消费者的效用水平越低。

命题 5.2（工资收入税效应）　针对地区收入消费者征收工资收入税，并不能改变地区的工农业生产，也不会改变产业在空间的分布。但是，收入税直接降低了地区的实际可支配收入，因此地区消费者的间接效用水平下降。

（二）针对北部地区资本收入征收的收入税

现在，我们假定收入税的征收对象为北部地区的资本。很明显，资本收入税的征收只能是那些获得收益的资本，我们并不需要对那些倒闭的工厂进行征税。我们不妨假设收入税为对企业的经营利润征税，只要企业的经营利润为正，那么企业就需要支付一定的税收。

1. 长期均衡条件

1）ZCP 条件

我们可以发现，消费者行为没有发生任何改变，现在唯一变化的是企业的生产行为。不妨假设对资本收入（企业利润）征收的税率为 t_K，令 $t' = 1 - t_K < 1$，长期均衡时北部地区的 ZCP 条件为

$$t' a_{\mathrm{D}}^{1-\sigma} B = f_{\mathrm{D}}, \quad t' \phi a_{\mathrm{X}}^{1-\sigma} B^* = f_{\mathrm{X}} \tag{5-17}$$

南部地区的 ZCP 条件为

$$\left(a_{\mathrm{D}}^{*}\right)^{1-\sigma} B=f_{\mathrm{D}}, \quad \phi\left(a_{\mathrm{D}}^{*}\right)^{1-\sigma} B^{*}=f_{\mathrm{X}} \tag{5-18}$$

其中，$B=E/\Delta$，$B^{*}=E^{*}/\Delta^{*}$。如果处于长期均衡，X 型企业迁移，我们令 $\bar{t}=(1-t'\phi)/(t'-\phi)$，则始终有 $B=\bar{t}B^{*}$。对应地，如果仅有 X 型企业迁移，则有

$$\begin{cases}\Delta=\dfrac{1}{1-1/\beta}(a_{\mathrm{D}}^{*})^{1-\sigma}\left\{n/t'\bar{t}+n^{*}[Q\bar{t}^{\beta-1}+(1-\phi)a_{r}^{*}]\right\}\\ \Delta^{*}=\dfrac{1}{1-1/\beta}(a_{\mathrm{D}}^{*})^{1-\sigma}\left\{Qn\bar{t}^{-\beta}/t'+n^{*}[1-(1-\phi)a_{r}^{*}]\right\}\end{cases} \tag{5-19}$$

而如果 D 型企业迁移，则有 $t'B=B^{*}$，如果 D 型企业迁移，则

$$\begin{cases}\Delta=\dfrac{1}{1-1/\beta}(a_{\mathrm{D}}^{*})^{1-\sigma}(n+n^{*}a_{r1}^{*})\\ \Delta^{*}=\dfrac{1}{1-1/\beta}(a_{\mathrm{D}}^{*})^{1-\sigma}\left[Q(n+n^{*})+n^{*}(1-a_{r1}^{*})\right]\end{cases} \tag{5-20}$$

2）FE 条件

长期均衡时，X 型企业迁移，我们可以得到长期均衡时的 FE 条件为

$$\frac{E^{w}}{\sigma\delta}=F_{\mathrm{D}}+F_{\mathrm{X}}+F_{\mathrm{I}}\left(\frac{s_{n}}{G[a_{\mathrm{D}}]}+\frac{1-s_{n}}{G[a_{\mathrm{D}}^{*}]}\right) \tag{5-21}$$

而 D 型企业迁移时，我们有

$$\frac{E^{w}}{\sigma\delta}=F_{\mathrm{D}}+F_{\mathrm{X}}+F_{\mathrm{I}}\left(\frac{1}{G[a_{\mathrm{D}}]}\right) \tag{5-22}$$

3）R 条件

X 型企业迁移，长期均衡的 R 条件为

$$\begin{cases}B=\bar{t}B^{*}\\ B>\bar{t}B^{*},s_{n}=1\\ B<\bar{t}B^{*},s_{n}=0\end{cases} \tag{5-23}$$

而 D 型企业迁移时，R 条件仍然为

$$\begin{cases}t'B=B^{*}\\ t'B>B^{*},s_{n}=1\\ t'B<B^{*},s_{n}=0\end{cases} \tag{5-24}$$

2.“分割生产”和“C-P 结构”贸易自由度

根据长期均衡的 ZCP 条件和 R 条件，从而我们可以求出“分割生产”和“C-P 结构”贸易自由度。ϕ^P 满足：

$$\phi^{\beta}T^{1-\beta}=\frac{s_E(1-s_E)\phi(1-t')}{\phi s_E{}^2\overline{t}^{-\beta}-s_E(1-s_E)(1-\phi)\overline{t}^{\beta-1}t'-t'\,\overline{t}^{\beta}(1-s_E)^2} \tag{5-25}$$

核心-边缘结构的贸易自由度与基础模型相同，仍然为

$$\phi^{CP}=\left(\frac{1-s_E}{s_E}\right)^{1/\beta}T^{1-1/\beta}(t')^{-1/\beta} \tag{5-26}$$

3. 地区企业数量与地区企业份额

同样，我们可以求出初始阶段的地区企业总量为

$$n^w=\begin{cases}\dfrac{(1-1/\beta)[s_E/\overline{t}+(1-s_E)]E^w}{[s_E(1/\overline{t}t'+Q\overline{t}^{-\beta}/t')+(1-s_E)(1+Q\overline{t}^{\beta-1})]f_{\mathrm{D}}}, & \phi\in[0,\phi^P]\\[2ex] \dfrac{(1-1/\beta)[s_Et'+(1-s_E)]E^w}{(1+Q)f_{\mathrm{D}}}, & \phi\in(\phi^P,1]\end{cases} \tag{5-27}$$

对应地，北部地区初始的企业数量为

$$n=\begin{cases}\dfrac{(1-1/\beta)[s_E/\overline{t}+(1-s_E)]E}{[s_E(1/\overline{t}t'+Q\overline{t}^{-\beta}/t')+(1-s_E)(1+Q\overline{t}^{\beta-1})]f_{\mathrm{D}}}, & \phi\in[0,\phi^P]\\[2ex] \dfrac{(1-1/\beta)[s_Et'+(1-s_E)]E}{(1+Q)f_{\mathrm{D}}}, & \phi\in(\phi^P,1]\end{cases} \tag{5-28}$$

南部地区初始的企业数量为

$$n^*=\begin{cases}\dfrac{(1-1/\beta)[s_E/\overline{t}+(1-s_E)]E^*}{[s_E(1/\overline{t}t'+Q\overline{t}^{-\beta}/t')+(1-s_E)(1+Q\overline{t}^{\beta-1})]f_{\mathrm{D}}}, & \phi\in[0,\phi^P]\\[2ex] \dfrac{(1-1/\beta)[s_Et'+(1-s_E)]E^*}{(1+Q)f_{\mathrm{D}}}, & \phi\in(\phi^P,1]\end{cases} \tag{5-29}$$

在 X 型企业迁移后，北部地区的产业份额为

$$\lambda=s_E\left\{1+\frac{Q[s_E{}^2\overline{t}^{-\beta}-(1-s_E)^2\overline{t}^{\beta}t']-s_E(1-s_E)(1-t')}{\overline{t}(1-\phi)[(1-s_E)+s_E\overline{t}]}\right\} \tag{5-30}$$

而 D 型企业迁移时，我们始终有北部地区的产业份额为

$$\lambda=s_E\frac{t'(Q+2s_E-1)+2(1-s_E)}{[t's_E+(1-s_E)]} \tag{5-31}$$

4. 资本收入税效应

1）资本收入税的数量效应

由式（5-27）第一项可知，$\mathrm{d}n^w/\mathrm{d}t'<0$，同时根据$t'=(1-t_K)$，得到$\mathrm{d}t'/\mathrm{d}t_K<0$，因此，$\mathrm{d}n^w/\mathrm{d}t_K>0$。而由该式第二项我们则可以得到$\mathrm{d}n^w/\mathrm{d}t_K=0$。也就是说，收入税对经济系统中产品数量的影响是非线性的。当然，我们可以发现在断点处两者相等，因此仍然是连续的。在地区贸易自由化水平比较小时，随着t_K的增加，两地区产品的种类总数会增加。这主要是由于贸易变得没有太大意义，自给自足的生产增加。此时，税收的增加通过市场从北部地区传导到南部地区，因此两地区产品种类的变化趋势仍然是一致的，这一点从式（5-28）和式（5-29）可知。

命题 5.3（资本收入税的数量效应） 在对核心地区征收资本收入税时，如果仅有 X 型企业迁移，那么征税的税收税率越高，经济系统中的产品种类越多；而 D 型企业迁移时，无论征税税率如何，都不会影响产品种类数。

2）资本收入税对产业空间分布的影响

由式（5-30）我们可以得到资本收入税对 X 型企业迁移时产业空间分布的影响，在核心-边缘结构出现之前，我们始终有$Q<(1-s_E)/t's_E$。当 X 型企业迁移时，我们始终有$Q>(1-s_E)/t's_E$，此时$\mathrm{d}\lambda/\mathrm{d}t'|_{t'=0}>0$，从而总有$\mathrm{d}\lambda/\mathrm{d}t_K<0$。也就是说，在 X 型企业迁移时，随着资本收入税税率的提高，北部地区的产业份额出现了减少，南部地区的企业向北部地区的迁移速度减缓，最终迁移数量也会减少。这一点，我们从$\mathrm{d}a_r^*/\mathrm{d}t'<0$同样可以得到。此外，在 D 型企业迁移时，

$$\frac{\mathrm{d}\lambda}{\mathrm{d}t'}=\frac{(1+Q)s_E(1-s_E)}{[(1-s_E)+t's_E]^2}>0 \tag{5-32}$$

当 D 型企业发生迁移时，我们发现$\mathrm{d}\lambda/\mathrm{d}t'>0$，从而$\mathrm{d}\lambda/\mathrm{d}t_K<0$。也就是说，无论是 X 型企业还是 D 型企业迁移，我们始终有$\mathrm{d}\lambda/\mathrm{d}t_K<0$。这与消费者有着相似的作用，税率的提高能够有效地促进北部地区产业份额的减少，能够增加南部地区的产业份额。

从上文的分析中我们可以看出，资本收入税和消费税对产业空间分布有着相似的影响，税率的提高都能有效地增加边缘地区的产业份额。但是如果考察各自对消费者福利水平的影响我们则会发现，消费税降低了北部地区的价额指数，没有改变南部地区的价格指数，也就是说消费税至少不会降低南部地区消费者的福利水平。在只有 X 企业迁移的情况下，资本收入税则同时降低南部地区和北部地区消费者的价格指数；在只有 D 型企业迁移时，资本收入税并不会降低任何一个地区的价格指数。因此，在考虑

对南部地区产业份额逐步提高时，如果 X 型企业迁移，则选择消费税是最优的；而如果 D 型企业迁移，则选择资本消费税是最优的。

命题 5.4（资本收入税的福利效应）　资本收入税与消费税同样可以改变产业的空间分布，两者在改变产业空间分布方面具有相似的功能。但是，两种税收对地区消费者的影响是不同的，消费税只会降低北部地区消费者的福利水平，而资本收入税则可能同时降低两地区消费者的福利水平或不产生任何影响。

上文中我们分析了不同种类的税收对产业空间分布的影响。如果中央政府征收税收以调节产业空间分布为目的，那么尽管中央政府实则上有着多重税收选项，但是对整体而言仍然有最优选项。相比较而言，在X 型企业迁移时，我们可以选择消费税；而在D 型企业迁移时，我们则可以选择资本收入税。至少，我们不会因为税收的使用而降低南部地区消费者的福利水平。

需要指出的是，我们的模型中并没有考察财政支出问题，因此这里的分析结论只适用于局部均衡。在本章的第三节和第四节中，我们将进一步考察财政收支均衡的一般均衡模型，同时分析政府的最优征税方式与税率。

第二节　补贴政策与产业的空间分布

在第一节中我们探讨了财政收入对产业空间分布的影响，研究结果表明消费税和资本收入税都可以有效地促进南部地区产业份额的增加，而劳动力收入税对产业的空间分布不产生任何影响。在本节中我们将考察财政政策的另一个方面——财政支出对产业空间分布的影响。

Dupont 和 Martin（2006）在新经济地理学的框架下考察了不同类型的政府补贴效应，研究发现，如果政府对边缘地区的企业进行补贴，那么所有地区的企业都将获得这种补贴所带来的好处，因此不能有效地缩小地区消费者的福利差距。他们的分析中只是考察了对边缘地区的企业利润给予补贴，而没有考察其他的补贴形式。事实上，与税收相似，补贴也是具有多种形式的。我们常见的补贴形式包括针对企业的减免税收补贴（如出口退税补贴等）、直接补贴、固定成本补贴（土地等租金），以及针对劳动力收入的补贴和消费进行的补贴（如家电下乡等）。下文中我们将从两个角度，即对劳动力和企业的补贴来逐个考察各种补贴对产业空间分布的影响。

与前面的章节相似，我们的模型建立在第三章第五节的基础之上：模型为一个 2×2×2 模型，两地区分别为北部地区和南部地区，两部门为农业部门和工业部门，两要素包括劳动力和资本。农业部门为传统部门，以瓦尔拉斯完全竞争均衡为特征，仅使用劳动力作为可变投入要素生产农产品；而工业部门则是现代部门，以 Dixit-Stiglitz 垄断竞争为特征，使用资本作为固定投入要素，劳动力作为可变投入要素生产工业品。两地区初始要素比例相同，但是北部地区有着更多的劳动力禀赋和资本禀赋。农产品在地区之间的贸易不存在成本，但是工业产业在地区之间的贸易存在“冰山贸易成本”为τ。此外，初始阶段每一个地区都有着不同生产效率的企业，地区企业的边际投入a服从 Pareto 分布，两地区的本地市场进入成本为F_{D}、国外市场进入成本为F_{X}。

与第一节中针对北部地区的劳动力征税相似，针对南部地区劳动力的补贴，同样只是改变了劳动力的收入而不会改变该地区劳动力对工业产品的消费。因此，在我们的模型中针对劳动力的补贴不会影响产业的空间分布，只是提高了南部地区消费者的福利水平。

一、消费补贴对产业空间分布的影响

我们假定南部地区的消费者消费商品时获得s_C的补贴，那么南部地区的消费者购买商品的实际价格为$p_C^*=(1-s_C)p^*$，$p_C=(1-s_C)\tau p$。因此，南部地区消费者对南部地区工业品的需求为$\alpha(p_C^*)^{-\sigma}(P^*)^{\sigma-1}$；对北部地区工业品的需求为$\alpha(p_C)^{-\sigma}(P^*)^{\sigma-1}$。令$s=(1-s_C)^{-\sigma}$，因此，北部地区企业的经营利润现值为

$$\frac{p^{1-\sigma}}{\delta\sigma P^{1-\sigma}}E+s\frac{(\tau p)^{1-\sigma}}{\delta\sigma(P^*)^{1-\sigma}}E^* \tag{5-33}$$

南部地区企业的经营利润现值为

$$s\frac{(p^*)^{1-\sigma}}{\delta\sigma P^{1-\sigma}}E^*+\frac{(\tau p^*)^{1-\sigma}}{\delta\sigma(P^*)^{1-\sigma}}E \tag{5-34}$$

（一）长期均衡条件与贸易自由度

1. 长期均衡条件

1）ZCP 条件

由式（5-33）和式（5-34），我们可以得到长期均衡的 ZCP 条件为

$$a_{\mathrm{D}}{}^{1-\sigma}B=f_{\mathrm{D}},\quad \phi s a_{\mathrm{X}}{}^{1-\sigma}B^*=f_{\mathrm{X}} \tag{5-35}$$

南部地区的 ZCP 条件为

$$s(a_{\mathrm{D}}^{*})^{1-\sigma}B^{*}=f_{\mathrm{D}},\quad \phi(a_{\mathrm{X}}^{*})^{1-\sigma}B=f_{\mathrm{X}} \tag{5-36}$$

其中，$B=E/\varDelta$，$B^{*}=E^{*}/\varDelta^{*}$。如果 X 型企业发生迁移，那么长期均衡时始终有 $B=sB^{*}$。将之代入式（5-35）和式（5-36），我们同样可以得到 $a_{\mathrm{D}}=a_{\mathrm{D}}^{*}$ 及 $a_{\mathrm{X}}=a_{\mathrm{X}}^{*}$。在 X 型企业迁移时，对应地有

$$\begin{cases}\varDelta=\dfrac{1}{1-1/\beta}(a_{\mathrm{D}})^{1-\sigma}\left\{n+n^{*}[Q+(1-\phi)a_{r}^{*}]\right\}\\ \varDelta^{*}=\dfrac{s^{1-1/\sigma}}{1-1/\beta}(a_{\mathrm{D}})^{1-\sigma}\left\{Qn+n^{*}[1-(1-\phi)a_{r}^{*}]\right\}\end{cases} \tag{5-37}$$

而在 D 型企业迁移时，则有

$$\begin{cases}\varDelta=\dfrac{1}{1-1/\beta}(a_{\mathrm{D}})^{1-\sigma}(n+n^{*}a_{r1}^{*})\\ \varDelta^{*}=\dfrac{s^{1-1/\sigma}}{1-1/\beta}(a_{\mathrm{D}})^{1-\sigma}\left[Q(n+n^{*})+n^{*}(1-a_{r1}^{*})\right]\end{cases} \tag{5-38}$$

2）FE 条件

$$\frac{E^{w}}{\sigma\delta}=F_{\mathrm{D}}+F_{\mathrm{X}}+F_{\mathrm{I}}\left(\frac{1}{G[a_{\mathrm{D}}]}\right) \tag{5-39}$$

3）R 条件

长期均衡的 R 条件保持不变，则有

$$\begin{cases}B=sB^{*}\\ B>sB^{*},s_{n}=1\\ B<sB^{*},s_{n}=0\end{cases} \tag{5-40}$$

2. “分割生产”和“C-P 结构”贸易自由度

对应地，我们可以求出南部地区“分割生产”的贸易自由度 ϕ^{P} 满足下列方程：

$$\phi^{\beta}T^{1-\beta}=\frac{s_{E}(1-s_{E})(1-s^{1/\sigma})\phi}{s_{E}(1-\phi)+\left[(1-s_{E})^{2}s^{1/\sigma}-s_{E}{}^{2}\right]} \tag{5-41}$$

此外，核心-边缘结构出现时的贸易自由度为

$$\phi^{cp}=\left(\frac{1-s_{E}}{s_{E}}s^{1/\sigma}\right)^{1/\beta}T^{1-1/\beta} \tag{5-42}$$

（二）地区初始的企业数量与企业份额

1. 地区企业数量

同样，我们可以得到长期均衡时两地区的企业数量总和为

$$n^w = \frac{(1-1/\beta)[s_E + s^{1/\sigma}(1-s_E)]E^w}{(1+Q)f_D} \tag{5-43}$$

对应地，初始阶段北部和南部地区的企业数量分别为

$$n = \frac{(1-1/\beta)[s_E + s^{1/\sigma}(1-s_E)]E}{(1+Q)f_D}, \quad n^* = \frac{(1-1/\beta)[s_E + s^{1/\sigma}(1-s_E)]E^*}{(1+Q)f_D} \tag{5-44}$$

2. 地区企业份额

长期均衡时，北部的地区的企业份额为

$$\lambda = \begin{cases} s_E + \dfrac{Q[s_E{}^2 - s^{1/\sigma}(1-s_E)^2] + s_E(1-s_E)(1-s^{1/\sigma})}{(1-\phi)[s_E + s^{1/\sigma}(1-s_E)]}, & \phi \in [0, \phi^P] \\ \dfrac{1+Q}{(s^{1/\sigma})(1-s_E) + s_E} s_E, & \phi \in (\phi^P, 1] \end{cases} \tag{5-45}$$

（三）消费补贴的效应

1. 消费补贴对经济系统中企业数的影响

由式（5-43）我们可以得到 $\mathrm{d}n^w/\mathrm{d}s > 0$，并且由 $s = (1-s_C)^{-\sigma}$ 我们始终可以得到 $\mathrm{d}s/\mathrm{d}s_C > 0$，因此 $\mathrm{d}n^w/\mathrm{d}s_C > 0$。也就是说，随着南部消费补贴的增加，两地区工业总数之和是不断增加的。由于消费补贴的存在，两地区的生产规模都得到了有效扩大，这就是消费补贴的数量效应。

2. 消费补贴对产业空间分布的影响

对式（5-45）的第一项求导，我们可以得到

$$\mathrm{d}\lambda/\mathrm{d}s = -\frac{s_E s^{1/\sigma-1}(1-s_E)(1+Q)}{(1-\phi)\sigma[s_E + (1-s_E)s^{1/\sigma}]^2} < 0 \tag{5-46}$$

同样，我们可以对式（5-45）的第二项求导，得到

$$\mathrm{d}\lambda/\mathrm{d}s = -\frac{s_E s^{1/\sigma-1}(1-s_E)(1+Q)}{\sigma[s_E + (1-s_E)s^{1/\sigma}]^2} < 0 \tag{5-47}$$

因此，根据式（5-46）及式（5-47）我们可以发现，无论是 D 型企业还是 X 型企业迁移，南部地区的产业份额始终随着南部地区补贴的增加而增加。也就是说，对南部地区消费者的补贴能够有效地改变经济活动在空间的

分布，促进南部地区产业份额的增加。由此，我们可以得到消费补贴的效应。

命题 5.5（消费补贴的效应） 对落后地区消费所进行的补贴可以同时促进整个经济系统中的产业规模的扩大，同时可以增加南部地区的产业份额。

Dupont 和 Martin（2006）的研究发现，对边缘地区企业进行的补贴，实质上被整个经济系统中所有企业所获得，长期均衡促使核心地区的企业获得更多的补贴，从而核心地区的企业获得的收益更多，产业进一步向核心地区集聚。然而，我们在上文对消费补贴的分析中并没有发现类似的结论，对边缘地区消费者实施的消费补贴，从某种意义上讲可以促进边缘地区产业的增加。那么，对边缘地区资本的补贴又将如何影响产业的空间分布呢？

二、资本补贴对产业空间分布的影响

前文中我们分析了政府对边缘地区消费者进行的消费补贴，以及对边缘地区的劳动力进行的补贴。相比较而言，对消费者进行的消费补贴能够有效增加边缘地区的产业份额及企业数量。目前，我国多是落后地区通过减免税赋或者提供廉价的土地资源吸引产业转移，本质上这是一种对企业经营成本的补贴。那么，这种补贴是如何影响产业空间分布的呢？

（一）长期均衡条件与贸易自由度

1. 长期均衡条件

1）ZCP 条件

我们假定针对南部地区企业的补贴为企业利润的s_K倍，消费者的行为仍然保持不变，厂商的行为发生了改变。令$s'=(1+s_K)$，长期均衡时北部地区的 ZCP 条件仍然为

$$a_{\rm D}{}^{1-\sigma}B=f_{\rm D},\quad \phi a_{\rm X}{}^{1-\sigma}B^*=f_{\rm X} \tag{5-48}$$

南部地区的 ZCP 条件为

$$s'(a_{\rm D}^*)^{1-\sigma}B^*=f_{\rm D},\quad s'\phi(a_{\rm X}^*)^{1-\sigma}B=f_{\rm X} \tag{5-49}$$

其中，$B=E/\Delta$，$B^*=E^*/\Delta^*$。令$\overline{s}=(s'-\phi)/(1-s'\phi)$，X 型企业迁移时，在长期均衡中，我们始终有$B=\overline{s}B^*$。同样，在 X 型企业迁移时，我们可以得到

$$\begin{cases}\Delta=\dfrac{1}{1-1/\beta}(a_{\rm D}^*)^{1-\sigma}\left\{ns'/\overline{s}+n^*\left[Q\overline{s}^{\beta-1}+(1-\phi)a_r^*\right]\right\}\\ \Delta^*=\dfrac{1}{1-1/\beta}(a_{\rm D}^*)^{1-\sigma}\left\{Qns'\overline{s}^{-\beta}+n^*\left[1-(1-\phi)a_r^*\right]\right\}\end{cases} \tag{5-50}$$

如果 D 型企业迁移，则 $B=s'B^*$，从而 $a_D=a_D^*$，我们则有

$$\begin{cases}\Delta=\dfrac{1}{1-1/\beta}(a_D^*)^{1-\sigma}(n+n^*a_{r1}^*)\\ \Delta^*=\dfrac{1}{1-1/\beta}(a_D^*)^{1-\sigma}\left[Q(n+n^*)+n^*(1-a_{r1}^*)\right]\end{cases} \tag{5-51}$$

2）FE 条件

同样，我们可以得到长期均衡时的 FE 条件为

$$\frac{E^w}{\sigma\delta}=F_{\mathrm{D}}+F_{\mathrm{X}}+F_{\mathrm{I}}\left(\frac{s_n}{G[a_{\mathrm{D}}]}+\frac{1-s_n}{G[a_{\mathrm{D}}^*]}\right) \tag{5-52}$$

3）R 条件

如果 X 型企业迁移，那么我们的长期均衡的 R 条件为

$$\begin{cases}B=\overline{s}B^*\\ B>\overline{s}B^*,s_n=1\\ B<\overline{s}B^*,s_n=0\end{cases} \tag{5-53}$$

而如果 D 型企业发生迁移，那么我们的长期均衡 R 条件为

$$\begin{cases}B=s'B^*\\ B>s'B^*,s_n=1\\ B<s'B^*,s_n=0\end{cases} \tag{5-54}$$

2.“分割生产”和“C-P 结构”贸易自由度

根据长期均衡的 ZCP 条件和 R 条件，我们可以求出

$$a_r^*=\frac{\left[s_E{}^2\overline{s}^{-\beta}s'-(1-s_E)^2\overline{s}^{\beta}\right]Q-s_E(1-s_E)(1-s')}{(1-s_E)(1-\phi)[s_E+\overline{s}(1-s_E)]} \tag{5-55}$$

$$a_{r1}^*=\frac{s_E[Q+(1-s_E)(1-\overline{s})]}{(1-s_E)[s_E+\overline{s}(1-s_E)]} \tag{5-56}$$

从而我们可以求出“分割生产”和“C-P 结构”贸易自由度。ϕ^P 满足：

$$\phi^\beta T^{1-\beta}=\frac{s_E(1-s_E)\phi(1-\overline{s})}{\overline{s}^{\beta-1}s_E(1-\phi)(1-s_E)+Qs_E{}^2s'\overline{s}^{-\beta}-\overline{s}^{\beta}(1-s_E)^2} \tag{5-57}$$

核心-边缘结构的贸易自由度与式（5-26）相同，仍然为

$$\phi^{cp} = (\frac{1-s_E}{s_E})^{1/\beta} T^{1-1/\beta} \quad (5\text{-}58)$$

（二）初始企业数量与企业份额

1. 地区初始企业数量

X 型企业迁移和 D 型企业迁移时，两地区的企业总数为

$$n^w = \begin{cases} \dfrac{(1-1/\beta)[s_E/\overline{s}+(1-s_E)]E^w}{f_D[s_E(s'/\overline{s}+Q\overline{s}^{-\beta}s')+(1-s_E)(1+Q\overline{s}^{\beta-1})]}, & \phi\in[0,\phi^P] \\ \dfrac{(1-1/\beta)[s_E/s'+(1-s_E)]E^w}{(1+Q)f_D}, & \phi\in(\phi^P,1] \end{cases} \quad (5\text{-}59)$$

对应地，北部地区的初始企业数量为

$$n = \begin{cases} \dfrac{(1-1/\beta)[s_E/\overline{s}+(1-s_E)]E}{f_D[s_E(s'/\overline{s}+Q\overline{s}^{-\beta}s')+(1-s_E)(1+Q\overline{s}^{\beta-1})]}, & \phi\in[0,\phi^P] \\ \dfrac{(1-1/\beta)[s_E/s'+(1-s_E)]E}{(1+Q)f_D}, & \phi\in(\phi^P,1] \end{cases} \quad (5\text{-}60)$$

南部地区的初始企业数量为

$$n^* = \begin{cases} \dfrac{(1-1/\beta)[s_E/\overline{s}+(1-s_E)]E^*}{f_D[s_E(s'/\overline{s}+Q\overline{s}^{-\beta}s')+(1-s_E)(1+Q\overline{s}^{\beta-1})]}, & \phi\in[0,\phi^P] \\ \dfrac{(1-1/\beta)[s_E/s'+(1-s_E)]E^*}{(1+Q)f_D}, & \phi\in(\phi^P,1] \end{cases} \quad (5\text{-}61)$$

2. 地区企业份额

对应地，当 X 型企业迁移时，北部地区的产业份额为

$$\lambda = s_E + \frac{\left[{s_E}^2\overline{s}^{-\beta}s' - (1-s_E)^2\overline{s}^{\beta}\right]Q - s_E(1-s_E)(1-s')}{(1-\phi)[s_E+\overline{s}(1-s_E)]} \quad (5\text{-}62)$$

而 D 型企业迁移时，我们始终有北部地区的产业份额为

$$\lambda = s_E + (1-s_E)a_{r1}^* = \frac{(1+Q)s_E}{s_E+s'(1-s_E)} \quad (5\text{-}63)$$

（三）资本补贴效应

1. 资本补贴的数量效应

根据式（5-59），我们可以发现 X 型企业迁移补贴 s' 变大时，两地区的产品种类数减少。对应地，由 $\overline{s}=(s'-\phi)/(1-s'\phi)$，我们可以求出

$$\mathrm{d}\bar{s}/\mathrm{d}s' = \frac{1-\phi^2}{(1-s'\phi)^2} > 0 \tag{5-64}$$

同时，根据 $s' = (1+s_K)$，我们可以得到 $\mathrm{d}s'/\mathrm{d}s_K > 0$，因此我们有 $\mathrm{d}\bar{s}/\mathrm{d}s_K > 0$。由于 $\mathrm{d}n^w/\mathrm{d}\bar{s} > 0$，以及 $\mathrm{d}n^w/\mathrm{d}s' > 0$，因此 $\mathrm{d}n^w/\mathrm{d}s_K > 0$。而在 D 型企业迁移时，我们发现税率的变化对两地区初始企业的总量有着负向影响，$\mathrm{d}n^w/\mathrm{d}s_K < 0$。这就表明，在X 型企业迁移时，对南部地区企业利润所采取的补贴能够促进两地区产品种类数的增加；而在 D 型企业迁移时，对南部地区企业利润进行的补贴降低了两地区的产品种类总数。资本补贴的这种效应与对北部地区的资本征税效果是不同的。由此，我们可以得到命题 5.6。

命题 5.6（资本补贴的数量效应）　对边缘地区进行的资本补贴与对核心地区征收资本收入税，对经济系统中的数量影响是相似的。在 X 型企业迁移时，对边缘地区（核心地区）的资本补贴（资本收入税）越高，那么经济系统中的产品种类数量将会越多；而在 D 型企业迁移时，对边缘地区的资本补贴，则会对经济系统中的产品种类数产生负向影响。

2. 资本补贴对产业空间分布的影响

在上文中我们得到了北部地区的产业份额，进一步地我们可以分析资本补贴对产业空间分布的影响。在 X 型企业迁移时，我们可以得到 $\mathrm{d}\lambda/\mathrm{d}s_K|_{s_K=0} < 0$。这就表明对南部地区的资本补贴越高，那么南部地区的产业份额越高，这一结论与 Dupont 和 Martin（2006）的结论是完全不同的。此外，由式（5-63）我们可以得到 D 型企业迁移时，

$$\mathrm{d}\lambda/\mathrm{d}\bar{s} = -\frac{(1-s_E)s_E(1+Q)}{\left[s_E + (1-s_E)\bar{s}\right]^2} < 0 \tag{5-65}$$

从而我们可以得到 $\mathrm{d}\lambda/\mathrm{d}s_K < 0$。也就是说，在 D 型企业迁移时，补贴同样能够有效地增加南部地区的产业份额。由此，我们可以得到命题 5.7。

命题 5.7（资本补贴产业效应）　对边缘地区的企业进行利润补贴时，能够有效地增加边缘地区的产业份额，虽然所有的企业都能从补贴中获得好处，但是边缘地区企业能够获得更大的益处，从而边缘地区的企业份额会增加。

三、哪种政策能够有效缩小产业空间分布差距？

在上文的研究中，我们考察了不同种类的财税政策对产业空间分布的影响。为了能够促进边缘地区的经济发展，中央政府通常会采取一系列的

财税政策。前文中我们分析了消费税、收入税（劳动收入税、资本收入税），以及对应的消费补贴和要素补贴（劳动力补贴、资本补贴），我们可以总结如下。

从表 5-1 中我们可以看出，无论是针对北部地区的消费税还是针对南部地区的消费补贴，所有试图从消费税角度解决地区产业份额差距的政策都是有效的。对地区消费者的工资征税或者补贴是无效的，对地区产业份额，以及两地区产业总量不会产生影响。对北部地区的资本税由北部地区企业承担，从而能够有效地增加南部地区的产业份额；同样，对南部地区的资本补贴也能有效地增加南部地区的产业份额。由于价格指数的存在，也许对南部地区消费产品进行补贴是最佳的。

表 5-1　不同政策对产业空间分布的影响

财政政策	对象	种类	是否有效缩小了地区间产业份额差距
征税	北部消费者	消费税	是
	北部消费者	工资税	否
	北部企业	资本税	是
补贴	南部消费者	消费补贴	是
	南部消费者	工资补贴	否
	南部企业	资本补贴	是

需要指出的是，对于南部地区的补贴不应该超过产品的运输成本，否则将会导致“倒货”行为。此外，现实总是那么残酷，对边缘地区的补贴需要大量的资金，中央政府需要有着较多的财政收入才能实现目标。在上文的分析中，我们在一个框架中同时考察财政收入和财政支出，因此我们上述的模型是不完善的。以下两节中我们将分别讨论中央政府和地方政府的一般均衡模型。

第三节　集权式财政政策与产业的空间分布

在本章的第一节和第二节中，我们分别探讨了税收政策和政府补贴对产业空间分布的影响，当然这两类模型都是局部均衡模型。在本节中我们将进一步地讨论含有集权式财政政策的一般均衡模型，而在下一节我们则考察分权式财政政策的一般均衡模型。

我们首先考察中央政府的行为，我们假定财政收入和支出由中央政府来统一安排，地方政府不存在征税或者补贴的行为。对于中央政府而言，税收可以是针对两个地区的，也可以只针对一个地区；可以针对企业，也可以针对消费者。同样，补贴也可以是针对两个地区。在本节我们打算考察两种情况：①对北部地区的企业征税，补贴给南部地区的企业；②对北部地区的企业征税，补贴给南部地区的消费者。

一、对北部地区的企业征税，补贴给南部地区的企业

（一）长期均衡条件

我们假定对北部地区的企业征收税收，补贴给南部地区的企业。具体而言，我们假定对北部地区的企业征税税率为 t_{K1}，从而北部地区的企业利润函数为

$$t_1\left[\frac{(p)^{1-\sigma}}{\delta\sigma P^{1-\sigma}}E+\frac{(\tau p)^{1-\sigma}}{\delta\sigma(P^*)^{1-\sigma}}E^*\right] \tag{5-66}$$

南部地区的企业获得补贴为利润的 s_{K1} 倍，对应地，南部地区的企业经营利润现值为

$$s_1\left[\frac{(\tau p)^{1-\sigma}}{\delta\sigma P^{1-\sigma}}E+\frac{(p)^{1-\sigma}}{\delta\sigma(P^*)^{1-\sigma}}E^*\right] \tag{5-67}$$

其中，$t_1=(1-t_{K1})<1$，$s_1=(1+s_{K1})>1$。

1. 长期均衡条件

1）ZCP 条件

由式（5-66）我们可以得到北部地区的 ZCP 条件为

$$t_1 a_{\mathrm{D}}{}^{1-\sigma}B=f_{\mathrm{D}}，\quad t_1\phi a_{\mathrm{X}}{}^{1-\sigma}B^*=f_{\mathrm{X}} \tag{5-68}$$

同样，由式（5-67）我们可以得到南部地区的 ZCP 条件为

$$s_1\left(a_{\mathrm{D}}^*\right)^{1-\sigma}B^*=f_{\mathrm{D}}，\quad s_1\phi\left(a_{\mathrm{X}}^*\right)^{1-\sigma}B=f_{\mathrm{X}} \tag{5-69}$$

其中，$B=E/\varDelta$，$B^*=E^*/\varDelta^*$。在 X 型企业迁移时，如果达到长期均衡，则我们始终可以得到 $B=zB^*$，其中 $z=(s_1-t_1\phi)/(t_1-s_1\phi)$。对应地，我们可以得到 X 型企业迁移时，北部地区的 $\varDelta$ 和 $\varDelta^*$ 分别为

$$\begin{cases}\varDelta=\dfrac{1}{1-1/\beta}(a_D^*)^{1-\sigma}\left\{ns_1/t_1z+n^*\left[Q/z^{1-\beta}+(1-\phi)a_r^*\right]\right\}\\[2ex]\varDelta^*=\dfrac{1}{1-1/\beta}(a_D^*)^{1-\sigma}\left\{Qnz^{1-\beta}s_1/t_1z+n^*\left[1-(1-\phi)a_r^*\right]\right\}\end{cases} \tag{5-70}$$

当 D 型企业迁移时，长期均衡的 R 条件为 $t_1B = s_1B^*$，从而我们始终有 $a_D = a_D^*$ 及 $a_X = a_X^*$。D 型企业迁移时，我们有

$$\begin{cases} \Delta = \dfrac{1}{1-1/\beta}(a_D)^{1-\sigma}(n + n^* a_{r1}^*) \\ \Delta^* = \dfrac{1}{1-1/\beta}(a_D)^{1-\sigma}\left[Q(n+n^*) + n^*(1-a_{r1}^*)\right] \end{cases} \tag{5-71}$$

2）FE 条件

长期均衡时，始终有 $a_D / a_X = a_D^* / a_X^*$。因此，我们可以得到长期均衡时的 FE 条件为

$$\frac{E^w}{\sigma\delta} = F_D + F_X + F_I\left(\frac{s_n}{G[a_D]} + \frac{1-s_n}{G[a_D^*]}\right) \tag{5-72}$$

3）R 条件

X 型企业迁移时，长期均衡的 R 条件为

$$\begin{cases} B = zB^* \\ B > zB^*, s_n = 1 \\ B < zB^*, s_n = 0 \end{cases} \tag{5-73}$$

D 型企业迁移时，长期均衡的 R 条件为

$$\begin{cases} t_1B = s_1B^* \\ t_1B > s_1B^*, s_n = 1 \\ t_1B < s_1B^*, s_n = 0 \end{cases} \tag{5-74}$$

4）F 条件

需要指出的是，与前文的分析不同，在长期均衡时我们同样要求政府的收支平衡。两地区同时满足了 ZCP 条件，北部地区和南部地区亏损企业支付的进入成本即为本地其余正常运营企业的经营利润，因此我们可以得到长期均衡的 F 条件为

$$t_{K1}\lambda\int_{a_D}^1 f_I \mathrm{d}G\left[a \mid a_D\right] = s_{K1}(1-\lambda)\int_{a_D^*}^1 f_I \mathrm{d}G\left[a \mid a_D^*\right] \tag{5-75}$$

2.“分割生产”和“C-P 结构”贸易自由度

根据长期均衡的 ZCP 条件和 R 条件，我们可以求出“分割生产”和“C-P 结构”贸易自由度。ϕ^P 满足：

$$\phi^{\beta}T^{1-\beta}=\frac{\phi s_E(1-s_E)z^{1-\beta}(s_1-t_1)}{t_1(1-\phi)s_E(1-s_E)+t_1z(1-s_E)^2-z^{1-2\beta}\phi s_E{}^2s_1} \tag{5-76}$$

核心-边缘结构的贸易自由度为

$$\phi^{cp}=\left(\frac{1-s_E}{s_E}\frac{s_1}{t_1}\right)^{1/\beta}T^{1-1/\beta} \tag{5-77}$$

（二）集权式财政政策对产业空间分布的影响

1. 集权式财政政策对地区产业份额的影响

对应地，X 型企业迁移时，北部地区的产业份额为

$$\lambda=s_E+\frac{[s_1s_E{}^2z^{1-\beta}-t_1z^{1+\beta}(1-s_E)^2]Q-s_E(1-s_E)(1-t_1)s_1}{t_1z(1-\phi)[s_E+(1-s_E)z]} \tag{5-78}$$

而 D 型企业迁移时，我们始终有北部地区的产业份额为

$$\lambda=s_E+(1-s_E)a_{r1}^*=s_E\left[1+\frac{Qt_1+(1-s_E)(t_1-s_1)}{t_1s_E+(1-s_E)s_1}\right] \tag{5-79}$$

2. 初始企业数量与企业份额

X 型企业迁移和 D 型企业迁移时两地区的企业总数为

$$n^w=\begin{cases}\dfrac{(1-1/\beta)[s_E/z+(1-s_E)]E^w}{[s_E(s_1/t_1z+Qs_1z^{\beta}/t_1)+(1-s_E)(Q/z^{1-\beta}+1)]f_{\mathrm{D}}}, & \phi\in[0,\phi^P]\\ \dfrac{(1-1/\beta)[s_Es_1/t_1+(1-s_E)]E^w}{(1+Q)f_{\mathrm{D}}}, & \phi\in(\phi^P,1]\end{cases} \tag{5-80}$$

对应地，北部地区初始的企业数量为

$$n=\begin{cases}\dfrac{(1-1/\beta)[s_E/z+(1-s_E)]E}{[s_E(s_1/t_1z+Qs_1z^{\beta}/t_1)+(1-s_E)(Q/z^{1-\beta}+1)]f_{\mathrm{D}}}, & \phi\in[0,\phi^P]\\ \dfrac{(1-1/\beta)[s_Es_1/t_1+(1-s_E)]E}{(1+Q)f_{\mathrm{D}}}, & \phi\in(\phi^P,1]\end{cases} \tag{5-81}$$

南部地区初始的企业数量为

$$n^*=\begin{cases}\dfrac{(1-1/\beta)[s_E/z+(1-s_E)]E^*}{[s_E(s_1/t_1z+Qs_1z^{\beta}/t_1)+(1-s_E)(Q/z^{1-\beta}+1)]f_{\mathrm{D}}}, & \phi\in[0,\phi^P]\\ \dfrac{(1-1/\beta)[s_Es_1/t_1+(1-s_E)]E^*}{(1+Q)f_{\mathrm{D}}}, & \phi\in(\phi^P,1]\end{cases} \tag{5-82}$$

（三）集权式财政政策的影响

1. 税收与补贴的关系

这里我们需要指出，在集权式财政政策下，中央政府征收的税率和补贴之间并不存在单调的线性关系。我们可以对 F 条件进行数值模拟，设定 $s_E = 0.6$，$T = 1.5$，$\beta = 1.5$。我们分别取 $\phi = 0.4$ 和 $\phi = 0.05$ 得到税收税率和补贴率之间的关系图（图 5-1）。

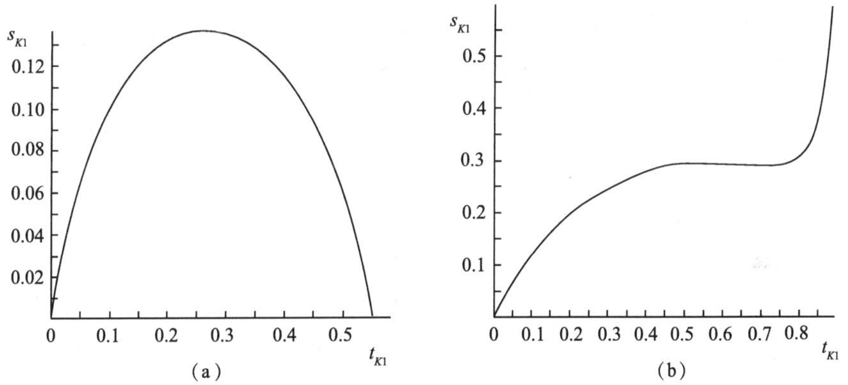

图 5-1　长期均衡时补贴率与税率的关系图

图 5-1 为长期均衡时补贴率与税率的关系图，其中横轴为补贴率，纵轴为税率。图 5-1（a）中 $\phi = 0.425$，图 5-1（b）中 $\phi = 0.05$，我们可以发现在图 5-1（a）和图 5-1（b）中税率与补贴率之间有着非单调、非线性的关系。从中我们可以得到这样的启示：在保持税率不变的情况下，在不同的贸易自由化水平下，需要采取不同的措施。很明显，在税收与补贴之间呈非单调变化的情况下，中央政府对核心地区的税收需要实施低税率，从而我们可以得到命题 5.8。

命题 5.8（税收与补贴的非单调性）　在对两地区企业征税，并且将税收收入补贴给边缘地区的企业时，税收和补贴之间并非具有单调的线性关系。正是由于这种非单调、非线性关系的存在，中央的税收选择具有多重性，为了促进产业在空间均衡分布，在制定税收政策时需要对核心地区的税收实施低税率。

2. 税收与地区企业数量

分别求式（5-80）关于 t_1 和 s_1 的导数，我们可以得到 $\mathrm{d}n^w / \mathrm{d}t_1 < 0$ 及 $\mathrm{d}n^w / \mathrm{d}s_1 > 0$。因此，我们可以得到 $\mathrm{d}n^w / \mathrm{d}t_{K1} > 0$ 及 $\mathrm{d}n^w / \mathrm{d}s_{K1} > 0$。此外，$\mathrm{d}a_{\mathrm{D}} / \mathrm{d}t_1 > 0$，而由 $t_1 = 1 - t_{K1}$ 可以得知 $\mathrm{d}t_1 / \mathrm{d}t_{K1} < 0$。这就表明税率的增加将导致两地区的 D 型企业和 X 型企业同时减少，并导致地区企业的临界生产

效率提高。也就是说，随着税率的增加，整个经济系统中从事经营活动的企业数量将会整体减少，即税收导致整个经济系统中经济活动的萎缩。由此，我们可以得到命题 5.9。

命题 5.9（税收的调控功能） 通过征税可以调控经济活动的活跃程度，税率越高，经济活动相对越不活跃；税收同时也可以调控地区的竞争能力，税率越高，地区的生产效率越高，从而地区的企业竞争力越强；反之亦然。

3. 集权式财政政策对地区产业份额的影响

由式（5-78）我们可以 X 型企业迁移时，

$$\frac{\mathrm{d}\lambda}{\mathrm{d}s_1}\Big|_{s_1=1}=-\frac{\mathrm{d}\lambda}{\mathrm{d}t_1}\Big|_{t_1=1}=-\frac{[\phi(1+s_E)+(1-s_E)]Q+(1-\phi)(1-s_E)s_E}{(1-\phi)^2}<0 \quad (5\text{-}83)$$

同样，由式（5-79）我们可以得到

$$\frac{\mathrm{d}\lambda}{\mathrm{d}s_1}=-\frac{s_E t_1(1+Q)(1-s_E)}{[(1-s_E)s_1-t_1 s_E]^2},\quad \frac{\mathrm{d}\lambda}{\mathrm{d}t_1}=\frac{s_E s_1(1+Q)(1-s_E)}{[(1-s_E)s_1-t_1 s_E]^2} \quad (5\text{-}84)$$

因此，我们能够得到 $\mathrm{d}\lambda/\mathrm{d}s_1>0$ 及 $\mathrm{d}\lambda/\mathrm{d}t_{K1}>0$，即对北部地区征收税收用于补贴南部地区时，我们同样可以增加南部地区的产业份额，这与我们局部均衡分析的结论是一致的。

命题 5.10（集权式的财政政策与地区产业份额） 如果中央政府对核心地区的企业征收利润税，并且补贴给边缘地区的企业，那么这种补贴越多，边缘地区的产业份额越大。

二、对北部地区的企业征税，补贴给南部地区的消费者

在上文中我们分析了对北部地区企业征税补贴给南部地区，现在我们考察对北部地区的企业征税补贴给南部地区消费者。我们假定中央政府对北部地区企业的征税税率为 t_{K2}，对南部地区消费者的补贴率为 s_{C2}。那么，北部地区企业经营利润的现值变为

$$t_2\left[\frac{(p)^{1-\sigma}}{\delta\sigma P^{1-\sigma}}E+s_2\frac{(\tau p)^{1-\sigma}}{\delta\sigma(P^*)^{1-\sigma}}E^*\right] \quad (5\text{-}85)$$

对应地，南部地区企业经营利润的现值为

$$s_2\frac{(p)^{1-\sigma}}{\delta\sigma(P^*)^{1-\sigma}}E^*+\frac{(\tau p)^{1-\sigma}}{\delta\sigma P^{1-\sigma}}E \quad (5\text{-}86)$$

其中，$t_2=1-t_{K2}$，$s_2=(1-s_{K2})^{-\sigma}$。

（一）长期均衡条件

1. ZCP 条件

由式（5-85）及式（5-86）我们可以得到长期均衡的条件为

$$t_2 a_{\mathrm{D}}{}^{1-\sigma} B = f_{\mathrm{D}}，\quad t_2 s_2 \phi a_{\mathrm{X}}{}^{1-\sigma} B^* = f_{\mathrm{X}} \tag{5-87}$$

南部地区的 ZCP 条件为

$$s_2 (a_{\mathrm{D}}^*)^{1-\sigma} B^* = f_{\mathrm{D}}, \ \phi (a_{\mathrm{X}}^*)^{1-\sigma} B = f_{\mathrm{X}} \tag{5-88}$$

其中，$B = E / \Delta$，$B^* = E^* / \Delta^*$。在 X 型企业迁移时，我们可以得到长期均衡时始终有 $B = s_2 z_2 B^*$。其中，$z_2 = (1 - t_2 \phi) / (t_2 - \phi)$。

在 X 型企业迁移时，对应地，

$$\begin{cases} \Delta = \dfrac{1}{1-1/\beta} (a_{\mathrm{D}}^*)^{1-\sigma} \left\{ n / t_2 z_2 + n^* \left[Q / z_2{}^{1-\beta} + (1-\phi) a_r^* \right] \right\} \\ \Delta^* = \dfrac{(s_2)^{1-1/\sigma}}{1-1/\beta} (a_{\mathrm{D}}^*)^{1-\sigma} \left\{ z_2{}^{1-\beta} Q n / t_2 z_2 + n^* \left[1 - (1-\phi) a_r^* \right] \right\} \end{cases} \tag{5-89}$$

如果 D 型企业发生迁移，那么长期均衡时我们始终有 $t_2 B = s_2 B^*$。从而始终存在 $a_{\mathrm{D}} = a_{\mathrm{D}}^*$ 及 $a_{\mathrm{X}} = a_{\mathrm{X}}^*$，则有

$$\begin{cases} \Delta = \dfrac{1}{1-1/\beta} (a_{\mathrm{D}})^{1-\sigma} (n + n^* a_{r1}^*) \\ \Delta^* = \dfrac{(s_2)^{1-1/\sigma}}{1-1/\beta} (a_{\mathrm{D}})^{1-\sigma} \left[Q(n + n^*) + n^* (1 - a_{r1}^*) \right] \end{cases} \tag{5-90}$$

2. FE 条件

$$\frac{E^w}{\sigma\delta} = F_{\mathrm{D}} + F_{\mathrm{X}} \left\{ s_n \frac{G[a_{\mathrm{X}}]}{G[a_{\mathrm{D}}]} + (1 - s_n) \frac{G[a_{\mathrm{X}}^*]}{G[a_{\mathrm{D}}^*]} \right\} + F_{\mathrm{I}} \left(\frac{s_n}{G[a_{\mathrm{D}}]} + \frac{1 - s_n}{G[a_{\mathrm{D}}^*]} \right) \tag{5-91}$$

3. R 条件

X 型企业迁移时，长期均衡的 R 条件为

$$\begin{cases} B = s_2 z_2 B^* \\ B > s_2 z_2 B^*, s_n = 1 \\ B < s_2 z_2 B^*, s_n = 0 \end{cases} \tag{5-92}$$

而 D 型企业迁移时，长期均衡的 R 条件为

$$\begin{cases} t_2 B = s_2 B^* \\ t_2 B > s_2 B^*, s_n = 1 \\ t_2 B < s_2 B^*, s_n = 0 \end{cases} \tag{5-93}$$

4. F 条件

$$t_{K2}\lambda\int_{a_{\mathrm{D}}}^{1} f_{\mathrm{I}}\mathrm{d}G[a\mid a_{\mathrm{D}}]=s_{C2}\left\{\lambda\int_{0}^{a_{\mathrm{X}}}(t_2 s_2\phi a^{1-\sigma}B-f_{\mathrm{X}})\,\mathrm{d}G[a]\right.$$
$$\left.+(1-\lambda)\int_{a_{\mathrm{R}}^{*}}^{a_{\mathrm{D}}^{*}}(s_2 a^{1-\sigma}B^{*}-f_{\mathrm{D}})\mathrm{d}G[a]\right\} \tag{5-94}$$

（二）地区的初始企业数量与地区产业份额

1. 地区的初始企业数量

同样，我们可以得到长期均衡时两地区企业数量的总和为

$$n^{w}=\begin{cases}\dfrac{[s_E s_2^{-1/\sigma}z_2+(1-s_E)](1-1/\beta)E^{w}}{(s_2)^{1-1/\sigma}\left[s_E(1+Qz_2^{1-\beta})/t_2z_2+(1-s_E)(1+Qz^{1-\beta})\right]f_{\mathrm{D}}}, & \phi\in[0,\phi^{P}]\\[2ex] \dfrac{(1-1/\beta)[s_E s_2^{-1/\sigma}/t_2+(1-s_E)]E^{w}}{(s_2)^{1-1/\sigma}(1+Q)f_{\mathrm{D}}}, & \phi\in(\phi^{P},1]\end{cases} \tag{5-95}$$

对应地，北部地区的初始企业数量为

$$n=\begin{cases}\dfrac{\left[s_E s_2^{-1/\sigma}z_2+(1-s_E)\right](1-1/\beta)E}{(s_2)^{1-1/\sigma}\left[s_E(1+Qz_2^{1-\beta})/t_2z_2+(1-s_E)(1+Qz^{1-\beta})\right]f_{\mathrm{D}}}, & \phi\in[0,\phi^{P}]\\[2ex] \dfrac{(1-1/\beta)\left[s_E s_2^{-1/\sigma}/t_2+(1-s_E)\right]E}{(s_2)^{1-1/\sigma}(1+Q)f_{\mathrm{D}}}, & \phi\in(\phi^{P},1]\end{cases} \tag{5-96}$$

南部地区的初始企业数量为

$$n^{*}=\begin{cases}\dfrac{\left[s_E s_2^{-1/\sigma}z_2+(1-s_E)\right](1-1/\beta)E^{*}}{(s_2)^{1-1/\sigma}\left[s_E(1+Qz_2^{1-\beta})/t_2z_2+(1-s_E)(1+Qz^{1-\beta})\right]f_{\mathrm{D}}}, & \phi\in[0,\phi^{P}]\\[2ex] \dfrac{(1-1/\beta)\left[s_E s_2^{-1/\sigma}/t_2+(1-s_E)\right]E^{*}}{(s_2)^{1-1/\sigma}(1+Q)f_{\mathrm{D}}}, & \phi\in(\phi^{P},1]\end{cases} \tag{5-97}$$

2. 地区产业份额

长期均衡时，北部地区的产业份额为

$$\lambda=\begin{cases}s_E+\dfrac{Q\left[s_E{}^{2}z_2{}^{1-\beta}-z_2{}^{1+\beta}t_2s_2{}^{1/\sigma}(1-s_E)^2\right]+s_E(1-s_E)z_2(t_2-s_2{}^{1/\sigma})}{t_2z_2(1-\phi)\left[s_E+s_2{}^{1/\sigma}z_2(1-s_E)\right]}, & \phi\in[0,\phi^{P}]\\[2ex] s_E\left[1+\dfrac{t_2Q-(1-s_E)(s_2{}^{1/\sigma}-t_2)}{t_2(1-\phi)s_E+(1-s_E)s_2{}^{1/\sigma}}\right], & \phi\in(\phi^{P},1]\end{cases}$$

(5-98)

（三）集权式财政政策的影响

对应地，我们仍然可以求式（5-98）关于 s_{C2} 及 t_{K2} 的导数，我们所得出的结论与局部均衡分析的结果是一致的，即 $\mathrm{d}\lambda/\mathrm{d}s_{C2}<0$ 及 $\mathrm{d}\lambda/\mathrm{d}t_{K2}>0$。同样，我们也可以根据 F 条件，即式（5-94）得到 $\mathrm{d}s_{C2}/\mathrm{d}t_{K2}>0$。这就表明税率与补贴有着单调的关系，同时随着北部地区税率（南部地区补贴）的增加，最终南部地区的产业份额将会增加。

这里我们想继续探讨一个问题，即征收相同的企业税，补贴企业和补贴消费者哪个更优？我们对式（5-78）和式（5-79）及式（5-98）进行比较，但是相对比较复杂。由于对消费者的补贴同时用于购买南部地区的产品和北部地区的产品，而并非仅仅用于购买南部地区的产品，从而没有能够有效地增加南部地区的吸引力。但是，如果将对北部地区企业征收的税收补贴给南部地区的企业，那么北部地区的聚集力迅速变小，从而南部地区变得相对具有吸引力。因此，从产业的角度来看，对南部地区的消费者给予补贴不如对南部地区的企业补贴有效。如果从消费者的福利水平来看，对南部地区的消费者进行补贴，可以直接提高南部地区消费者的福利水平，但是由于税收的作用，北部地区的消费者福利受到了损失；而如果对南部地区的企业进行补贴，则在南部地区消费者福利水平提高的同时，北部地区消费者的福利水平仍然可以提高。

第四节　分权式财政政策与产业的空间分布

如果对本地区的消费者征税，并将税收收入补贴给本地的消费者，那么该地区将会变得非常有竞争力。对于不同规模的地区而言，这种分权式的财政政策是否相似？地区之间是否会存在新经济地理学中 Charlot 和 Paty（2010）等所说的“税收竞争”或者 Borck 等（2010）所说的“补贴竞争”呢？

在新经济地理学的基本框架中，我们通常并不考虑企业的异质性，因此地区的产业集聚租金作用相对较为明显，只要税收收入低于集聚租金，该地区总是有吸引力的。然而，在我们含有企业异质性的模型中，企业的利润存在差异，细微的补贴一定会吸引企业的迁移，结论也是显而易见的。我们不妨假设对本地区的消费者征收税收，补贴给本地的企业。其中，对企业的补贴采用利润补贴的方式，企业的规模越大，利润越高，获得的补贴越高。

一、长期均衡条件

假定北部地区对本地消费者征收的消费税税率为t_{C3}，补贴率为s_{K3}；南部地区对本地消费者征收的消费税税率为t_{C4}，补贴率为s_{K4}。因此，北部地区的企业利润为

$$s_3\left[t_3\frac{(p)^{1-\sigma}}{\delta\sigma P^{1-\sigma}}E+t_4\frac{(\tau p)^{1-\sigma}}{\delta\sigma(P^*)^{1-\sigma}}E^*\right] \tag{5-99}$$

对应地，南部地区的企业利润为

$$s_4\left[t_4\frac{(p)^{1-\sigma}}{\delta\sigma P^{1-\sigma}}E+t_3\frac{(\tau p)^{1-\sigma}}{\delta\sigma(P^*)^{1-\sigma}}E^*\right] \tag{5-100}$$

其中，$t_3=(1+t_{C3})^{-\sigma}$，$t_4=(1+t_{C4})^{-\sigma}$，$s_3=1+s_{K3}$，$s_4=1+s_{k4}$。

（一）ZCP 条件

由式（5-99）我们可以得到北部地区的 ZCP 条件为

$$s_3t_3{a_{\mathrm{D}}}^{1-\sigma}B=f_{\mathrm{D}},\quad s_3t_4\phi{a_{\mathrm{X}}}^{1-\sigma}B^*=f_{\mathrm{X}} \tag{5-101}$$

同样，由式（5-100）我们得知

$$s_3t_3{a_{\mathrm{D}}}^{1-\sigma}B=f_{\mathrm{D}},\quad s_3t_4\phi{a_{\mathrm{X}}}^{1-\sigma}B^*=f_{\mathrm{X}} \tag{5-102}$$

其中，$B=E/\varDelta$，$B^*=E^*/\varDelta^*$。令$z_4=(s_4-s_3\phi)/(s_3-s_4\phi)$，我们可以得到 X 型企业迁移时长期均衡的 R 条件为$t_3B=z_4t_4B^*$。因此，在 X 型企业迁移时，我们得到地区的价格指数为

$$\begin{cases}\varDelta=\dfrac{t_3^{\,1-1/\sigma}}{1-1/\beta}(a_{\mathrm{D}}^*)^{1-\sigma}\left\{ns_4/s_3z_4+n^*\left[Q/{z_4}^{1-\beta}+(1-\phi)a_r^*\right]\right\}\\ \varDelta^*=\dfrac{t_4^{\,1-1/\sigma}}{1-1/\beta}(a_{\mathrm{D}}^*)^{1-\sigma}\left\{Qns_4{z_4}^{1-\beta}/s_3z_4+n^*\left[1-(1-\phi)a_r^*\right]\right\}\end{cases} \tag{5-103}$$

而当 D 型企业迁移时，我们得到长期均衡的 R 条件为$s_3t_3B=s_4t_4B^*$，从而我们可以得到$a_{\mathrm{D}}=a_{\mathrm{D}}^*$。因此，我们可以得到地区的价格指数变为

$$\begin{cases}\varDelta=\dfrac{t_3^{\,1-1/\sigma}}{1-1/\beta}(a_{\mathrm{D}})^{1-\sigma}(n+n^*a_{r1}^*)\\ \varDelta^*=\dfrac{t_4^{\,1-1/\sigma}}{1-1/\beta}(a_{\mathrm{D}})^{1-\sigma}\left[Q(n+n^*)+n^*(1-a_{r1}^*)\right]\end{cases} \tag{5-104}$$

（二）FE 条件

由长期均衡的 ZCP 条件可知，在 X 型企业迁移时，两地区的 $a_X / a_D \neq a_X^* / a_D^*$，因此我们可以得到 X 型企业的 FE 条件为

$$\frac{E^w}{\sigma\delta} = F_D + F_X\left\{\frac{s_n}{G[a_X \mid a_D]} + \frac{1-s_n}{G[a_X^* \mid a_D^*]}\right\} + F_I\left(\frac{s_n}{G[a_D]} + \frac{1-s_n}{G[a_D^*]}\right) \quad (5\text{-}105)$$

而 D 型企业迁移时，我们始终有 $a_X / a_D \neq a_X^* / a_D^*$，从而我们得到 D 型企业的 FE 条件为

$$\frac{E^w}{\sigma\delta} = F_D + F_X + F_I\left(\frac{1}{G[a_D]}\right) \quad (5\text{-}106)$$

（三）R 条件

在 X 型企业的迁移过程中，迁移的均衡条件始终为

$$\begin{cases} t_3 B = z_4 t_4 B^* \\ t_3 B > z_4 t_4 B^*, s_n = 1 \\ t_3 B < z_4 t_4 B^*, s_n = 0 \end{cases} \quad (5\text{-}107)$$

而 D 型企业迁移时，长期均衡的 R 条件为

$$\begin{cases} s_3 t_3 B = s_4 t_4 B^* \\ s_3 t_3 B > s_4 t_4 B^*, s_n = 1 \\ s_3 t_3 B < s_4 t_4 B^*, s_n = 0 \end{cases} \quad (5\text{-}108)$$

（四）F 条件

在长期均衡时，两地区企业的收益相等，并且始终满足零利润条件。因此，两地区的企业利润总和始终为零，这就表明一地区企业的利润总和等于亏损企业的总损失。此外，如果我们对地区的消费进行征税，那么地区税收收入为消费支出与税率的乘积，从而我们可以得到长期均衡时北部地区的收支均衡条件为

$$Et_{C3} = s_{K3} n^w \lambda \int_{a_D}^{1} f_I \mathrm{d}G[a \mid a_D] \quad (5\text{-}109)$$

对应地，南部地区的收支均衡条件为

$$E^* t_{C4} = s_{K4} n^w (1-\lambda) \int_{a_D^*}^{1} f_I \mathrm{d}G[a \mid a_D^*] \quad (5\text{-}110)$$

二、地区企业数量、企业临界生产效率与地区产业份额

利用长期均衡的 ZCP 条件，我们可以到长期均衡时分割生产的贸易自由度ϕ^P满足这样的等式：

$$\phi^{\beta}T^{1-\beta}=\frac{s_E z_4(t_3{}^{\sigma}s_3-t_4{}^{\sigma}s_4)(1-s_E)z_4{}^{1-\beta}}{(z_4{}^{1-\beta})t_3{}^{\sigma}s_E{}^2s_4-z_4{}^2t_4{}^{\sigma}s_3(1-s_E)^2+s_3z_4(1-s_E)(1-\phi)\left[z_4t_4{}^{\sigma}(1-s_E)+s_Et_3{}^{\sigma}\right]} \tag{5-111}$$

同样，我们可以得到核心-边缘结构的贸易自由度满足

$$\phi^{\beta}T^{1-\beta}=\frac{2(1-s_E)\left[s_3t_3s_E-t_4{}^{1/\sigma}s_4t_3{}^{1-1/\sigma}(s_E-1/2)\right]}{s_3t_3s_E} \tag{5-112}$$

（一）地区企业数量

由 ZCP 条件，我们可以得到两地区初始的企业数量为

$$n^w=\begin{cases}\dfrac{\left[s_Et_4{}^{-\sigma}t_3+t_3{}^{1-\sigma}z_4(1-s_E)\right]E^w}{(1-1/\beta)(t_3t_4)^{1-\sigma}\left[s_Es_4(1+z_4{}^{1-\beta}Q)/s_3+(1-s_E)z_4(1+Qz_4{}^{\beta-1})\right]f_{\mathrm{D}}}, & \phi\in[0,\phi^P]\\ \dfrac{[s_Et_4{}^{-\sigma}t_3+t_3{}^{1-\sigma}z_4(1-s_E)]E^w}{(1-1/\beta)(t_3t_4)^{1-\sigma}(1+Q)f_{\mathrm{D}}}, & \phi\in(\phi^P,1]\end{cases} \tag{5-113}$$

对应地，北部地区初始的企业数量为s_En^w，南部地区初始的企业数量为$(1-s_E)n^w$。

（二）企业临界生产效率

同样，由FE 条件我们可以得到北部地区和南部地区的企业临界生产效率满足：

$$a_{\mathrm{D}}{}^{\rho}=\begin{cases}N_1f_{\mathrm{I}}/f_{\mathrm{D}},\phi\in[0,\phi^P]\\ N_2f_{\mathrm{I}}/f_{\mathrm{D}},\phi\in(\phi^P,1]\end{cases},\quad (a_{\mathrm{D}}^*)^{\rho}=\begin{cases}(a_{\mathrm{D}})^{\rho}(s_4/s_3z_4)^{\beta},\ \phi\in[0,\phi^P]\\ (a_{\mathrm{D}})^{\rho}(s_4/s_3z_4)^{\beta},\ \phi\in(\phi^P,1]\end{cases} \tag{5-114}$$

其中，

$$N_1=\frac{\left[s_E+(1-s_E)(s_3z_4/s_4)^{\beta}\right]}{\dfrac{\left(1-\dfrac{1}{\beta}\right)(t_3t_4)^{1-\sigma}\left[\dfrac{s_Es_4(1+z_4{}^{1-\beta}Q)}{s_3}+(1-s_E)z_4(1+Qz_4{}^{\beta-1})\right]}{s_Et_4{}^{-\sigma}t_3+t_3{}^{1-\sigma}z_4(1-s_E)}-1-\left[s_Ez_4{}^{\beta}+(1-s_E)z_4{}^{-\beta}\right]Q}$$

$$N_2 = \frac{1}{\left\{\frac{(1-1/\beta)(t_3 t_4)^{1-\sigma}}{[s_E t_4^{-\sigma} t_3 + t_3^{1-\sigma} z_4 (1-s_E)]} - 1\right\}(1+Q)}$$

（三）地区产业份额

根据ZCP条件及R条件，我们可以得到长期均衡时两地区的产业份额。对应地，当X型企业迁移时，我们得到

$$\lambda = s_E + \frac{\left[z_4^{1-\beta} t_3^{\sigma} s_4 s_E^{2} - s_3 z_4^{1+\beta} t_4^{\sigma} (1-s_E)^2\right] Q - s_E (1-s_E) z_4 \left[s_3 t_3^{\sigma} - s_4 t_4^{\sigma}\right]}{z_4 s_3 (1-\phi)\left[s_E t_3^{\sigma} + (1-s_E) z_4 t_4^{\sigma}\right]} \quad (5\text{-}115)$$

对应地，当D-型企业发生迁移时，我们可以得到北部地区的产业份额为

$$\lambda = s_E + \frac{s_E\left[t_3^{1/\sigma} s_3 (1+Q) - (1-s_E)(s_3 t_3^{1/\sigma} - s_4 t_4^{1/\sigma})\right]}{s_3 t_3^{1/\sigma} s_E + s_4 t_4^{1/\sigma} (1-s_E)} \quad (5\text{-}116)$$

三、税赋、补贴与地区产业份额

（一）哪个地区的消费者承担着更重的税赋？

在分析分权式的财政政策对产业空间分布的影响之前，我们首先要讨论哪些地区的税赋更重的问题。为了选定统一的标准，我们选择两地区的资本补贴相同，即我们始终有 $s_3 = s_4$，从而我们可以得到 $z_4 = 1$。并且，我们可以得到两地区的本地型企业的生产效率相等，即 $a_{\mathrm{D}} = a_{\mathrm{D}}^*$，以及X型企业的生产效率相等，即 $a_{\mathrm{X}} = a_{\mathrm{X}}^*$。因此，由式（5-109）及式（5-110）我们可以得到

$$\frac{s_E}{1-s_E}\frac{t_{C3}}{t_{C4}} = \frac{\lambda}{1-\lambda} \quad (5\text{-}117)$$

此时，我们可以将式（5-115）简化为

$$\lambda = s_E + \frac{t_3^{\sigma} s_E [s_E Q - (1-s_E)] + t_4^{\sigma} (1-s_E)[s_E - (1-s_E)Q]}{(1-\phi)[s_E t_3^{\sigma} + (1-s_E) t_4^{\sigma}]} \quad (5\text{-}118)$$

在X型企业迁移时，我们始终可以得到式（5-118）的右手边（RHS）值大于 s_E，因此由式（5-117）我们可以得到 $t_{C3} > t_{C4}$。也就是说，如果两地区地方政府对本地企业的补贴相同，那么核心地区的中央政府将需要向本地的消费者征收更高的消费税，才能保证收支平衡。由此，我们可以得到命题5.11。

命题 5.11（税赋与补贴）　如果采取分权式的财政政策，并且地方政府对本地的消费者征税并补贴给本地企业，那么核心地区的消费者承担着更多的税赋。

在 D 型企业迁移时，我们可以得到北部地区的产业份额为

$$\lambda = \frac{s_E(1+Q)}{(1+t_{C3})s_E + (1+t_{C4})(1-s_E)/(1+t_{C3})} \tag{5-119}$$

同样，从式（5-117）我们可以得到 $t_{C3} > t_{C4}$，命题 5.11 仍然成立。

（二）税收与地区产业份额

如果对两地区的企业给予相同的补贴，那么由于核心地区有着更强的集聚力，其产业份额可能会进一步增加。在对地区企业支付补贴的同时，核心地区需要承担更多的税赋，在这种情况下，核心地区的产业份额又将如何随着地区的税赋而发生变化呢？对应地，我们将式（5-117）代入式（5-118），可以得到长期均衡时核心地区（边缘地区）税率与核心地区产业份额的关系。对应地，我们取 s_E=0.6，$\phi = 0.4$，$T = 1.5$，$\beta = 1.5$，我们可以得到图 5-2。

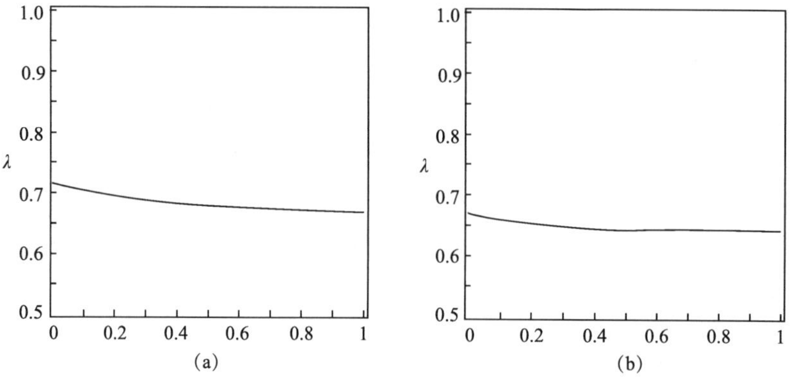

图 5-2　相同补贴下税收与地区的产业份额的关系图（X 型企业迁移）

图 5-2 的中横轴为地区征收的税率，纵轴为北部地区的产业份额。其中，图 5-2（a）横轴为核心地区的税率，图 5-2（b）横轴为边缘地区的税率。从图中我们可以发现，在地区补贴相同的情况下，核心地区或者边缘地区补贴增加（税收增加）之后，核心地区的产业份额出现了下降。这就表明采取分权式财政政策，能够有效地增加边缘地区的产业份额。

对应地，在 D 型企业迁移时，我们发现边缘地区的财税政策并不一定有效。在 s_E=0.6，$\phi = 0.7$，$T = 1.5$，$\beta = 1.5$ 时，我们可以得到图 5-3。同

样，图中横轴为地区征收的税率，纵轴为北部地区的产业份额。其中，图5-3（a）横轴为核心地区的税率，图5-3（b）横轴为边缘地区的税率。

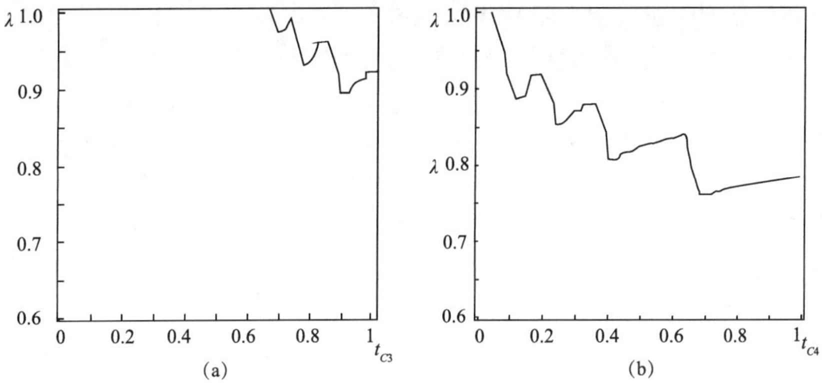

图5-3　相同补贴下税收与地区的产业份额的关系图（D型企业迁移）

从图5-2及图5-3中我们不难看出，在不同类型企业迁移时，相同的税收对地区产业份额的影响是不同的。从某种意义上来说，在D型企业与X型企业迁移时，对地区价格指数的影响是不同的，从而对产业的空间分布的影响也是不同的。对此，我们可以得到命题5.12。

命题5.12（分权式财政政策与地区产业份额）　如果采取分权式的财政政策，并且地方政府对本地的消费者征税并补贴给本地企业，那么在X型企业迁移时，随着消费税的增加，核心地区的产业份额逐渐减少；但是在D型企业迁移时，地区的税收增加对核心地区产业份额的影响是不定的。

第五节　小结

财政政策是中央政府常用的调控手段，当然财政政策并非中央政府的专属工具，地方政府同样会使用不同的财政政策。本章从财政政策常用的税收政策和补贴政策出发，从局部均衡到一般均衡，系统地分析了财政政策对产业空间分布的影响。为了全面地说明财政政策的影响，本章中我们区分了集权式财政政策和分权式财政政策对产业空间分布的影响。通过理论模型的构建，本章我们主要得出了如下几个方面的结论。

（1）不同种类的税收或者补贴对产业空间分布的影响是不同的。通常情况下劳动力收入税（或者工资补贴）并不会对产业的空间分布产生实质性的影响，只会直接改变消费者的福利水平；消费税（消费补贴）及资本收入税（资本补贴）能够有效地增加边缘地区的产业份额。但是，消费税（或消费补贴）与资本收入税（或资本补贴）对地区价格指数的影响是不同的，通常情况下进行消费补贴更加合理。

（2）不同种类的税收或者补贴对地区的产品总数会产生不同的影响。对边缘地区进行的资本补贴与对核心地区征收资本收入税，对经济系统中的数量影响是相似的。在X型企业迁移时，对边缘地区（核心地区）的资本补贴（资本收入税）越高，那么经济系统中的产品种类数量将会越多；而在D型企业迁移时，对边缘地区的资本补贴则会对经济系统中产品种类数产生负向影响。

（3）税收与补贴具有非单调的关系，这一结论在长期均衡中始终成立。如果企业能够迅速地对地区的补贴作出反应，那么税收和补贴将表现出很强的非线性关系。理性的中央政府或地区政府应该从低征税，从高补贴。此外，税收具有一定的调控功能，通过征税可以调控经济活动的活跃程度，税率越高，经济活动相对越不活跃；税收同时也可以调控地区的竞争力，税率越高，地区的生产效率越高，从而地区企业的竞争力越强。

（4）集权式的财政政策完全有效，而分权式的财政政策部分有效。中央政府如果采取集权式的财政政策对边缘地区补贴，对核心地区征税将会有效地促进边缘地区产业份额的增加，但是核心地区的福利水平将会受到影响；相比之下，分权式的财政政策只是部分有效，但其是在不损害核心地区消费者福利水平之下进行的。因此，中央政府选取集权还是放权，主要取决于经济活动目前在空间上的分布状况。

在继上一章中系统地分析了区域（或国家）的贸易政策之后，本章中我们进一步深入地分析了区域的财政政策对产业空间分布的影响。从上文的分析中我们可以看出，无论是区域的贸易政策还是财政政策，对产业的空间分布都是部分有效。在前文的分析中，我们并没有考察劳动力市场失衡对产业空间分布的影响，如果一个地区出现了劳动力紧缺或者劳动力过剩的情况，地区的经济活动又将受到怎样的影响呢？我们将在下一章来回答这一问题。

第六章　就业政策与产业的空间分布

在前文中，我们分别探讨了区域的贸易政策、财政政策对产业空间分布的影响，本章中我们将进一步探讨区域的就业政策对产业空间分布的影响。我们发现，在区域经济发展差距进一步拉大的过程中，不同地区或者国家的失业率同样存在着巨大的差异。那么，地区的失业是否与地区产业的空间分布有着直接的关联呢？失业是增加了本地产业份额还是减少了本地产业份额？近年来，一些农民工输出大省对本地的农民工进行技能培训，从而减轻了企业用人培训负担。这些地区对本地农民工的免费培训，以及提供充分的就业信息等能够增加本地的产业份额吗？

在前面的章节中，相关模型中一直没有考察劳动力市场中存在摩擦的问题，本章将在第三章第五节的基础模型中进一步加入劳动力市场摩擦。本章所建立的模型中将包含失业理论，侧重于分析不同就业政策对产业空间分布的影响。本章结构具体安排如下：第一节我们侧重于分析地方政府免费职业培训对产业空间分布的影响；第二节我们将探讨政府提供充分就业信息对产业空间分布的影响；第三节是本章的小节部分。

第一节　企业异质性、政府技能培训与产业空间分布

为了促进区域经济的发展，落后地区的地方政府纷纷出台政策对本地的农民工进行培训，以期能够提高地区劳动力的竞争力和提高地区经济增长率。很显然，随着地区企业的升级，企业对技能型劳动力的需求会不断提高。如果某些企业在该地区无法寻找到适应企业生产所必需的劳动力，该企业则会重新选择新的区位以求发展。此外，劳动力工资仍然是企业生产的主要成本之一，地区劳动力的工资水平差异会直接影响不同地区企业在市场竞争中的生存状况。因此，地区劳动力价格的差异同样是影响企业的重要因素。高素质的劳动力伴随着高昂的劳动力成本，同时企业生产效率也得以提高；而低廉的劳动力成本伴随着低质量的劳动力，企业成本降低的同时生产效率也降低。企业需要作出权衡，要么是高素质的劳动力，要么是低廉的劳动力成本，二者不可兼得。

不同企业有着不同的选择标准，通常情况下劳动密集型企业倾向于选

择廉价的劳动力，而资本和技术密集型企业倾向于选择高素质的劳动力。在地区劳动力素质存在差异的情况下，地区的主导产业也将由此定型。即高素质人群集聚高地拥有大量的资本和技术密集型产业，而劳动力成本低廉的地区拥有大量的劳动密集型企业。但是我们知道，在经济链中劳动密集型企业附加价值是很低的，企业的竞争也是十分激烈的，企业生存状况不容乐观。随着中国经济的快速增长，中国劳动力密集型企业优势已经越来越小，一些企业纷纷转移至越南等劳动力成本更低廉的国家。此外，随着科技的发展，大量机器设备的使用成为工业生产的发展趋势。近些年来，一些传统劳动密集型企业纷纷采用高尖端的电子设备发展新型劳动密集型企业，欠发达地区的比较优势几乎荡然无存。在这种情况下，欠发达地区的地方政府又将如何吸引外地企业（外资企业）流入呢？欠发达地区对本地农民工的免费培训是否能够打破这一僵局呢？

中央政府对农民工培训资金给予了足够的重视，2010 年 1 月 25 日国务院办公厅发布了《关于进一步做好农民工培训工作的指导意见》，提出要加大政府投入，加强培训能力。从市场经济的角度来看，中央政府加强对农民工的培训至少会对劳动力市场和产品市场产生两个重大的影响：①政府培训增加了欠发达地区技能型劳动力的数量，从而为落户于欠发达地区的企业提供了技能型劳动力，以满足企业生产经营所需；②政府培训增加了地区技能劳动力，从而地区劳动力市场中的失业人数也会发生变化，进而影响了欠发达地区消费者的购买能力。那么，在政府增加欠发达地区技能劳动力培训之后，欠发达地区的企业份额是否会必然增加呢？

一、模型的假设

（一）基本假设

与前几章的模型不同，这里我们的模型是一个 2×2×3 模型：两地区（北部地区和南部地区）、两部门（农业部门和工业部门）、三要素（非技能劳动力、技能劳动力及资本）。[①]农业处于完全竞争的市场中，企业规模报酬不变，生产中仅使用农民一种要素作为可变投入；工业企业处于垄断竞争的市场中，企业规模报酬递增，生产中使用单位资本作为固定投入，使用工人作为可变投入。农业部门生产的农产品，无论是在地区之间还是在地区内部，交易都不存在运输成本；工业部门生产的工业品在地区内进行贸易不存在运输成本，但是在地区间进行贸易存在着“冰山贸易成本”。劳

① 为了便于对问题的研究，这里我们的技能劳动力是指工人，非技能劳动力是指农民，下文同。

动力只可以在地区内部流动，而资本则可以在地区之间自由流动。

（二）劳动力市场假设

此外，与前几章的研究不同的是，我们的基本假设中同时包含了工人和农民。在前面的研究中，我们假定工业部门和农业部门使用了相同的劳动力，实质上我们也可以将之看成工人和农民，只不过相互之间的身份转换不存在转化成本。在这里，我们假设单位农民转变为工人需要支付一定数额的培训成本 T_R，如果工人在市场上成功地找到工作，他将获得收入 w_M。在本节中，我们假定培训成本由企业代为支付，最终如果工人进入该企业还需要从工人的工资中扣除。与此同时，我们假定农民一旦转变为工人则无法再回到农业部门，如果工人找不到工作，将处于失业状态，其收入也将变为零。[①]我们假定工人找到合适工作的概率为 ψ，并且农民是理性的、"风险中性"（risk neutral）的，那么劳动力市场均衡时，始终有这样的关系式[②]：

$$w=\psi(w_M-T_R)+(1-\psi)\times 0 \tag{6-1}$$

其中，$\psi\in[0,1]$，也就是说我们假定劳动力市场不存在劳动力供不应求的情形。[③]从而上式中隐含着这样一个约束条件：$w_M\geqslant T_R+w$。需要注意的是，这里我们假定劳动力市场中不存在摩擦性失业及隐性失业，因此，工人在本地劳动力市场上是否找到工作，主要取决于该地区企业所提供的就业岗位数及本地区的工人数量。[④]如果本地劳动力市场中企业提供的空缺岗位数为 S_M，本地的就业人口数为 L_M，那么我们可以得到 $\psi=S_M/L_M$。对应地，本地的失业人数为 $U_M=(1/\psi-1)S_M$。

从式（6-1）中我们可以看出，本地工人的工资水平与该地区工人的失业率（$1-\psi$），以及地区的培训成本（T_R）有着直接的关联。如果某地区的地方政府支付了农民工的培训成本，并且试图保持农民工的工资水平不变，那么该地区的失业率必然将增加；相反，如果地方政府支付了农民工的培训成本，并且试图控制地区的失业率，那么该地区工人的工资水平将

① 现实情况中也的确如此，很多农民转变为工人之后再也无法回到农村。农民一旦丢失或者脱离自己的土地，本质上就再也不是农民了。此时如果无法在城市找到合适的工作，只能处于失业状况。我国农民工主要还是处于半工半农状态，当然也有很多农民工将自己的土地转包给其他务农人员，他们在城市无法生活下去的时候，实际上也是处于失业状态的。

② 在本节的研究中，我们假定不存在摩擦性失业和隐性失业，即一旦工作岗位和工人同时出现，那么该地区的工人将会立即就业。在本书的研究中，除非特别指出，否则将按此处解释。

③ 即我们考虑劳动力市场中劳动力供不应求的情形。无论在哪个国家或地区，失业始终是存在的。只要失业存在，劳动力市场中就不可能出现劳动力供不应求的情形。

④ 本章第二节中我们将考察摩擦性失业等问题。

会降低，地区的城乡收入差距（$w_A - w$）将会降低。很显然，地方政府遭遇到了两难的境况。由此，我们可以得到命题 6.1。

命题 6.1（失业率与工人工资的此消彼长） 长期内，地区的失业率与地区工人的工资水平存在着此消彼长的关系，地方政府只能选择提高工人工资水平或者降低该地区的失业率，二者不可兼得。

（三）代理人假设

与前文相同，我们假设消费者效用函数为两层效用函数，上层效用函数为拟线性效用函数，下层效用函数为 CES 效用函数，从而地区单个消费者对工业产品的需求为

$$c = \alpha p^{-\sigma} P^{\sigma-1} \tag{6-2}$$

对应地，在地区存在失业时，只有本地农业部门的农民和工业部门中处于就业状态的工人存在对工业产品的需求。①对于北部地区的企业而言，在企业死亡率为 δ 时，该地区企业利润的现值为

$$\pi(x_i) = (p_i x_i - a_i w_M x_i) / \delta - F_{\mathrm{I}} \tag{6-3}$$

作为理性的企业始终追求利润最大化，最优化式（6-3）我们可以得到企业产品售价 $p = \sigma a w_M / (1-\sigma)$。因此，我们能够得到该企业实际为本地工人提供的就业岗位数为

$$a_i x_i = (\sigma - 1)\delta F_{\mathrm{I}} / w_M \tag{6-4}$$

从式（6-4）中我们可以看出，企业为地区提供的就业岗位数与企业的边际投入是不相关的。也就是说，企业生产效率差异并不影响企业提供的就业岗位数，不同生产类型（X 型或 D 型）的企业对该地区就业产生的影响是相似的。很显然，这与我们的直觉并不相吻合。事实上，高效率的企业边际投入虽然更少，但是他们的产量相对也更大，从而高效率的企业实际上使用劳动力的总数并不会减少。企业的就业岗位数的提供，只与产品的替代弹性、企业的死亡率、固定成本的投入及企业支付给工人的工资水平有关。通常情况下，企业支付给工人的工资水平越高，企业所提供的工作岗位越少。由此，我们可以得到命题 6.2。

命题 6.2（地区就业岗位与企业类型） 企业为地区提供的就业岗位数与企业的生产效率并不存在任何直接的关联，不同类型的企业完全可以创造出相同的就业岗位。企业为地区提供的就业岗位数与企业的死亡率、企

---

① 工业部门中失业的工人有购买工业产品的欲望，但是他们并没有购买工业产品的能力。因此，对工业产品的需求中不包含失业的人群。

业的固定投入成本呈正相关，而与企业提供给工人的工资数呈负相关。

根据式（6-4），单位化后农民的工资 $w=1$，我们可以得到北部地区的失业人数，以及提供的就业岗位数为

$$U_M=(1/\psi-1)S_M,\quad S_M=(\sigma-1)\delta F_{\mathrm{I}}\lambda K^w/w_M \tag{6-5}$$

从而我们可以发现失业人数与失业率 $(1-\psi)$ 、本地的企业数量（λK^w）、企业的固定投入（F_{I}）及企业的死亡率（δ），有着明显的正向关系。同理，我们可以得到南部地区失业人数（U_M^*）。从式（6-5）我们可以看出，地区的失业人数并不受地区企业类型比例的影响。尽管某些地区可能 X 型企业更多，或者 D 型企业更多，但是地区的失业人数并不直接受企业类型配置比例的影响。某一地区失业人数实际上仅仅与该地区企业生产投入所需的固定成本、地区的企业份额、地区工人培训成本，以及地区劳动力工资等有关。

从式（6-5）中我们可以看出，地区的失业总人数受到地区工人培训成本的影响，包括直接影响和间接影响。首先，从式（6-5）第一个式子中可以看到地区失业人数与 ψ 呈负相关，而 ψ 受到地区工人培训成本的影响；其次，由于地区的产业份额与地区工人培训成本相关，而地区产业又会影响到地区的失业人数，从而地区的工人培训成本会对地区的失业总人数产生间接的影响。很显然，直接影响始终为正，而间接影响可能为正或负。因此，地区工人培训成本对本地失业总人数的影响可能为正或负。

二、失业与企业迁移

（一）长期均衡条件

1. ZCP 条件

根据企业的利润函数式（6-3），我们可以得到长期均衡的 ZCP 条件为

$$a_{\mathrm{D}}^{1-\sigma}B=f_{\mathrm{D}}\ ,\quad \phi a_{\mathrm{X}}^{1-\sigma}B^*=f_{\mathrm{X}} \tag{6-6}$$

其中，$B=\alpha(L-U_M)/\Delta$，$B^*=\alpha(L^*-U_M^*)/\Delta^*$。我们可以看到，失业将直接影响消费量，从而 B 和 B^* 的形式发生了变化。①另外，由于聚集租金的存在，如果企业发生迁移，一定是从边缘地区向核心地区迁移。在贸易自由化的进程中，首先发生迁移的仍然是 X 型企业。当 X 型企业发生迁移

① 虽然式（6-6）与前文第三章第五节的 ZCP 条件在形式上是一致的，但是由于失业的存在，地区的消费者总量实际上是减少的。因此，这里的 B 和 B^* 发生了变化，下文中我们将看到，这将会进一步影响企业的迁移行为。

时，我们可以得到

$$\begin{cases} \Delta = \dfrac{a_{\mathrm{D}}^{1-\sigma}}{1-1/\beta}\left\{n+n^{*}\left[Q+(1-\phi)a_{r}^{*}\right]\right\} \\ \Delta^{*} = \dfrac{a_{\mathrm{D}}^{1-\sigma}}{1-1/\beta}\left\{nQ+n^{*}\left[1-(1-\phi)a_{r}^{*}\right]\right\} \end{cases} \tag{6-7}$$

同样，随着贸易自由化的深入，在X型企业完成迁移之后，边缘地区的D型企业将会进一步迁移。而一旦D型企业发生了迁移，我们可以得到

$$\begin{cases} \Delta = \dfrac{a_{\mathrm{D}}^{1-\sigma}}{1-1/\beta}(n+n^{*}a_{r1}^{*}) \\ \Delta^{*} = \dfrac{a_{\mathrm{D}}^{1-\sigma}}{1-1/\beta}\left[n^{w}Q+n^{*}(1-a_{r1}^{*})\right] \end{cases} \tag{6-8}$$

2. FE条件

长期均衡时，企业不再发生迁移，在不完全集聚发生时总是会存在 $B=B^{*}$。进一步地，根据式（6-6）我们可以得到 $a_{\mathrm{D}}=a_{\mathrm{D}}^{*}$。因此，与我们第三章第五节的基础模型相似，我们的FE条件保持不变。某地区本地企业产值现值始终等于本地企业进入本地市场生产的固定成本、本地企业进入本地市场的成本，以及本地企业进入国外市场成本的总和，即

$$\frac{E^{w}}{\sigma\delta}=F_{\mathrm{D}}+F_{\mathrm{X}}+F_{\mathrm{I}}\left(\frac{1}{G[a_{\mathrm{D}}]}\right) \tag{6-9}$$

3. R条件

在两地区存在对等的贸易自由度，以及市场进入成本时，我们始终可以得到长期均衡的R条件为

$$\begin{cases} B=B^{*} \\ B>B^{*}, s_{n}=1 \\ B<B^{*}, s_{n}=0 \end{cases} \tag{6-10}$$

（二）企业迁移与地区企业份额

长期均衡时，地区的R条件始终能够得到满足，对应地，在X型企业迁移时，我们可以得到边缘地区企业迁移的比例为

$$a_{r}=\frac{\left\{(1-k\lambda\overline{\psi})s_{E}-\left[1-k(1-\lambda)\overline{\psi}^{*}\right](1-s_{E})\right\}Q-\left[(1-s_{E})k\lambda\overline{\psi}-s_{E}k(1-\lambda)\overline{\psi}^{*}\right]}{(1-\phi)(1-s_{E})\left[1-k\lambda\overline{\psi}-k(1-\lambda)\overline{\psi}^{*}\right]} \tag{6-11}$$

其中，$\bar{\psi}=(1/\psi-1)$，$k=K^{w}(\sigma-1)\delta F_{1}w_{M}/L^{w}$。在长期均衡时，两地区工人的工资是相等的，即 $w_{M}=w_{M}^{*}$，因此我们有 $k=k^{*}$。初始地区之间的劳动力总数、资本总数，以及支出比是相同的，始终为 s_{E}。而在 D 型企业迁移时，迁移的企业占边缘地区企业总数的比例为

$$a_{r1}^{*}=\frac{(s_{E}-k\lambda\bar{\psi})Q+(1-s_{E})k\lambda\bar{\psi}-s_{E}k(1-\lambda)\bar{\psi}^{*}}{(1-s_{E})\left[1-k\lambda\bar{\psi}-k(1-\lambda)\bar{\psi}^{*}\right]} \tag{6-12}$$

从而，我们可以得到长期均衡时北部地区的企业份额为

$$\lambda=\begin{cases}\dfrac{\begin{array}{c}\left[(\phi-Q)s_{E}-(1+Q)\lambda+Q\right]\bar{\psi}^{*}-\lambda\left[1+(Q-\phi)s_{E}\right]\bar{\psi}\\ -\bar{\psi}^{*}(1-\lambda)\left[(Q-\phi)s_{E}-Q\right]k+\left[(1-\phi+2Q)s_{E}-Q\right](1+\bar{\psi})\end{array}}{(1-\phi)\left[(\lambda+\bar{\psi}^{*})\bar{\psi}+(1-\lambda)\bar{\psi}^{*}\right]K-(1+\bar{\psi})}, & \phi\in[0,\phi^{P}]\\ \dfrac{(1+Q)(s_{E}-k\lambda\bar{\psi})}{1-\left[(\bar{\psi}-\bar{\psi}^{*})\lambda+\bar{\psi}^{*}\right]k}, & \phi\in(\phi^{P},1]\end{cases} \tag{6-13}$$

三、失业、政府免费培训与产业的空间分布

（一）相同失业率情况下失业与产业空间分布的关系

在两地区初始的失业率或就业率相同时，产业的空间分布是否受到影响呢？也就是说，相比没有失业的完美劳动力市场，在存在失业的经济中，地区的产业集聚程度是加剧还是减弱了？失业是一种聚集力，还是一种分散力？

我们不妨假设最初两地区的失业率（或就业率）相等，从而两地区的 ψ 值相等，即 $\bar{\psi}=\bar{\psi}^{*}$。在 X 型企业迁移时，北部地区的产业份额为

$$\lambda=\frac{\left[(2s_{E}-1)+(1-s_{E})k\bar{\psi}\right]Q+s_{E}\phi(1-k\bar{\psi})+s_{E}}{(1-\phi)+k\bar{\psi}(\phi+Q)} \tag{6-14}$$

我们可以进一步的求出

$$\frac{\mathrm{d}\lambda}{\mathrm{d}\bar{\psi}}=\frac{Qk(1-2s_{E})(1+Q)}{[(1-\phi)+k\bar{\psi}(\phi+Q)]^{2}} \tag{6-15}$$

而在 D 型企业迁移时，我们始终可以得到北部地区的产业份额为

$$\lambda=\frac{1+Q}{1+k\bar{\psi}Q}s_{E}，\quad \frac{\mathrm{d}\lambda}{\mathrm{d}\bar{\psi}}=-\frac{(1+Q)kQs_{E}}{(1+k\bar{\psi}Q)^{2}} \tag{6-16}$$

很显然，在 $s_{E}>1/2$ 时，我们始终可以得到 $\mathrm{d}\lambda/\mathrm{d}\bar{\psi}<0$。由于 $\bar{\psi}=$

$(1/\psi-1)$，因此 $\mathrm{d}\bar{\psi}/\mathrm{d}\psi<0$。进而，我们可以发现 $\mathrm{d}\lambda/\mathrm{d}(1-\bar{\psi})>0$。也就是说，在区域之间劳动力不流动的情况下，如果地区的农民对身份的转换为“风险中性”且两地区的失业率相同，那么失业率与核心地区的产业份额是呈正相关的。这就表明，如果劳动力市场中存在失业，失业将作为一种聚集力，进一步强化核心地区的聚集效应。该研究结论与 Vom Berge（2011）的研究是相似的。由此，我们可以得到命题 6.3。

命题 6.3（失业与产业的空间分布） 如果劳动力在地区之间不流动，并且农民身份转换为工人是“风险中性”的，那么在地区失业率相同时，失业将作为一种聚集力，进一步强化核心地区的聚集效应。

（二）政府技能培训与产业活动的空间分布

前文中我们探讨了工人培训成本由企业来支付，现在欠发达地区为了获得更多的产业份额，本地政府出资给本地的工人进行培训。因此，欠发达地区的失业率与发达地区的失业率将不再相等。长期均衡时两地区的失业率将产生差异，对应地，发达地区的失业率将低于欠发达地区的失业率。当然，这种失业率的差异是地方政府的不同行为所引起的。

此时，北部地区 $w=\psi(w_M-T_R)$，南部地区 $w=\psi^* w_M$。由此，我们可以得到：$\bar{\psi}+T_G=\bar{\psi}^*$。将之代入式（6-13），始终存在着 $\mathrm{d}\lambda/\mathrm{d}T_G<0$，从而我们可以得到 $\mathrm{d}(1-\lambda)/\mathrm{d}T_G>0$。这里的 T_G 是南部地区（边缘地区）政府为本地工人支付的培训成本，因此我们可以得到这样的结论：随着边缘地区的地方政府为本地农民工转变为工人提供补贴，边缘地区的产业份额将会增加。由此，我们可以得到命题 6.4。

命题 6.4（政府技能培训的产业效应） 如果边缘地区地方政府为本地的农民工转变为工人提供一定的技能培训补贴，边缘地区的产业份额将会增加。这种补贴的额度越大，对边缘地区越有利。因此，对欠发达地区农民工的免费技能培训，能够有效地促进区域的协调发展。

此外，从式（6-9）我们可以发现，本节的 FE 条件与第三章第五节中的基础模型是相同的，这是否意味着地区的企业数量也不会发生变化呢？事实并非如此。尽管市场的自由进出条件是完全相同的，但是由于失业的存在，两地区的 B 和 B^* 数值都将变小。在长期均衡时，地区进入市场生产的最低生产效率企业的边际投入数值变大，这就表明更低效率的企业现在也可以正常生产运营了。因此，整个经济系统中的企业总数将会增加。

正是由于欠发达地区政府为本地的农民工技能培训提供了补贴，从而欠发达地区的劳动力供给增加，由此造成了欠发达地区企业的临界生产效率出现了下降。在存在企业迁移的世界中，欠发达企业的临界生产效率下降之后必然导致发达地区企业的临界生产效率也产生下降。总而言之，欠发达地区政府对本地农民工提供的补贴，直接导致整个经济系统中企业数量的增加，同时整个经济系统中的企业生产效率将会下降。

第二节　企业异质性、充分就业信息与产业的空间分布

在上一节中，我们考察了农民身份转变为工人需要支付转换成本的情形。我们的研究发现，在地方政府为本地农民工免费培训时，本地企业份额也将增加。然而不幸的是，本地的失业率也将由此提高。诚然，这并非落后地区地方政府想要的结果，毕竟失业率的增加有可能会引发更多的经济和社会问题。在上一节的基础模型中，我们并没有考察地区的隐性失业及摩擦性失业，从某种意义上来说，无论是发达地区还是落后地区的失业都被低估了。如果我们考察地区的隐性失业及摩擦性失业，地区的产业份额又将如何发生变化呢？

一、劳动力市场假设

（一）充分就业信息影响产业空间分布的机理分析

影响地区摩擦性失业和隐性失业的因素众多，其中信息的传递尤为重要。这种信息的传递包括两个方面：就业信息的传递及供求双方信息的传递。在劳动力市场中，就业信息的传递能够增加就业者与企业的接触机会。在信息封闭的年代，就业者通常难以获得招聘信息，寻找就业信息的成本相对较高。由于信息的闭塞，求职者难以获得面试的机会。与此同时，招聘企业也难以招聘到工人。就业信息的传递不仅能够为就业者与招聘企业提供更多的接触机会，同时也能够扩大企业的招聘范围，以及就业者的求职范围，从某种意义上来说，这就能够大大提高工作岗位与个人的匹配程度，从而有效地减少摩擦性失业。除此之外，招聘双方也是难以获得对方的信息，对对方的情况不甚了解。在招聘范围扩大及个人和企业充分的情况下，企业与劳动力的匹配程度也会提高，从而能有效地减少劳动力市场中的隐性失业。

这种信息的传递不仅能够提高整个经济系统中的生产效率，同时对劳动力市场也会产生影响。信息的传递对劳动力市场的冲击同样是两个方面

的：①高效率的信息传递，能够有效地降低地区的失业率，同时也会改变劳动力市场中工人的数量。作为理性人，农民在进入劳动力市场之前可以对失业及工资水平进行理性预期。如果地区的失业率降低，地区工人的工资水平必然会降低，从而该地区的企业有着较低的边际投入成本。因此，该地区对劳动力的需求会增加，该地区工人总数也会增加，更多的农民将会转变身份成为工人。②充分的供求双方个人信息的传递，能够促使劳动力市场中供求变得更为真实和完善。如果企业和求职者无法获得对方的信息，供求双方很有可能隐瞒部分信息，以便处于有利地位。当信息存在不确定性时，劳动力市场的真实性将大打折扣，但是如果供求双方个人信息能够被很好地传递，双方在劳动力市场的讨价还价余地就会变得很小，企业可以获得最需要的人员，求职者可以获得最需要的岗位，从而劳动力市场中的供求变得真实、完善。

（二）劳动力市场基本假设

本节我们将继续研究就业政策对产业空间分布的影响。我们的基本假设与上一节的基本假设相同，现在唯一不同的是，在本节中将进一步考察劳动力市场中存在摩擦性失业与结构性失业的情形。

我们仍然假定工业部门和农业部门使用不同的劳动力（工人和农民），两地区工人和农民的培训成本都由本地政府支付，如果工人在市场上成功地找到工作，他将获得收入 w_M，如果工人找不到合适的工作，则收入为零。现在我们仍然假设农民是“风险中性”的，如果信息完全的话，工人获得工作的概率为ξ。但是如果劳动力市场存在摩擦，那么工人得到工作的概率将会变为ψ ($\psi>\xi$)，也就是说地区劳动力市场摩擦程度越强，地区的失业越多。对应地，我们可以得到

$$w=\psi w_M+(1-\psi)\times 0 \tag{6-17}$$

其中，$\psi\in[0,1]$，我们同样不考虑劳动力市场供不应求的情形。式（6-17）的形式与式（6-1）是相近的，但是这里我们的劳动力市场是存在摩擦的。那么，如何来描述劳动力市场摩擦呢？这里，我们采用 Vom Berge（2013）对劳动力市场摩擦的假设：假定劳动市场的摩擦是规模报酬不变的。也就是说，在工人供给数量和空缺岗位比例增加或减少时，地区的就业将保持不变。因此，我们可以发现，即便初始阶段两地区有着不同的总人口数和岗位数，只要两者成比例，地区之间的失业在初始阶段也总是相等的，从而我们可以用该模型说明地区劳动力市场从失业相同到失业差异的动态演化。如果我们设定地区的空缺岗位数为V_M，地区的工人数为L_M，则地区

工人和工作岗位的匹配函数为

$$S_M = V_M{}^{\eta} L_M{}^{1-\eta} \tag{6-18}$$

其中，η 为劳动力市场匹配弹性，$\eta \in [0,1]$。如果地区劳动力市场匹配弹性达到 $\eta = 1$，那么所有的空缺岗位都可以找到合适的工人，工人失业仅仅是因为社会创造的就业岗位不够。而如果 $\eta = 0$，那么所有的工人都将找不到合适的工作岗位。对应地，我们可以得到岗位找到工人的概率 $\theta = S_M / V_M$，而工人找到工作岗位的概率 $\psi = S_M / L_M$。当然，地区的失业人数为 $U_M = (1/\psi - 1)S_M$。①

二、一般均衡分析

（一）代理人行为分析

我们仍然假设消费者效应函数为两层效应函数，上层效应函数为拟线性效应函数，下层效应函数为 CES 效应函数。对应地，单个消费者对某种工业产品的需求为

$$c = \alpha p^{-\sigma} P^{\sigma-1} \tag{6-19}$$

劳动力市场存在摩擦，因此失业同样会影响到企业的经营利润。我们假定如果某企业的工作岗位出现了空缺，该企业需要为这个空缺的岗位支付额外的成本 $\gamma(\gamma < 1)$，因此企业的利润函数现值为②

$$\pi(x_i) = [p_i - a_i(w_M + \gamma / \theta)]x_i / \delta - F_{\rm I} \tag{6-20}$$

企业利润最大化，我们可以得到

$$p_i = \frac{\sigma}{1-\sigma}\frac{a_i}{\delta}(w_M + \frac{\gamma}{\theta}) \tag{6-21}$$

在劳动力市场中，工人与企业存在着议价行为，议价能力的强弱取决于劳动力市场中劳动力的供求双方情况。我们假定所有企业的议价能力相同，并且所有的工人议价能力也完全相同。具体而言，劳动力市场中供求双方的议价能力主要取决于

$$\arg\max(w_M - 0)^{\varsigma}(J - w_M)^{1-\varsigma}, \quad \varsigma \in [0,1] \tag{6-22}$$

其中，ς 表示双方的议价能力，J 表示企业找到合适工人所得到的价值。很

---

① 虽然地区失业人数在形式上与上一节是相同的，但是两者有着不同的含义。

② 在企业需要招聘人员但却无法招到合适的人选时，企业的成本通常是相对较高的。因此，这里假定企业需要为此支付额外的成本。

显然，ς 越大，工人的议价能力越强；而$1-\varsigma$ 越大，企业的议价能力越强。最优化后，我们可以得到 $w_M=\varsigma J$ 。此外，均衡时企业从议价中获得的好处与其找到合适工人的概率之积，始终等于该企业为之支付的成本，即 $J\theta=\gamma$。结合两者，我们得到 $\gamma/\theta=w_M/\varsigma$。将之代入式（6-18），我们可以进一步得到这样的关系式：$\psi=(\gamma\varsigma)^{-\eta}$，$\theta=(\gamma\varsigma)^{1-\eta}$。

单个企业为工人提供的空缺岗位数为 $V_M=(\sigma-1)\delta F_{\mathrm{I}}/w_M$，对应地，地区的失业人数为

$$U_M=(m^{\eta}-1)m^{1-\eta}\lambda kL^{w} \tag{6-23}$$

其中，$m=\gamma\varsigma$，$k=(\sigma-1)\delta K^{w}F_{\mathrm{I}}/L^{w}$。我们可以将 m 看作工人对劳动力市场的控制力，m 越大地区工人对市场的控制能力越强，从而该地区的失业率也会相对越低。从式（6-23）中我们可以看到地区的失业人数与该地区的产业份额、工人的议价能力、整个经济系统中的资本存量，以及企业死亡率等有着直接的关联。值得一提的是，由于地区失业工人的人数受到地区 m、η 及 $\lambda(m)$ 等多个因素的影响，仅仅依据式（6-23）我们无法确定失业人数的变化。

（二）长期均衡条件

1. ZCP 条件

与前文相似，长期均衡的 ZCP 条件在形式上没有变化。在劳动力市场存在摩擦时，所有的企业受到的影响是相同的，因此企业的利润函数没有发生变化。同样，根据企业的利润函数，我们可以得到长期均衡的 ZCP 条件为

$$a_{\mathrm{D}}^{1-\sigma}B=f_{\mathrm{D}},\quad \phi a_{\mathrm{X}}^{1-\sigma}B^{*}=f_{\mathrm{X}} \tag{6-24}$$

其中，$B=\alpha(L-U_M)/\Delta$，$B^{*}=\alpha(L^{*}-U_M^{*})/\Delta^{*}$。如果 X 型企业迁移，我们可以得到

$$\begin{cases}\Delta=\dfrac{{a_{\mathrm{D}}}^{1-\sigma}}{1-1/\beta}\left\{n+n^{*}\left[Q+(1-\phi)a_r^{*}\right]\right\}\\[2ex]\Delta^{*}=\dfrac{{a_{\mathrm{D}}}^{1-\sigma}}{1-1/\beta}\left\{nQ+n^{*}\left[1-(1-\phi)a_r^{*}\right]\right\}\end{cases} \tag{6-25}$$

而一旦 D 型企业发生了迁移，我们可以得到

$$\begin{cases}\Delta=\dfrac{{a_{\mathrm{D}}}^{1-\sigma}}{1-1/\beta}(n+n^{*}a_{r1}^{*})\\[2ex]\Delta^{*}=\dfrac{{a_{\mathrm{D}}}^{1-\sigma}}{1-1/\beta}\left[n^{w}Q+n^{*}(1-a_{r1}^{*})\right]\end{cases} \tag{6-26}$$

2. FE 条件

长期均衡时，企业进入市场的条件也是没有变化的，因此我们仍然有 $a_{\mathrm{D}}=a_{\mathrm{D}}^{*}$，并且 FE 条件保持不变：

$$\frac{E^{w}}{\sigma\delta}=F_{\mathrm{D}}+F_{\mathrm{X}}+F_{\mathrm{I}}\left(\frac{1}{G[a_{\mathrm{D}}]}\right) \tag{6-27}$$

3. R 条件

当两地区存在对等的贸易自由度及市场进入成本时，我们始终可以得到长期均衡的 R 条件为

$$\begin{cases} B=B^{*} \\ B>B^{*}, s_{n}=1 \\ B<B^{*}, s_{n}=0 \end{cases} \tag{6-28}$$

三、劳动力市场摩擦、充分就业信息与产业的空间分布

（一）劳动力市场摩擦对产业空间分布的影响

假定两地区在劳动力市场上没有差异，也就是说工人的议价能力相同，劳动力市场的匹配弹性系数也相同。在 X 型企业迁移时，我们可以得到

$$a_{r}^{*}=\frac{km^{1-\eta}(m^{\eta}-1)[(s_{E}+\lambda-1)Q+(\lambda-s_{E})]+Q(1-2s_{E})}{(1-s_{E})(1-\phi)\left[km^{1-\eta}(m^{\eta}-1)-1\right]} \tag{6-29}$$

而在 D 型企业迁移时，我们可以得到

$$a_{r1}^{*}=\frac{(1-m^{\eta})m^{1-\eta}k[\lambda(1+Q)-s_{E}]+s_{E}Q}{(1-s_{E})\left[1-km^{1-\eta}(1-m^{\eta})\right]} \tag{6-30}$$

从而，我们可以得到长期均衡时，北部地区的企业份额为

$$\lambda=\begin{cases} \dfrac{km^{1-\eta}(m^{\eta}-1)[(1-s_{E})Q+s_{E}\phi]+(2s_{E}-1)Q+s_{E}(1-\phi)}{m^{1-\eta}k(Q+\phi)(m^{\eta}-1)+(1-\phi)}, & \phi\in[0,\phi^{P}] \\ \dfrac{s_{E}(1+Q)}{1+km^{1-\eta}Q(m^{\eta}-1)}, & \phi\in(\phi^{P},1] \end{cases} \tag{6-31}$$

对应地，在 X 型企业迁移时，我们可以得到北部地区产业份额与 m 的关系为

$$\frac{\mathrm{d}\lambda}{\mathrm{d}m}=-\frac{(2s_{E}-1)kQ(1+Q)m^{1-\eta}\left[m^{\eta}+\eta-1\right]}{m\left[k(m^{\eta}-1)m^{1-\eta}(Q+\phi)+(1-\phi)\right]^{2}} \tag{6-32}$$

同样，我们可以得到北部地区产业份额与劳动力市场的匹配弹性的关系为

$$\frac{\mathrm{d}\lambda}{\mathrm{d}\eta}=-\frac{(2s_E-1)km^{1-\eta}Q(1+Q)\ln m}{\left[km^{1-\eta}(m^\eta-1)(Q+\phi)+(1-\phi)\right]^2} \tag{6-33}$$

D 型企业迁移时，

$$\frac{\mathrm{d}\lambda}{\mathrm{d}m}=-\frac{s_E(1+Q)kQ(m^\eta+\eta-1)}{m\left[1+m^{1-\eta}(m^\eta-1)kQ\right]^2},\quad \frac{\mathrm{d}\lambda}{\mathrm{d}\eta}=-\frac{s_EQ(1+Q)km^\eta\ln m}{\left[1+m^{1-\eta}(m^\eta-1)kQ\right]^2} \tag{6-34}$$

从式（6-32）和式（6-34）可知，劳动力市场摩擦对地区产业份额有着一定的影响。当$m^\eta>1-\eta$时，北部地区的产业份额将会随着本地劳动力市场中工人控制力的增加而减小；反之，如果$m^\eta<1-\eta$，北部地区的产业份额将会随着本地劳动力市场中工人控制力的增加而增大；当$m^\eta=1-\eta$时，两地区的产业份额始终保持不变。这一结论与迁移企业的类型无关，在所有的长期均衡中始终成立，只有m值和η值的大小才可以影响地区的产业份额。对应地，我们可以得到m成为分散力或聚集力时m和η的取值范围。

图 6-1 为劳动力市场摩擦对产业空间分布的影响，其中横轴为劳动力市场中的劳动匹配弹性η，纵轴为劳动力市场中的工人的控制力m（数值大小由γ和ς共同决定）。很显然，在$m^\eta=1-\eta$这条曲线以下的部分，始终有$m^\eta<1-\eta$，因此我们始终有$\mathrm{d}\lambda/\mathrm{d}m>0$，也就是说$m$将是一种聚集力；同理，在这条曲线之上，我们始终有$\mathrm{d}\lambda/\mathrm{d}m<0$，从而$m$将是一种分散力。工人（或者工会）的议价能力越强，地区的产业份额会呈现出不同的结果，这同时还取决于本地劳动力的匹配弹性系数。

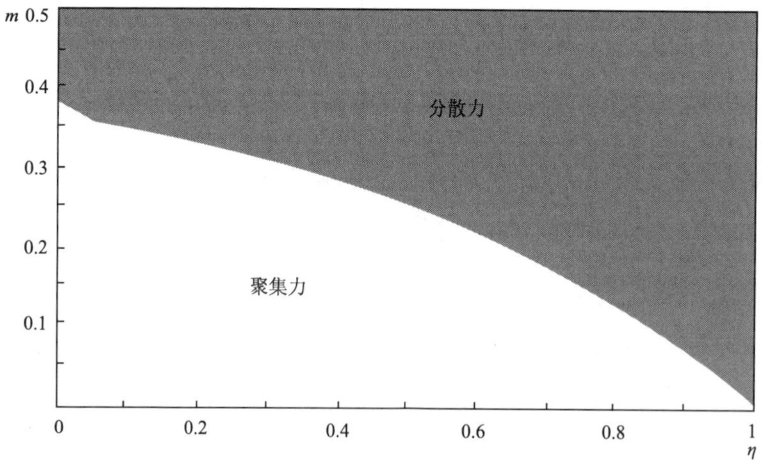

图 6-1　劳动力市场摩擦对产业空间分布的影响

此外，由于$m<1$，因此我们始终有$\mathrm{d}\eta/\mathrm{d}\lambda>0$。也就是说，在两地区具有相同的议价能力时，劳动力市场的匹配弹性越高，产业越趋于聚集。结合上述内容，我们可以得到如下的命题。

命题 6.5（劳动力市场摩擦） 如果两地区工人具有相似的议价能力，且劳动力市场的匹配弹性相同，那么劳动力匹配弹性将会作为一种聚集力而存在；但是，只有当$m^{\eta}<1-\eta$时，劳动力市场中的工人控制力才是一种聚集力，否则工人控制力可能作为一种分散力而存在。

（二）充分的就业信息如何促进产业的空间分布？

在上文的分析中，我们假定了两地区劳动力市场的摩擦程度相同，无论是工人的议价能力还是劳动力市场的匹配弹性都是相等的。在这种情况下，只有在$m^{\eta}>1-\eta$时，工人控制能力m的增加才能促进边缘地区产业份额的增加，否则边缘地区的产业总是会进一步减少。很显然，核心地区更加容易从非充分信息中获得好处。那么，如果边缘地区政府提高了本地劳动力市场的匹配程度，本地的产业份额是否能够得到增加呢？

我们的长期均衡条件仍然是相似的，这里唯一不同的是边缘地区的劳动力市场的匹配弹性不同。通常情况下，地区劳动力市场信息越充分，地区劳动力市场的匹配弹性也会越高。我们不妨假设南部地区劳动力市场的匹配弹性为 1，而北部地区劳动力市场的匹配弹性仍然保持为η，同时两地区工人（或工会的）议价能力仍然保持为m。对应地，我们可以得到 X 型企业迁移的长期均衡为

$$\frac{\mathrm{d}\lambda}{\mathrm{d}\eta^*}\Big|_{m=m^*}=\frac{(1+Q)\ln m\left[k\lambda(1-m^{\eta})m^{1-\eta}+s_E\right]m^{1-\eta}(1-\lambda)k}{\left[k(m^{\eta}-1)(\phi+Q)m^{1-\eta}+(1-\phi)\right]\left[1+k(m^{\eta}-1)m^{1-\eta}\right]} \tag{6-35}$$

同样，D 型企业迁移的长期均衡为

$$\frac{\mathrm{d}\lambda}{\mathrm{d}\eta^*}\Big|_{m=m^*}=\frac{\left[k\lambda(1-m^{\eta})m^{1-\eta}+s_E\right]km^{1-\eta}(1+Q)(1-\lambda)\ln m}{\left[1+(1-m^{\eta})km^{\eta}\right]\left[1+kQ(m^{\eta}-1)m^{1-\eta}\right]} \tag{6-36}$$

从式（6-35）及式（6-36）我们可以得到$\mathrm{d}\lambda/\mathrm{d}\eta^*|_{m=m^*}<0$。也就是说，边缘地区政府能够为本地的劳动力市场提供充分的就业信息，并且有效地提高了本地劳动力市场的匹配程度，本地的产业将会增加。由此，我们可以得到命题 6.6。

命题 6.6（充分就业信息） 如果地区在就业信息传输方面存在差异，那么地区的产业份额也将会受到影响。通常情况下，边缘地区的信息越充分，该地区的产业份额越大。

第三节 小结

本章是本书理论研究的最后一个章节，我们研究了就业政策对集聚活动空间分布的影响。不同于以往的研究，本章我们在新经济地理学的基础模型之中同时加入了企业异质性，以及劳动力存在失业的情形。在我们的研究中，我们重点考察了劳动力市场存在结构性失业，以及摩擦性失业的情形，通过对失业及针对性的就业政策的研究，我们主要得出了如下几个重要的结论。

（1）失业与工人工资水平存在着此消彼长的关系，地方政府通常情况下无法在降低失业的同时提高本地工人的工资水平。地方政府需要作出选择：要么高失业，要么低工资。在地区失业率上升时，地区的工人工资水平相对较高，从而城乡收入差距也会较大。

（2）不同生产效率或者不同类型的企业所能吸纳的劳动力水平是相似的，出口型企业并不能更好地解决失业问题。虽然高效率的企业使用了更少的劳动力作为边际投入，但是其产量也会更高。综合而言，企业的生产效率最终没有影响到企业对工人的使用数量。

（3）如果劳动力在区域之间不流动，并且农民是“风险中性”的，失业将作为一种聚集力而存在。在存在失业的世界中，失业的存在缩小了两地区经济的规模，从而核心地区的优势更加明显，失业进一步强化了地区的集聚效应。

（4）欠发达地区政府免费技能培训，以及充分就业信息能够有效地促进该地区产业份额的增加。也就是说，欠发达地区积极的就业政策能够很好地促进该地区产业份额的增加。但两者有所不同的是，前者同时导致本地的失业水平提高，而后者对本地的失业水平并无明显的影响。

我们通常会观察到这样的现象，即产业大量集聚的地区通常也是我国城市化水平相对较高的地区，同时这些地区也是就业信息传输相对通畅的地区。在本章的研究中我们可以发现，欠发达地区如果能够为本地劳动力市场提供充分的就业信息或者地方政府对本地的农民工进行免费的培训，该地区的工业产业份额也就能够得到显著的提高。当实施区域协调发展的政策时，我们很少从劳动力市场的角度来研究就业政策对产业空间分布的影响。事实上，地区的充分就业信息的确能够有效地改变地区的就业情况，从而影响地区的城市化率及地区的产业状况。当然，现实情况是否如此，还有待于我们的实证研究进一步验证，我们将在下一章中继续对这一问题进行深入的探讨。

第七章　现实的世界：中国经验数据的检验

本书的理论研究始终是围绕着区域政策对产业空间分布的影响进行的，因此本书的实证研究也将围绕相关内容展开。本章的结构安排如下：第一节为数据来源、变量处理与变量描述，我们侧重介绍后续章节中所使用的一些变量及其处理；第二节为企业生产效率的分布、演化与排序效应，主要验证理论建立的基本假设，以及第三章中得到的一些重要命题；第三节为交通基础设施、城市群与产业的空间分布，主要验证第四章中关于贸易自由度、市场进入成本，以及关税同盟对产业空间分布影响的一些命题；第四节为补贴、税收与产业的空间分布，主要验证第五章财税政策对产业空间分布的影响；第五节为城市化、失业与产业的空间分布，主要验证农民转化为工人对产业空间分布的影响；第六节为本章的小结。

第一节　数据来源、变量处理与变量描述

在前文中，我们从理论中得到了企业生产效率、地区产业份额等与一系列区域政策之间的相互关系。整体而言，不同的数据来源和变量处理方法等可能会导致研究结论的一些差异。为此，本节中我们需要对数据的来源、变量的计算等进行说明。

一、数据来源

本书的数据主要来源于《新中国六十年统计资料汇编》、《中国经济统计年鉴》(2000～2010年)、《中国工业企业数据库》(2000～2007年)[①]、《中国区域经济统计年鉴》(2000～2010年)[②]、《中国劳动统计年鉴》(2000～

---

① 《中国工业企业数据库》为微观企业数据库，该数据库收录了中国41万个主营业务收入500万元以上的制造企业，涵盖中国工业制造业40多个大产业，90多个种类，600多个子行业，占中国工业总产值的90%左右。本书研究中的微观数据如企业从业人员数、工业增加值、企业中间投资、企业固定资产平均余额等数据均来源于该数据库。

② 《中国区域经济统计年鉴》由国家统计局国民经济综合统计司编写，该数据库收录了各经济区域、省级行政单位、地级行政单位和县级行政单位的主要社会经济统计指标。本书研究中的土地面积、就业人口数、失业人数、财政收支、工资水平等数据均来源于该统计年鉴。

2010年）及中国经济网、国务院发展研究中心信息网、CCER 经济与金融数据库等。

二、变量处理及其说明

（一）被解释变量

根据本书研究的需要，我们选择了5个变量作为本书不同实证模型中的被解释变量，这5个变量分别为企业全要素生产率（TFP）、企业异质性（ρ）、地区产业份额（λ）、地区失业率（unempr）及企业就业规模（labnum）。

1. 全要素生产率

目前，关于全要素生产率的争议尚且存在。当然，我们也可以从已有的文献中总结出目前几种常用的关于企业生产效率的估计方法：①最小二乘（OLS）估计；②面板固定效应（FE）、广义矩阵（GMM）估计；③半参数（semi-parametric）估计，如Olley和Pakes（1996）及Levinsohn和Petrin（2003）；④非参数（non-parametric）估计，如数据包络分析（data envelopment analysis, DEA）及随机前沿方法。[①]

对于企业生产效率的估算，主要从Cobb-Douglas生产函数开始，企业的生产函数设定为$Y_{i,t}=A_{i,t}K_{i,t}^{\beta_1}L_{i,t}^{\beta_2}M_{i,t}^{\beta_3}$，其中$A$是不可观察值，$K$、$L$及$M$分别为资本、劳动力及物质资本的投入。我们比较常用的计量估计模型设定为

$$\ln Y_{i,t}=\beta_0+\beta_1\ln K_{i,t}+\beta_2\ln L_{i,t}+\beta_3 M_{i,t}+\eta_{i,t} \quad (7\text{-}1)$$

传统的OLS估计一般直接对式（7-1）进行了估计，但是这种估计可能存在同时性问题和选择性偏差等问题（Olley and Pakes，1996）。[②]如果事实果真如此，那么我们的解释变量与残差项将是相关的，从而估计是有偏的。

对此，我们可以进一步将η分解为可观察（ϖ）部分和不可观察（ε）部分，选择固定效应或者GMM估计，以解决这种内生的问题。选择固定效应估计时，我们实际上假设上述可观察值为企业特征，但是这种固定效应的估计至少丧失了面板中的截面信息，而只使用了时间序信息。此外，这

① 关于企业生产效率的多种估算方法的比较研究，参见Arnold（2005）、Wooldridge（2009）及Van Beveren（2012）的研究。

②同时性问题（simultaneity problem），是指企业在投入要素之前可以部分地观察到企业生产效率，从而影响了企业的要素投入决策行为；选择性偏差问题（selection biases problem），估计需要选择平衡的面板数据，从而在估计期间内进入或者退出的企业不在我们的样本范围之内，也就是说我们认为的样本选择导致估计结果有偏。

种固定效应估计实际上假定了可观察的部分不会随着时间的变化而变化。而GMM 中则可能存在弱的工具变量（IV）的问题，并且 GMM 对面板结构要求严格，非平衡面板无法满足要求。[①]

Olley 和 Pakes（1996）采用投资作为不可观察生产率冲击的代理变量对此进行了修正，在第一阶段估计了劳动力的系数，而在第二阶段估计了资本的系数。但是，OP 半参数估计方法对数据的要求比较严格，这种估计方法假设代理变量（如资本）与产出之间有着严格的单调性，否则数据需要删除。但是我们知道，很多企业并不会连续地进行大规模的投资，因此该方法实际上是难以使用的。对此，Levinsohn 和 Petrin（2003）提出了改进的 LP 半参数估计，建议使用中间品的投入而非资本作为代理变量，从而增加了估计模型的适用性。

Van Biesebroeck（2007）曾对 GMM 估计、DEA、随机前沿及半参数估计方法进行比较，研究发现如果测量误差相对较大时使用 GMM 系统估计效果较好，但是前提是至少有部分企业生产效率不会随着时间的变化而变化。如果测量误差很大，并且企业规模不是固定不变的，那么非参数估计DEA 相对更优。此外，研究方法的选择与文章研究的政策相关，如果我们研究劳动政策，那么我们无法忽视政策对劳动力市场的影响，因此劳动力成本的调整不可忽视，从而 LP 估计优于 OP 估计。

受数据及程序的限制，本书研究中我们打算使用 LP 半参数估计。[②]研究中我们使用工业增加值、资本投入、劳动力投入及中间品的投入，使用《中国工业企业数据库》中的工业总产值、固定资产年平均余额、从业人员（数）及中间投入合计作为替代指标。[③]

2. 企业异质性、地区产业份额、地区失业率及企业就业规模

企业异质性是我们采用 Pareto 分布估算的数据，详见本章第二节。地区产业份额我们使用某地区企业数（$number_i$）占整个经济系统中的企业数（number）。其中，企业数来源于《中国区域经济统计年鉴》中的规模以上工业企业单位数。具体来说，地区企业份额 $\lambda_i = number_i / number$。地区失业率（unempr）为本地城镇登记失业人数（unempl）与本地的就业人员（empl）

① 系统 GMM 估计则对初始值有着很强的要求。此外，由于数据的限制，如果使用 GMM 估计我们将会损失 60%以上的数据，因此我们放弃了 Wooldridge（2009）的 GMM 估计。

② 在本书的研究过程中，我们使用 OLS 估计、FE 估计及 LP 估计，LP 估计我们采用 Petrin 等（2004）编写的“levpet”命令。此外，由于我们的样本数据超过 100 万条，目前我们的计算机容量等无法处理如此庞大的微观数据，因此本书放弃了 DEA 分析。

③ 2004 年的数据中没有工业增加值或工业产值数据，因此我们计算了 2000~2003 年及 2005~2007 年的企业生产效率，“levpet”提供了工业增加值和工业产值两种数据估算方法。

之比，数据来源于《中国区域经济统计年鉴》。对于企业就业规模（labnum），我们采用企业就业人数，数据来源于《中国工业企业数据库》。

（二）解释变量

本书是一本区域政策的研究著作，我们的解释变量主要包括一些能够体现区域政策的指标。具体而言，主要包括基础解释变量，如贸易自由度（ϕ）、企业经营类型的代理变量（dum1及dum2）；贸易政策解释变量，如交通基础设施的投入（ins）、城市群（cityg）；财税政策解释变量，诸如个人所得税（itax）、资本补贴和/或劳动力补贴（labsub）；就业政策解释变量，如工人平均工资水平（wage）、城市化水率（cityr）、就业补贴（esub）及政府的信息传输（govit）。

1. 贸易自由度

地区贸易自由化水平的度量方法较多，通常情况下我们采用地区的出口/地区的GDP产值、引力方程等方法。颜银根和安虎森（2011）采用Bosker和Garretsen（2010）所提出的间接测量方法，但是该方法需要贸易伙伴国的进出口数据，以及GDP的数据，通常难以获取。[①]这里我们打算采用一种简单的替代方法，即地区对外的贸易自由度$\phi = \sqrt{进口 \times 出口} / GDP$。与间接贸易自由度的测量方法相比，该数值显然是高估了地区贸易自由度。但是，由于地区的GDP与全球GDP相比很小，从而样本整体数值近似于成比例地增加，并不会对计量估计结果产生重要的影响。

2. 交通等基础设施投入

新经济地理学中最核心的结论之一是，运输成本的下降能够使厂商集中于一个地区实现规模经济（Krugman，1991）。与以往大多数实证研究相同，本书研究中采用区域公路密度（区域公路里程/区域面积）作为区域基础设施代理变量。在本书的研究中，我们侧重验证非对称贸易自由度对地区产业空间分布的影响，因此我们采用这一指标具有合理性。公路里程数据来源于《新中国六十年统计资料汇编》。

3. 个人所得税、资本补贴和劳动力补贴

个人所得税的数据来源于《中国区域经济统计年鉴》（财政收入项），劳动力补贴数据我们采用人均社会保障支出作为代理变量，即社会保障补贴支出/地区就业人数，数据来源于《中国区域经济统计年鉴》。

① $\phi_{ij} = T_{ij}^{1-\sigma} = \sqrt{E_{ij}E_{ji} / E_{ii}E_{jj}}$，其中$E_{ij}$表示本国对他国的出口，$E_{ji}$为他国对本国的出口（即本国的进口额），$E_{ii}$为本国的GDP，$E_{jj}$为全球其他国家的GDP，具体参见颜银根和安虎森（2011）的研究。

4. 平均工资、城市化水平、就业补贴及政府信息

对于地区工人平均工资我们使用了《中国区域经济统计年鉴》中的职工平均工资，城市化水平我们使用地区城镇人口比例，政府就业信息传输我们采用职业指导（职业指导人数/本年登记求职人数）作为代理变量，就业补贴数据来源于《中国劳动统计年鉴》（分地区就业训练中心综合情况项）中的职业培训补贴费。

（三）控制变量

此外，为了避免变量遗漏引起的计量估计结果的有偏，本书研究中我们加入了一些控制变量，包括人口密度（den）、人力资本（hum）及一些虚拟变量。

1. 人口密度（den）

按照 Marshall 对外部性的研究，经济活动的集聚与外部性有着很强的联系，而人口密度与知识的溢出是紧密联系在一起的。人口密度的衡量使用地区年末总人口数/区域的面积，数据来源于《新中国六十年统计资料汇编》。

2. 人力资本（hum）

人力资本地区差异可以看作是要素禀赋理论中考察经济活动集聚的重要因素。对于人力资本代理变量的选取一直存在着广泛争议，受于数据的限制，本书并没有使用目前比较流行的就业人员受教育年限或者每万人大学生数作为人力资本的代理变量。本书研究中使用区域高校教师数与区域总人口的比值作为人力资本的代理变量。地区高校教师数据来源于《新中国六十年统计资料汇编》。

第二节　企业生产效率的分布、演化与排序效应

在以往的研究中，很少有研究对中国企业生产效率的分布进行说明。但是，如果企业的生产效率分布并非像我们想象中的那样，那么我们的研究结论将变得不可靠。因此，在本节中我们重点检验企业的生产效率分布，同时对企业生产效率的演化和排序效应进行说明。

一、企业生产效率分布的研究

（一）经验假说

在本书的第二章第三节中，我们对企业生产效率的异质性假设进行

了详细介绍，无论是在新新贸易理论还是在新新经济地理学的理论中，我们都需要对企业生产效率的分布进行假设。通常情况下，我们会假设企业生产效率服从 Pareto 分布或者 Lognormal 分布。目前，有关企业规模分布（firm size of distribution, FSD）的研究众多，在采用各国微观数据研究之后发现各国企业规模分布的确存在差异，并且各国企业规模分布存在动态演化（Angelini and Generale，2008；Crosato and Ganugi，2007；Lotti and Santarelli，2004；Marsili，2006；Schaper et al.，2008）。既然企业的规模分布在各国服从不同的分布，各国企业生产效率的分布是否会存在与此类似的分布呢？Cabral 和 Mata（2003）研究发现，企业生产效率基本服从 Pareto Ⅰ分布。那么，中国的企业生产效率是否同样服从 Pareto Ⅰ分布呢？

经验假说 7.1 中国的企业生产效率服从 Pareto Ⅰ分布。

（二）模型设定

我们假定企业的边际投入与企业的效率呈倒数关系，那么边际投入为 a 的企业生产效率为 $1/a$。最低生产效率企业对应的边际投入一定是最高的，因此我们可以得到进入市场中生产的企业边际投入 $a>a_0$。根据 Pareto Ⅰ的定义，我们可以得到生产效率为 $1/a$ 的企业累积密度函数为

$$G[a\,|\,a_0]=\begin{cases}1-\left[1-\dfrac{(1/a_0)^{\rho}}{(1/a)^{\rho}}\right]=\left(\dfrac{a}{a_0}\right)^{\rho}, & 1/a\geqslant 1/a_0\\ 1, & 1/a<1/a_0\end{cases}\tag{7-2}$$

其中，$1/a_0$ 是最小值，$\rho>0$ 是形状参数。在计量检验时，我们的原假设 H_0：样本服从 Pareto Ⅰ分布；备择假设 H_1：样本不服从 Pareto Ⅰ分布。我们的估计采用极大似然估计方法（maximum likelihood estimate，MLE），在 5%的显著性水平下，如果 $p<0.05$ 我们则接受原假设。

（三）企业生产效率分布实证结论

1. 企业生产效率的 Lognormal 分布

由于部分样本的数据缺失，我们最终选取的企业样本总数为 1 620 257 个，占全国企业总数（规模以上）的 85.117 9%，因此我们的研究结论具有一定的代表性。从表 7-1 中我们可以看出，TFP 值的变异系数相对较大，这也表明企业生产效率分布相对较为分散。此外，从 TFP 值的峰值及偏度来看，整体变现为“尖峰”特征，并且存在着“左偏”或者“右偏”。

表 7-1　TFP 值的统计指标

年份	观察值	初始样本数	样本占比	变异系数	对数峰值	对数偏度
2000	148 214	162 883	0.909 941	3.998 542	16.808 26	−0.150 8
2001	161 681	169 031	0.956 517	7.271 49	18.415	0.042 073
2002	174 223	181 557	0.959 605	2.412 156	26.065 87	−0.671 26
2003	190 612	196 222	0.971 41	14.756 35	49.577 56	1.794 783
2005	210 275	271 835	0.773 539	6.845 576	30.804 53	1.632 658
2006	233 277	301 961	0.772 54	32.828 54	43.504 04	2.973 083
2007	260 847	336 768	0.774 56	6.954 101	26.738 47	1.980 759
2000~2007	1 379 129	1 620 257	0.851 179	18.373 71	29.202 6	1.074 783

根据 LP 估算的企业 TFP 值，通过核密度函数估计（kernel density estimation）我们可以得到企业生产效率分布图（图7-1）。图中实线为正态分布，虚线为我们对 TFP 进行的核密度估计分布。从图7-1中我们可以看出，TFP 分布呈“尖峰厚尾”右偏分布，这与很多 FSD 的估计是相似的。其中，TFP 的峰值（kurtosis）为29.2026（正态分布为3.0），偏度（skewness）为1.074 783（正态分布为0）。从企业生产效率的分布图、峰值和偏度数据来看，我们可以判断出企业生产效率并不服从 Lognormal 分布。①

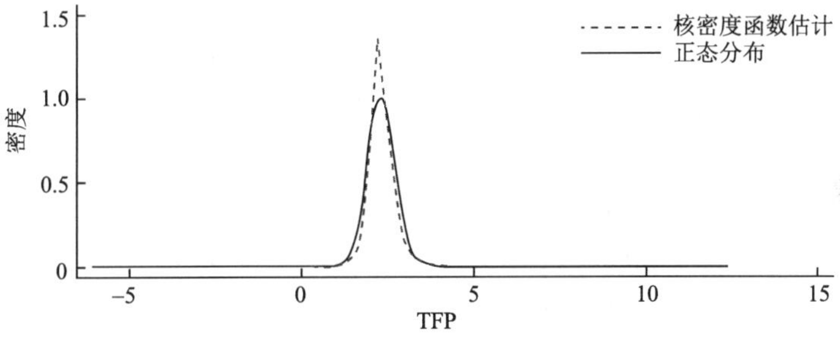

图 7-1　企业生产效率分布图与累积密度函数（2000～2007 年）

Kernel=Epanechnikov，bandwidth=0.0161

2. 企业生产效率的 Pareto 分布

根据 TFP 值，我们可以估算出各年 TFP 的 Pareto Ⅰ分布的形状参数，无论是以全国样本还是以省（直辖市、自治区）样本作为检验样本，在 1% 的显著性水平下总能通过 t 检验。因此，我们可以判定企业的生产效率始终服从 Pareto Ⅰ型分布。

① 这里我们同样采用 STATA 中的“lognfit”进行了检验，TFP 无法通过 t 检验。

按照 Pareto Ⅰ 分布的定义，ρ 值越大，企业的异质程度越小。从表 7-2 中我们可以看出，形状参数值在 2000～2007 年的波动变化，其中以 2006 年的数值最高，2002 年的最低。表 7-2 中的数值为全国样本获得的结果，与地区的样本数据进行对比后我们可以发现：地区规模越大，企业异质程度越大（即 ρ 值越小）。

表 7-2　各年企业生产效率 Pareto 分布的形状参数

年份	ρ 值
2000	0.156***
2001	0.157***
2002	0.120***
2003	0.123***
2005	0.122***
2006	0.158***
2007	0.118***

*，**，***分别表示 10%、5%、1%的显著性水平，下文同；计量软件：STATA12.0/SE

二、企业生产效率演化

（一）经验假说与计量模型的设定

如果中国的企业生产效率最初服从 Pareto Ⅰ 分布，那么随着部分企业的迁移，一些地区高效率的企业更多，而另外一些地区低效率的企业更多。从而分地区的企业生产效率将会发生变化，不同的地区会出现截然不同的结果，区域之间企业的生产效率差异也将进一步扩大。在理论研究中我们发现，这种地区生产效率的差异与贸易自由化有着直接的关联。贸易自由化的程度越高，地区生产效率的差异越大。由此，我们可以提出如下的经验假说。

经验假说7.2　中长期内地区生产效率将会发生演变，从而中国地区的生产效率差异将会进一步增加，并且地区生产效率差异随着贸易自由化水平的变化而变化。

（二）计量模型的设定

我们假定地区整体的生产效率会随着贸易自由化的水平提高而出现动态演化，我们使用的是面板数据，模型为个体时间（双）固定效用模型，

因此我们的模型设定为

$$\ln \rho_{i,t} = \alpha_0 + \alpha_1 \ln \phi_{i,t} + \eta_{i,t} \tag{7-3}$$

其中，$\rho_{i,t}$为i时期t地区的以企业生产效率计算得到的形状参数，即企业异质性的差异程度；$\phi_{i,t}$为i时期t地区的贸易自由化水平；其中$\eta_{i,t} = \beta_i + \gamma_t + \varepsilon_{i,t}$，$\beta$和$\gamma$分别为随机变量，前者表示截面序，后者表示时间序；$\varepsilon$为误差项，服从独立同分布（independent and identically distributed，IID）。[①]

（三）企业生产效率分布的动态演化实证结论

表 7-3 中我们给出了地区生产效率分布与贸易自由化的回归结果，我们采用的数据为 2000～2003 年及 2005～2007 年的数据。其中，(7.3.1) 为 OLS 估计，(7.3.2) ～ (7.3.4) 分别采用了时间固定效应、地区固定效应及地区时间固定效用。

表 7-3　地区生产效率分布与贸易自由化（非平衡面板估计）

变量名	(7.3.1)	(7.3.2)	(7.3.3)	(7.3.4)
$\ln \phi$	−0.0388	−0.0601	0.2631*	−0.4599*
地区固定效应	否	否	是	是
时间固定效应	否	是	否	是
观察值	195	195	195	195

在采用固定效应分别控制了时间和地区特征后，我们发现贸易自由化对地区的生产效率分布有着显著的负向影响。也就是说，随着贸易自由化水平的提高，地区的企业生产效率分布ρ变小，即地区企业的异质程度增加。从而，我们的经验假说 6.2 得以证实。

三、企业生产效率的排序效应

（一）经验假说

此外，在本书第三章的基础理论模型中，我们还指出不同生产效率的企业迁移会存在先后顺序（命题3.18）。从另一个侧面来说，即地区企业生

① 如无特殊交代，下文同。

产效率存在"排序效应"(sort effect)，企业生产效率由高到低依次为：R 型企业（外商直接投资企业）、X 型企业（中国的出口型企业）及 D 型企业（中国本地非出口的企业）。

经验假说7.3 地区企业生产效率存在排序效应，相比较而言，外商直接投资型企业的生产效率最高，出口外贸型企业的生产效率次之，以本地市场为销售市场的企业的生产效率最低。

（二）计量模型的设定

在理论研究中，我们指出企业生产效率存在着排序：R 型企业的生产效率大于 X 型企业，X 型企业的生产效率大于 D 型企业。[①]在研究企业生产效率差异时，很多研究采用设定计量回归的方法，如 Bernard 和 Jensen（1999）等。这里我们采用相似的方法，设定虚拟变量 dum1 及虚拟变量 dum2：

$$\text{dum1}=\begin{cases}0\text{，非X型企业}\\1\text{，X型企业}\end{cases}\quad,\quad \text{dum2}=\begin{cases}0\text{，非R型企业}\\1\text{，R型企业}\end{cases}\tag{7-4}$$

如果某企业是 X 型企业，那么其对应的虚拟变量 dum1为1，否则为0；如果某企业是 R 型企业，那么其对应的虚拟变量 dum2为1，否则为0。此外，为避免变量遗漏引起的估计偏差，我们在模型中加入了控制变量向量 $\bar{z}$ 。具体而言，我们的计量模型设定为

$$\ln \text{TFP}_{i,t}=\alpha_0+\alpha_1\text{dum1}+\alpha_2\text{dum2}+\alpha\ln(\bar{z}_1)_{i,t}+\eta_{i,t}\tag{7-5}$$

其中，$\eta_{i,t}=\beta_t+\gamma_i+\varepsilon_{i,t}$，而 β，γ 分别用来控制时间、地区特征，ε 为误差项，服从独立同分布。控制变量向量 $\bar{z}$ 包括国有资本（$\ln \text{national}$）、民营资本（$\ln \text{pri}$）、补贴收入（$\ln \text{sub}$）及企业经营年限（$\ln \text{age}$）。

（三）企业生产效率排序效应的实证结论

从表 7-4 中我们可以看出，出口（dum_1）及外商直接投资（dum_2）的确与企业生产效率呈现出正向的关系。表 7-4 中的模型我们采用 OLS 估计，其中（7.4.3）我们控制了时间固定效应，（7.4.4）我们控制了地区固定效应，而（7.4.5）我们则同时控制了时间固定效应和地区固定效应。

---

① 这一结论在 Helpman 等（2004）的研究中得到验证，本书我们打算使用中国微观数据进行检验。

表 7-4　出口、外商直接投资与企业生产效率（OLS 估计）

变量名	（7.4.1）	（7.4.2）	（7.4.3）	（7.4.4）	（7.4.5）
lnnat		$-0.006\,9^{***}$	$-0.007\,2^{***}$	$-0.000\,2$	$-0.000\,5^{***}$
lnpri		$0.000\,7^{***}$	$-0.000\,8^{***}$	$0.008\,4^{***}$	$0.006\,8^{***}$
lnsub		$0.024\,0^{***}$	$0.026\,1^{***}$	$0.021\,1^{***}$	$0.023\,9^{***}$
lnage		$-0.016\,8^{***}$	$-0.015\,8^{***}$	$-0.013\,1^{***}$	$-0.012\,5^{***}$
dum_1	$0.078\,7^{***}$	$0.068\,6^{***}$	$0.082\,9^{***}$	$0.073\,6^{***}$	$0.087\,5^{***}$
dum_2	$0.085\,4^{***}$	$0.083\,0^{***}$	$0.081\,7^{***}$	$0.092\,4^{***}$	$0.090\,2^{***}$
时间固定效应	否	否	是	否	是
地区固定效应	否	否	否	是	是

从我们的估计结果来看，无论是出口还是外商直接投资对本地企业的生产效率总是有着显著的正向影响，并且外商直接投资对本地区企业的生产效率的影响要大于出口对本地区企业的生产效率的影响。虽然出口或者外商直接投资对本地企业生产效率有着显著的正向关系，但是这种关系是属于事前行为还是事后行为我们无从得知。也就是说，不同类型（X 型及 D 型）的企业生产效率的差异是出现在经营状况发生改变之前还是改变之后，是由于“自由选择效应”的存在而形成，还是因为“出口学习效应”所致？

所幸的是，Bernard 等（2007）的研究发现，X 型企业的生产效率更高是因为“自我选择效应”的存在。[①]钱学锋等（2011）采用了类似于 Wagner（2007）的研究方法发现，中国工业企业出口行为中同时包含了“自我选择效应”与“出口学习效应”。因此，我们可以认为生产效率存在着排序效应。

此外，我们需要说明的是，国有资本对企业生产效率具有显著的负向影响，这与钱学锋等（2011）的研究相似。但是，与前文不同的是，本书研究发现私营资本对企业生产效率的影响显著为正。相比较而言，民营企业具有较高的灵活度并且具有高效率，这也是我国市场经济过程中大力改革国有经济的初衷。此外，我们在研究中还发现，政府对企业的补贴能够有利于企业提高生产效率；而企业的经营年限越长，企业的生产效率可能越低。

① 出口企业生产效率更高可能是因为两个方面：自我选择效应（self-selecting effect）或者出口学习效应（learning by exporting）。自我选择效应是指企业生产效率本来就存在着差异，因为生产效率的差异才会进行不同的选择；出口学习效应是指企业因为出口或者对外直接投资从中提高了自身的生产效率。本书研究中我们需要说明自我选择效应的存在，因此自我选择效应同样是本书研究中需要验证的内容。

四、企业异质性与产业空间分布演化

就目前的研究而言，企业异质性的研究主要集中在生产效率的研究方面。当然，企业生产效率差异只是企业异质性的一个方面。无论是企业所有制结构、企业规模抑或是企业资本密集度，都在生产效率方面有所体现。

（一）中国企业生产效率服从 Pareto Ⅰ 分布

尽管大量的研究发现 FSD 服从 Lognormal 分布或者 Pareto Ⅰ 型分布，但在本书第三章中我们发现，在规模报酬递增时企业的生产效率与企业的规模呈非线性关系[式(3-16)]，并且目前在我们掌握的文献中，尚无对企业生产效率的空间分布进行专门研究的内容。企业生产效率是否服从 Pareto Ⅰ 型分布对本书的研究至关重要，因为本书的理论研究是建立在这一假设基础之上的。如果中国企业生产效率不服从这一假设，那么我们的理论模型将不适用于中国。

在本章中，我们采用《中国工业企业数据库》（2000～2003 年，2005～2007 年）中的微观数据，根据 Levinsohn 和 Petrin（2003）使用的半参数计算企业生产效率，发现中国企业生产效率存在着明显的左偏特征，同时中国企业生产效率服从 Pareto Ⅰ 型分布。进一步地，我们将所有的样本分省份进行研究，得到了同样的结论（详见本书附录 2）。并且，随着贸易自由化水平的提高，企业异质性不断提高。由此，我们可以得到如下结论。

结论1　中国企业的生产效率服从 Pareto Ⅰ 型分布，并且随着贸易自由化而出现了动态演化。地区的贸易自由化水平越高，地区企业的异质性越强。

我们研究发现，在贸易自由化水平提高的过程中，一方面不断有企业会从边缘地区向核心地区迁移，另一方面不断有一些低效率的企业进入本地市场，从而企业的异质性会增加。

（二）中国企业生产效率存在的排序效应

为什么有些企业生产的产品只供应本地市场，而另外一些企业生产的产品出口国外市场？为什么有些企业选择在本地生产，而另外一些企业选择远离本土？在绪论部分我们曾经对经济中的这种现象提出过质疑，而在本书的第三章和第七章中我们对此进行了解释。与新新贸易理论研究的结论相似，企业生产效率的差异自身就决定了企业的这种出口行为。尽管大量的研究指出企业的出口行为可能是由于“出口学习效应”的存在，然而在本书的研究中我们发现，出口的“自我选择效应”同样存在。

在本书的研究中我们还发现，R 型（外商直接投资）企业有着高于一般 X 型企业的生产效率。从我们的理论研究中可以发现，R 型企业实质上是生产效率最高的 X 型企业。由于迁移至国外能够更加接近市场，从而节约了企业的运输成本，使企业的利润增加。如果对企业的性质进一步细分，我们会发现国有企业的生产效率的确较低，而民营企业的生产效率相对较高。此外，随着贸易自由化水平的提高，那些最高效率的企业会率先选择迁移。在所有高效率的企业迁移完成后，低效率的企业才有可能会出现迁移。从而，我们可以得到如下的结论。

结论2 在中国企业存在着生产效率的排序效应：R 型（外商直接投资）企业的生产效率最高，X 型企业的生产效率次之，而 D 型企业的生产效率最低。此外，企业的性质对企业的生产效率会产生一定的影响，相比较而言，民营企业有着较高的生产效率，而国有企业的生产效率则相对较低。

（三）异质性企业改变了产业集聚路径

在以往新经济地理学的研究中，我们无法得到结论 2 这样鲜明的结论。在考虑企业异质性时，我们不仅可以得到企业生产效率的“排序效应”，还可以得到异质性企业对产业集聚的影响。由于企业生产效率存在差异，企业的迁移行为也会存在差异，而这种迁移行为的差异会改变以往产业集聚的路径（图 3-2）。

不同类型的企业发生迁移时对地区价格指数的影响是不同的，这一点我们在第三章中已经讨论过。在 X 型企业迁移时，边缘地区的企业迁移到核心地区之后仍然会对边缘地区出口商品，从而核心地区的价格指数与贸易自由化有着直接的关联。此外，贸易自由化改变着地区的价格指数，从而导致企业在地区之间发生迁移。而在 D 型企业发生迁移时，边缘地区的企业迁移到核心地区之后不再向边缘地区提供产品，从而核心地区的价格指数与贸易自由化没有直接的关联。核心地区价格指数的变化只是因为边缘地区企业的迁移而发生的，贸易自由化对其没有直接的影响。正是因为这一原因的存在，在贸易自由化的进程中，地区的产业份额出现了类似于图 3-2 中的拐点，并且核心地区的产业集聚不一定会出现。

结论3 由于不同类型的企业迁移具有不同的特征，企业异质性改变了产业集聚的路径。对应地，在国外市场进入成本相对越大时，新经济地理学完全的核心-边缘结构越不可能出现。

第三节　交通基础设施、城市群与产业的空间分布

本质上而言，贸易政策中所谓的冰山交易成本、市场进入成本及关税同盟与我们现实中的交通基础设施的建设、城市群的建设是相似的。从而，我们可以通过交通基础设施和城市群的建设对产业空间分布的影响，来分析贸易政策对产业空间分布的影响。

一、交通基础设施与产业的空间分布

（一）经验假说

在本书的第四章中，我们分析了贸易政策对产业空间分布的影响，在理论模型中我们探讨了不同的贸易政策，包括冰山交易成本、市场进入成本及关税同盟。映射到区域层面，我们将重点分析区域间交通基础设施的建设，以及城市群的形成对产业空间分布的影响。

在我们的理论研究中，我们曾经指出地区的市场进入成本越高，本地区的产业份额越高。在区域经济中，地区的基础设施通常存在着一定的差异，从而影响了地区的市场进入成本。内部有着良好交通设施的地区，内部经济一体化程度相对较高，通常也会排挤其他地区的企业，从而设定较高的市场进入成本。在这种情况下，有着良好基础设施的地区将有较高的市场进入成本。因此，我们提出如下的经验假说。

经验假说 7.4　地区交通基础设施的建设将会导致本地区的产业份额减少。

（二）计量模型设定

对应地，我们的计量模型设定为

$$\ln \lambda_{i,t} = \alpha_0 + \alpha_1 \ln ins_{i,t} + \alpha_2 \ln(\bar{z}_2)_{i,t} + \eta_{i,t} \tag{7-6}$$

其中，$\lambda_{i,t}$ 为 i 地区 t 时期的产业份额，$\text{ins}_{i,t}$ 为 i 地区 t 时期的交通基础设施建设投入数据，$\bar{z}_2$ 为控制变量。通常情况下，我们认为人口密度（den）、外商直接投资（FDI）及人力资本（hum）等会对产业集聚产生一定的影响，我们将这些变量作为控制变量加入到上述计量模型中。

（三）交通基础设施对产业空间分布影响的实证结论

表 7-5 我们给出了交通基础设施对产业空间分布的影响稳健性估计结

果，我们的计量估计采用固定效应。[①]从计量估计结果来看，地区交通基础设施的投入与地区的产业份额成反比，弹性系数为0.2左右。也就是说，地区交通基础设施投入增加1%，会导致地区的产业份额减少0.2%。

表 7-5 交通基础设施对产业空间分布的影响估计（固定效应）

变量	(7.5.1)	(7.5.2)	(7.5.3)	(7.5.4)
lnins	−0.1710***	−0.1488***	−0.1525***	−0.2069***
lnden		−0.6445**	−0.6496**	−0.6756**
lnhum			0.0050	−0.0536
lnFDI				0.0946***
常数项	−3.9423***	−6.3185***	−6.3503***	−7.4899***
观察值	308	308	308	308

通常情况下，我们认为某地区的基础设施投入增加之后，必然导致本地区的产业份额增加。但是，如果以地区的公路里程/地区面积作为代理变量，我们可以发现事实情况并非如此。事实上，地区交通基础设施建设会惠及其他地区，从而地区交通基础设施的增加反而会导致本地产业份额的减少，这与我们的理论研究结论是一致的。此外，我们在研究中发现，人口密度很有可能导致地区的产业份额减少，而外商直接投资很明显地带动了地区产业份额的增加，人力资本对地区产业份额几乎没有任何影响。

二、城市群与产业的空间分布

（一）经验假说

随着我国经济的快速发展，出现了长江三角洲、珠江三角洲、环渤海等大型城市群，多数时候城市集群发展能够从中获得正的外部性，如技术溢出等。但是，从某种意义上来说，城市集聚发展具有关税同盟的性质。与国际贸易中的关税同盟相类似，城市群有着较低的内部交易成本，以及较高的外部交易成本，进入城市群中的领头羊将会进一步获得更多的产业份额。那么城市群中边缘城市的产业份额是否必然增加呢？只要其他地区存在产业，城市群中所有地区的产业份额都会增加，但是城市群中的核心城

① 我们的数据为面板数据，其中时间序为1999~2008年，截面序为全国28个省（自治区、直辖市）。受于数据的限制，我们的截面序中不包含港澳台地区、西藏、海南及青海。根据Hausman的检验，我们在混合面板、固定效应及随机效应中选择了固定效应。

市和边缘城市的产业份额差距还是会进一步增加。由此，我们可以提出如下的经验假说。

经验假说 7.5 如果存在城市群，该城市群中所有城市的产业份额都会增加，同时城市群外城市的产业份额将会减少，也就是说城市群的形成对城市群内城市的产业份额有着正向的影响。

（二）计量模型的设定

在上文中我们提到，城市群的形成会导致城市群内部地区产业份额增加，而城市群外部地区的产业份额减少。这里我们通过虚拟变量的设定可以考察城市群的产业效应。如果某地区属于一个城市群，那么我们设定该地区对应的城市群变量（dum _ c）为 1，否则我们设定变量为 0。对应地，我国有多个城市群的存在，因此我们需要设定一组城市群虚拟变量

$$\text{dum}\_c_s = \begin{cases} 1\ , & \text{地区处于}s\text{城市群内} \\ 0\ , & \text{地区处于}s\text{城市群外} \end{cases} \tag{7-7}$$

对应地，我们的计量模型设定为

$$\ln \lambda_{i,t} = \alpha_0 + \alpha_s \text{dum}\_c_s + \alpha_2 \ln(\bar{z}_3)_{i,t} + \eta_{i,t} \tag{7-8}$$

其中，$s = 1,\cdots,10$。[①] $\bar{z}_3$为控制变量，包括人口密度、人力资本、外商直接投资及交通基础设施等。

（三）城市群对产业空间分布影响的实证结论

在上一节的基础上，我们进一步估计了城市群对产业空间分布的影响，表 7-6 中我们给出了城市群对产业空间分布影响的面板随机效应。

表 7-6 城市群对产业空间分布的影响（随机效应）

变量	估计系数	标准误差	z	P>z	95%的置信区间	
lnins	−0.196 789 7	0.047 624 4	−4.13	0.000	−0.290 131 9	−0.103 447 6
lnFDI	0.104 998 3	0.028 346 9	3.70	0.000	0.049 439 4	0.160 557 2
lnhum	−0.107 872 5	0.048 557 9	−2.22	0.026	−0.203 044 3	−0.012 700 8
lnden	0.096 962	0.112 254 1	0.86	0.388	−0.123 052	0.316 976 1
dum_c1	0.937 904 8	0.357 745 4	2.62	0.009	0.236 736 6	1.639 073
dum_c2	1.928 395	0.387 164 1	4.98	0.000	1.169 567	2.687 222

① dum_c1~dum_c10 依次为京津冀、长江三角洲、珠江三角洲、山东半岛、辽中南、中原、长江中游、海峡西岸、川渝和关中城市群。

续表

变量	估计系数	标准误差	z	P>z	95%的置信区间	
dum_c3	2.120 03	0.502 919	4.22	0.000	1.134 327	3.105 733
dum_c4	1.821 205	0.507 790 2	3.59	0.000	0.825 954 8	2.816 456
dum_c5	1.130 897	0.481 975	2.35	0.019	0.186 243 1	2.075 551
dum_c6	0.809 885 1	0.314 505 8	2.58	0.010	0.193 465	1.426 305
dum_c7	1.137 34	0.483 544 9	2.35	0.019	0.189 609 2	2.085 07
dum_c8	0.511 094	0.357 160 8	1.43	0.152	−0.188 928 3	1.211 116
dum_c9	0.203 650 8	0.468 706 3	0.43	0.664	−0.714 996 8	1.122 298
dum_c10	0.612 360 6	0.517 929 7	1.18	0.237	−0.402 762 9	1.627 484
常数项	−50.338 909	0.604 64	−8.83	0.000	−6.523 981	−4.153 836

从表 7-6 中我们可以看出，总体而言城市群对产业空间分布有着显著的影响。其中，珠江三角洲（弹性系数为 2.120 03）、长江三角洲（弹性系数为 1.928 395）、山东半岛（弹性系数为 1.821 205）影响最为显著，辽中南（弹性系数为 1.130 897）、长江中游（弹性系数为 1.137 34）、京津冀（弹性系数为 0.937 904 8）及中原（弹性系数为 0.809 885 1）次之。尽管海峡西岸（弹性系数为 0.511 094）、川渝（弹性系数为 0.203 650 8）和关中城市群（弹性系数为 0.612 360 6）城市圈的形成对地区经济活动同样具有正向的影响，但是没有显著的影响。整体而言，中国城市圈的形成，的确对地区的产业空间分布产生了明显的影响。

三、贸易政策与产业空间分布演化

从新经济地理学的角度来看，交通基础设施、城市群的形成本质上与贸易政策是相似的，我们最终可以归结到某个运输成本或者交易成本上。因此，在分析了交通基础设施和城市群对产业分布的影响后，我们再重新回到我们的理论模型中去，得出了如下一些重要的结论。

（一）“小国政策优势”导致不完全集聚成为常态

在现实世界中，我们难以观察到 Krugman（1991）所提出的“突发性集聚”及完全的核心-边缘结构，是什么原因导致这种情况在现实世界中并不存在呢？在本书的第四章第一节中，我们对非对称的冰山贸易成本进行了研究。在地区规模存在差异时，地区对贸易保护主义的态度是截然不同的。相比较而言，小国总是希望得到贸易保护，而大国只有在一定的条件下才需要贸易保护，在突破某个贸易自由化的“临界值”时，大国会主动寻求贸易自由化。

虽然在大国寻求贸易自由化的同时，小国可以采取贸易保护主义，但是这种贸易保护主义是有一定的限定条件的，否则可能会遭受到大国的可置信的“报复性”关税威胁，并且最终双方实现“纳什均衡”。在“理性经济人”的假设条件下，小国总是在区域一体化中进程中占据主动，从而不完全集聚成为一种“常态”。

结论 4 由于小国对贸易保护主义总是有着某种需求，但是在区域之间的贸易自由化水平达到某个“门槛值”之后，进一步的贸易自由化对大国更加有利，因此小国在此时具有某种“政策优势”。正是由于政策优势的存在，小国在区域一体化中能够采用主动，从而导致完全集聚难以出现。

（二）差异化市场进入成本改变经济活动空间的分布

地区或者国家之间的贸易战是多个方面的，包括关税及非关税贸易壁垒。在以往的国际贸易理论中，我们通常会认为非关税贸易壁垒能够有效地保护本国的产业和劳动力就业等。然而，在本书的研究中我们发现，差异化市场进入成本（我们可以将之看作是非关税贸易壁垒）不仅能够有效地保护本国的产业，同时还可以增加本地的产业。通过 1998～2009 年全国面板数据的研究发现，本地的交通基础设施建设（市场进入成本较高的地区）的确降低了该地区的产业份额。究其原因，高额的市场进入成本导致其他地区的企业难以向本国出口商品，为了利用国外市场一些高效率的企业选择了迁移至该地区。本地高额的市场进入成本能够有效地增加本地的产业份额，因此这种贸易政策同样改变着地区产业的空间分布。但是这种政策有“副作用”，贸易政策会导致本地产业份额增加和本地企业生产效益下降的“两难困境”出现。

结论 5 差异化的市场进入成本（非关税贸易壁垒）不仅能有效地保护本国的产业和劳动力就业，甚至可以吸引其他地区的产业进入本地区，从而这种贸易政策有效地改变了地区产业的空间分布。

（三）关税同盟存在“产业消失”效应和“产业转移”效应

关税同盟的形成可能导致“产业消失”效应或者“产业转移”效应。关税同盟的“产业消失”效应是指，关税同盟的建立导致企业总数减少，并且这种“产业消失”效应可能源于直接效应或间接效应。关税同盟不仅存在“产业消失”效应，同时还会产生“产业转移”效应。由于“产业转移”效应的存在，关税同盟的建立会导致非关税同盟的产业转移至关税同盟成员国，除非该非关税同盟的市场份额大于关税同盟的市场总和。因此，无论是大国-中等国关税同盟、中等国-小国关税同盟还是大国-小国关税同盟的形成，都能有效地增加关税同盟成员国的产业份额。

城市群的形成与关税同盟有着某种相似之处，如果说关税同盟是国家与国家之间所建立的一体化的某种形式，那么城市群则是地区与地区所建立的一体化形式。在这种城市群形成过程中，不仅城市群内部会形成核心-边缘结构（如第四章第三节中的大国-中等国），城市群与外围地区同样形成了核心-边缘结构。也就是说，在城市与区域的空间中，核心-边缘结构是多层次的，正如多层次的本地市场效应一样。同样采用1999～2008年全国28省（自治区、直辖市）的数据进行计量检验后我们发现，大多数城市群对产业的空间分布有着显著的正向影响。其中，珠江三角洲、长江三角洲、山东半岛的影响最为显著，辽中南、长江中游、京津冀和中原城市群次之。

结论6　如果同盟国的市场规模足够大，那么关税同盟（城市圈）的形成将能够有效地增加本地的产业份额。整体而言，城市圈的形成的确对地区的产业空间分布产生了显著的影响。

第四节　税收、补贴与产业的空间分布

税收和补贴是区域最常用的财税政策，而这些政策对产业在空间上的分布也有着举足轻重的作用，这一点我们在前文中已经进行了详细分析。在本节中，我们主要分析中国各省份的财税政策对中国产业空间分布的影响，验证第五章中的理论假说。

一、税收与产业的空间分布

（一）经验假说与计量模型的设定

在本书的第五章中，我们具体研究了财税政策对产业空间分布的影响，讨论了财政政策、税收政策及集权式和分权式的财税政策对经济活动空间分布的影响。研究中发现，不同种类的税收或者补贴对产业的空间分布的影响并不相同。一般情况下，劳动力收入税（或者工资补贴）并不会对产业的空间分布产生实质性的影响，只会直接改变消费者的福利水平。由此，

我们提出如下的假说。

经验假说 7.6 个人所得税不会对产业的空间分布产生显著影响。

尽管全国各地有着统一的个人所得税政策，但由于各地区居民收入水平存在差异，从而不同地区个人支付的所得税是存在差异的。此外，地区居民收入增加的速度是存在差异的，从而地区居民实际支付的所得税也存在着差异。对应地，我们的计量模型设定如下

$$\ln \lambda_{i,t} = \alpha_0 + \alpha_1 \ln \text{itax}_{i,t} + \alpha_2 \ln(\bar{z}_4)_{i,t} + \eta_{i,t} \tag{7-9}$$

其中，$\text{itax}_{i,t}$ 为 i 地区 t 时期的个人所得税财政收入，控制变量为我们上文研究中的人口密度、人力资本、外商直接投资、交通基础设施及城市圈。虽然个人所得税对产业的空间分布不会产生显著的影响，但是消费税及资本收入税会减少本地的产业份额，从而我们提出如下的经验假说。

经验假说 7.7 资本税与该地区的产业份额成反比。

$$\ln \lambda_{i,t} = \alpha_0 + \alpha_1 \ln \text{capitax}_{i,t} + \alpha_2 \ln(\bar{z}_5)_{i,t} + \eta_{i,t} \tag{7-10}$$

与式（7-10）相似，$\text{capitax}_{i,t}$ 为 i 地区 t 时期的企业所得税，控制变量 $\bar{z}_5$ 为我们上文研究中的交通基础设施、城市圈、外商直接投资及个人所得税。

（二）个人所得税对产业空间分布影响的实证结论

表7-7给出了地区个人所得税对产业空间分布的影响，我们估计了4个不同的计量模型。其中，模型（7.7.1）和模型（7.7.3）采用 OLS 估计，模型（7.7.2）和模型（7.7.4）采用面板 Robust 估计。在采用 OLS 估计时，我们研究发现，个人所得税对产业空间分布有着显著的正向影响。然而通过 Hausman 检验我们发现，相比 Robust 估计，OLS 估计结果是有偏的。因此，这里我们主要选择 Robust 的估计结果。

表 7-7 个人所得税对产业空间分布的影响分析

变量名	（7.7.1）（OLS 估计）	（7.7.2）（Robust 估计）	（7.7.3）（OLS 估计）	（7.7.4）（Robust 估计）
lnitax	0.2166***	0.0108	0.1801***	0.0143
lnins	−0.5173***	−0.2069**	−0.2657***	−0.1550*
lnFDI	0.3914***	0.1821***	0.2211***	0.1065**
lnden	0.5704***	0.5419***	0.2557***	0.1461
lnhum	−0.5807***	−0.2646**	−0.5569***	−0.2116**
dum_c1			0.8019***	0.8861***

续表

变量名	(7.7.1)(OLS 估计)	(7.7.2)(Robust 估计)	(7.7.3)(OLS 估计)	(7.7.4)(Robust 估计)
dum_c2			1.3935***	1.8734***
dum_c3			1.2261***	2.0192***
dum_c4			1.1295***	1.7545***
dum_c5			0.7745***	1.1386***
dum_c6			0.2684*	0.4991***
dum_c7			0.5633***	0.7553***
dum_c8			0.7160***	1.1141***
dum_c9			0.3006***	0.4802
dum_c10			0.2622**	0.2071
常数项	–8.44411***	–3.7288***	–7.4634***	–5.0942***
观察值	252	252	252	252

注：如果加入地区虚拟变量，会导致地区虚拟控制变量与城市虚拟控制变量的共线性，从而部分变量被删除

此外，为了说明不存在内生性的问题，本书增加了动态 GMM 估计。在采用系统 GMM 估计时，我们采用地区个人所得税滞后一期和两期的数据作为控制变量，滞后一期的数据作为工具变量。Sargan 检验显示，模型中不存在工具变量过度，Arellano–Bond 检验显示我们的动态 GMM 模型设计合理。估计结果显示 lnitax 的系数为–0.263 544 6，同样不显著。

实际上从模型（7.7.2）和模型（7.7.4）我们可以看出，无论是否增加城市圈虚拟变量加以控制，个人所得税对地区的产业份额仍然没有显著的影响，即使是在 10%的显著性水平下，这与我们的理论预测是一致的。也就是说地区的个人所得税实际上并不能对地区的产业份额产生显著影响，从而我们的经验假说 6.6 得以成立。

（三）资本所得税对产业空间分布影响的实证分析

表7-8给出了资本所得税对产业空间分布的估计结果，估计采用随机效应进行估计，估计过程中我们删除了前文研究中并不显著的一些控制变量，如地区的人口密度及地区的人力资本。同样，为了说明内生性的问题，我们采用了系统GMM估计，采用地区个人所得税滞后一期和两期的数据作为控制变量，滞后一期的数据作为工具变量。估计lncapitax的系数为–0.412 319 7，在10%的显著性水平下显著，并且估计结果通过了Sargan检验及Arellano-Bond检验。

表 7-8 资本所得税对经济活动空分布的影响分析（RE 稳健性估计）

变量名	（7.8.1）	（7.8.2）	（7.8.3）	（7.8.4）
lncapitax	−0.095 4***	−0.051 3*	−0.100 7***	−0.163 3***
lnins		−0.090 4*	−0.137 6***	−0.135 1***
lnFDI			0.101 6***	0.113 9***
lnitax				0.044 8
dum_c1	1.114 1***	1.174 6***	1.063 5***	1.073 8***
dum_c2	2.427 9***	2.461 1***	2.288 8***	2.310 1***
dum_c3	2.738 3***	2.739 8***	2.517 6***	2.534 4***
dum_c4	2.326 1***	2.359 7***	2.167 5***	2.161 5***
dum_c5	1.508 0***	1.511 9***	1.313 9***	1.300 5***
dum_c6	0.652 5	0.657 8	0.738 0	0.747 9*
dum_c7	0.970 5***	1.024 0***	0.907 3***	0.898 8***
dum_c8	1.535 3***	1.574 3***	1.354 7***	1.357 1***
dum_c9	0.676 3**	0.705 8**	0.679 0**	0.692 6**
dum_c10	0.221 7	0.239 6	0.201 4	0.198 9
常数项	−3.379 4***	−4.083 0***	−4.561 5***	−4.442 3***
观察值	252	252	252	252

在逐步增加了控制变量交通基础设施、外商直接投资及个人所得税之后，我们的研究结果比较稳健。资本税的确对地区的产业份额产生了显著影响，资本税对地区产业份额的弹性系数在−10%左右。即资本税每增加1%，地区的产业份额将会减少 0.1%左右，从而我们的经验假说 6.7 得以证实。

二、补贴对产业空间分布的影响分析

（一）经验假说与计量模型的设定

从上文的研究中我们发现，不同的税种对地区产业份额的影响是不同的。但是，无论是消费补贴还是资本补贴，始终可以增加该地区的产业份额。地区的补贴越高，地区的产业份额越大。

经验假说 7.8 消费补贴或者资本补贴与地区的产业份额是同方向变化。

在上文中我们发现，无论是消费补贴还是资本补贴，都能够有效地增加地区的产业份额，进而我们可以设定我们的计量模型如下

$$\ln\lambda_{i,t}=\alpha_0+\alpha_1\ln \mathrm{sub}_{i,t}+\alpha_2\ln(\bar{z}_4)_{i,t}+\eta_{i,t} \tag{7-11}$$

其中，$\mathrm{sub}_{i,t}$为i地区t时期资本补贴和/或劳动力补贴，其余变量与式（7-8）相同。受于数据的限制，这里采用劳动力的补贴（lnlabsub）数据对我们的理论进行检验。

（二）劳动力补贴对当期产业分布影响的计量结果

表 7-9 中我们给出了劳动力补贴对地区产业份额的影响估计结果，我们的估计采用了随机效应。从表中我们发现，地区的劳动力补贴对地区产业份额并没有显著的影响。

表 7-9　劳动力补贴对当期产业分布的影响

变量名	（7.9.1）	（7.9.2）	（7.9.3）	（7.9.4）
lnlabsub	0.003 6	0.003 5	–0.004 4	–0.004 0
lnins			–0.165 4***	–0.182 4***
lnFDI				0.022 1
dum_c1		1.006 1***	1.203 8***	1.176 2***
dum_c2		2.285 8***	2.505 7***	2.455 4***
dum_c3		2.545 3***	2.729 1***	2.663 4***
dum_c4		2.216 0***	2.383 0***	2.330 7***
dum_c5		1.398 5***	1.504 5***	1.450 0***
dum_c6		0.621 9	0.649 9	0.665 8
dum_c7		0.933 35***	1.064 1***	1.038 0***
dum_c8		1.499 0***	1.630 0***	1.578 5***
dum_c9		0.648 8*	0.746 7**	0.737 8**
dum_c10		0.182 3	0.237 2	0.226 1
常数项	–3.803 3***	–4.637 8***	–4.870 88***	–5.123 98***
观察值	196	196	196	196

那么，我们的理论与中国的经验数据为何不一致呢？经过分析，我们推测可能存在 3 个方面的原因：①其代理变量不合理。在本书的研究过程中，我们采用地区社会保障补贴/地区就业人口，采用这一变量实际上可能并不能完全能说明地区对本地劳动力的补贴。②企业的迁移滞后。相比对资本或者消费者征税等行为，其使用的劳动力补贴并不能对微观主体迅速产生影响，从而企业的迁移可能并没有那样迅速。③中国存在“劳动力补

贴-产业悖论”。

我们在理论研究中指出，地区劳动力补贴能够对地区的产业份额产生正向的影响。我们的理论建立在一些基本的假设前提之上，包括劳动力市场不存在摩擦，不存在储蓄行为等。

由于没有更好的代理变量，我们无法验证上述的第一个原因。此外，对于这种“劳动力补贴-产业悖论”我们也无从验证。但是上述第二个原因在逻辑上可行，如果采用社会保障数据，其对产业的影响确实需要滞后数年。那么，事实是否真的如此呢？

（三）劳动力补贴对后期产业分布的影响分析

表7-10中我们给出了劳动力补贴对后期产业分布的影响，其中模型（7.10.1）和模型（7.10.2）中被解释变量为滞后一期的地区产业份额，模型（7.10.3）和模型（7.10.4）中的被解释变量为滞后三期的地区产业份额。

表 7-10　劳动力补贴对后期产业分布的影响

项目	（7.10.1）	（7.10.2）	（7.10.3）	（7.10.4）
被解释变量	$L.\ln\lambda$	$L.\ln\lambda$	$L3.\ln\lambda$	$L3.\ln\lambda$
lnlabsub	0.008 4***	0.008 4***	0.005 0*	0.005 0*
dum_c1		1.002 3***		1.009 4***
dum_c2		2.191 0***		2.044 4***
dum_c3		2.476 1***		2.349 5***
dum_c4		2.115 6***		1.920 3***
dum_c5		1.304 6***		1.153 4**
dum_c6		0.639 0		0.683 6
dum_c7		0.902 1***		0.861 2***
dum_c8		1.426 4***		1.250 2***
dum_c9		0.564 8		0.467 7
dum_c10		0.192 9		0.192 8
常数项	−3.795 0***	−4.597 4***	−3.738 6***	−4.491 8***
观察值	196	196	196	196

从表 7-10 的估计结果来看，对劳动力进行的补贴的确对后期产业分布产生了显著的影响，这与上文分析的第二种原因相吻合。如果地区对劳动力补贴增加 1%，地区后续的产业份额将会增加 0.008%左右（一年滞后）。

虽然从系数上来看劳动力补贴对地区产业份额的相对影响并不大，但是由于企业总量较多，劳动力补贴对后续产业分布的影响还是相当大的。

三、财政政策与产业的空间分布演化

税收一直被认为是“双刃剑”，不同税种和税率对经济的影响会产生截然不同的结果，理论研究中有“拉弗曲线”支撑，“里根经济复兴计划”实践也为此提供了佐证。各种税种有着怎样的政策效果，是否真的如我们所愿？

（一）不同税种对产业的空间分布有着不同的影响

在建立理论模型时，我们始终假定消费者的效用函数为拟线性效用函数。在我们的理论模型中，消费者收入的增加或减少并不会改变工业产品的消费，消费者收入的变化只会增加或减少农产品的消费。从而按照我们的理论模型，我们得出个人所得税对产业的空间分布不会产生直接影响的结论。尽管我们的模型假设有着一定的局限性，但是通过 1999～2008 年全国 28 省（自治区、直辖市）的面板数据，我们证实了这一结论。

与个人所得税不同，资本所得税的征收直接影响着企业的经营利润及企业的经营规模。由于企业的经营利润受到市场规模等因素的影响，资本税对产业空间分布有着显著的影响。使用 1999～2008 年全国 28 省（自治区、直辖市）的面板数据，我们研究发现资本税的确对地区的产业份额产生了显著影响，资本税对地区产业份额的弹性系数在–10%左右。也就是说，资本税每增加 1%，地区的产业份额将会减少 0.1%左右。此外，个人所得税只是改变了征税地区消费者的福利水平，但是资本所得税则有可能同时降低两地区消费者的福利水平。

结论 7　不同的税种对产业的空间分布，以及消费者的福利产生了不同的影响。个人所得税对产业的空间分布不会产生影响，只会对征收个人所得税所在地的消费者福利产生影响。与个人所得税不同，资本所得税可能会因为企业的迁移而同时会降低两地区的消费者福利水平。

（二）劳动力补贴对产业空间分布会产生滞后的影响

无论是在新经济地理学还是在本书的框架下，我们都可以发现对劳动力的补贴与对资本的补贴对产业分布有着不同的效果。Dupont 和 Martin（2006）在新经济地理学的框架下研究发现，资本补贴可能对欠发达地区不利，因为在长期均衡时两地区的资本收益相同，发达地区有着更多的企业份额从而获利更多，因而其比例不变。然而，我们发现在含有企业异质性和市场进入成本的模型中，这一结论是不成立的。对边缘地区企业进行的补贴，不仅可以扩大边缘地区的产业份额，同时也可以增加边缘地区的产品种类数。

虽然与新经济地理学的研究不同，但我们的研究认为，对企业的补贴能够有效地增加边缘地区的产业份额。但是，关于到底是对劳动力补贴还是对资本补贴这一问题，我们与 Dupont 和 Martin（2006）的研究结论是一致的，即对劳动力的补贴优于对资本的补贴。尽管使用 1999～2008 年全国 28 省（自治区、直辖市）的面板数据，我们没有发现当期的劳动力补贴对当期的产业份额有着显著的影响。但是，这是否说明我们的理论研究结论在中国是不成立的呢？未必！对被解释变量滞后一期及滞后三期时，我们研究发现，对劳动力的补贴还是能够对地区的产业份额产生显著的正向影响的。

结论 8 无论是对欠发达地区的产业还是劳动力进行补贴，都可以有效地增加欠发达地区的产业份额，相比较而言，对劳动力补贴效果更佳。对劳动力补贴可以对地区的产业份额产生显著的正向影响，但是这种影响不会立刻体现出来。

（三）财政分权不利于欠发达地区增加产业份额

1994 年分税制改革后，中央的税收返还制度和转移支付制度对我国贫困地区的经济发展起到了积极作用。我们通过本书的研究发现，相比较而言，集权式的财政政策完全有效，而分权式的财政政策部分有效。

在财政分权的过程中，尽管看似中央对欠发达地区有着一定的政策倾斜，实则不然。以税收返还为例，目前发达地区的税收返率基本都在 75% 左右，而欠发达地区的税收返率低于 40%，区域之间的差距十分明显。虽然中央政府通过再分配政策改变了这一现状，但是欠发达地区的财力仍然无法与发达地区相比。在这种情况下，欠发达地区的“政策自由度”也远低于发达地区，从而不利于欠发达地区产业份额的增加。

当然，中央政府如果采取集权式的财政政策对边缘地区补贴、对核心地区征税，将会有效地促进边缘地区的产业份额增加，但是核心地区的福利水平将会受到重大的影响；相比之下，分权式的财政政策只是部分有效，但其是在不损害核心地区消费者的福利水平之下进行的。因此，中央政府选取集权还是放权主要取决于经济活动目前在空间的分布状况。

结论 9 集权式的财政政策和分权式的财政政策对产业空间分布产生了不同的影响。由于欠发达地区的财力与发达地区的财力不可同日而语，从而财政分权不利于欠发达地区产业份额的增加。

第五节　城市化、失业与产业的空间分布

在中国的城市化过程中，地区的城市化水平出现了巨大的差异。与此同时，失业也通常伴随着城市化，地区的失业水平也有着较大的差异。城市化、失业对产业在空间上的分布同样具有重要的影响，而本节则使用中国的经验数据对我们在第六章中提出的理论假说进行检验。

一、城市化、工人工资与地区失业

（一）经验假说与计量模型

在本书的第六章中，我们探讨了农业劳动力转变为城市劳动力的情况，不同的就业政策对失业及产业的空间分布会产生不同的影响。我们在研究中发现，地区的失业率与地区工人工资存在正向关系。因此，我们提出如下的经验假说。

经验假说7.9　地区的失业率与地区的工人工资存在着正向的关系，同时地区的失业率与地区城市化水平呈正相关。

一个地区的城市化水平越高，该地区的就业人口越多，即使该地区有着大量的产业，该地区同样可能存在着相对较高的失业率。此外，一个地区的工资水平越高，该地区的失业率越高。因此，我们的计量模型设定为

$$\ln \mathrm{unempr}_{i,t} = \alpha_0 + \alpha_1 \ln \mathrm{wage}_{i,t} + \alpha_2 \ln \mathrm{cityr}_{i,t} + \alpha_3 \ln(\bar{z}_6)_{i,t} + \eta_{i,t} \qquad (7\text{-}12)$$

其中，$\mathrm{wage}_{i,t}$ 为 i 地区 t 时期的工人平均工资水平；$\mathrm{cityr}_{i,t}$ 为 i 地区 t 时期的城市化水平。$\bar{z}_6$ 为控制变量，包括外商直接投资和交通基础设施。

（二）城市化、工人工资与地区失业计量结果

表 7-11 为城市化及地区工人工资水平对地区失业的计量分析结果，计量中我们采用时间地区固定效应进行估计，逐个增加控制变量进行稳健性检验。从我们的估计结果来看，中国的城市化率并没有能够对地区的失业率产生显著的影响，地区的工资水平与地区的失业率之间的确存在着显著的正相关，地区工资水平对地区失业率的弹性系数在 0.11 左右。也就是说，工人工资水平提高 1%，地区的失业率将增加 0.11%左右。此外，地

区的人口密度与地区的失业率有着显著的负相关，这也体现出了马歇尔所说的劳动力蓄水池的作用。

表 7-11　城市化、工人工资对地区失业的影响计量分析

变量	(7.11.1)	(7.11.2)	(7.11.3)	(7.11.4)
lncityr	−0.001 3	−0.002 9	−0.002 7	−0.002 9
lnwage	0.146 7***	0.108 0***	0.110 8***	0.114 3***
lnden		−0.201 3***	−0.183 7***	−0.185 4***
lnhum			0.011 2	0.012 2
lnFDI				−0.002 22
常数项	−1.704 8***	−2.653 9***	−2.589 3***	−2.616 9***
观察值	224	224	224	224

二、就业政策与产业的空间分布

（一）经验假说与计量模型的设定

为了进一步促进区域协调发展，一些落后地区纷纷拿出大量的资金对本地的农民工进行培训。与此同时，地方政府大力开展促进就业的措施，诸如增加农民招聘会等，以便就业信息得到更好的传输。通常情况下，政府对就业培训的投入力度越大，本地的失业率越高，同时本地的产业份额增加越多；但是政府的信息传输越高，本地的就业率越高，本地的产业份额同样也可以得到增加。

经验假说 7.10　落后地区的政府就业补贴，以及政府的信息传输对本地产业份额的增加有着显著的影响，但是前者会增加本地的失业率，而后者会降低本地的失业率。

虽然就业政策（如农民工的培训及政府信息传输）等可能会增加或者降低本地的失业率，但是我们的理论研究发现，政府就业补贴及信息传输都会增加地区的产业份额，进而我们设定就业补贴对产业空间分布影响的计量模型为

$$\ln\lambda_{i,t}=\alpha_0+\alpha_1\ln\text{govit}_{i,t}+\alpha_3\ln(\bar{z}_8)_{i,t}+\eta_{i,t} \tag{7-13}$$

类似地，信息传输对产业空间分布影响的计量模型为

$$\ln\lambda_{i,t}=\alpha_0+\alpha_2\ln\text{govit}_{i,t}+\alpha_3\ln(\bar{z}_8)_{i,t}+\eta_{i,t} \tag{7-14}$$

其中，$\bar{z}_8$为控制变量向量，包括交通基础设施、外商直接投资、人力资本、个人所得税及城市化率和城市圈。

（二）政府就业补贴对产业空间分布的计量分析

在表 7-12 中，我们给出了政府就业补贴与产业空间分布相关性的估计结果。在计量模型（7.12.1）中我们发现，政府的就业补贴对产业空间分布的影响为负，但是并不显著。

表 7-12 政府就业补贴对产业空间分布的影响

变量名	（7.12.1）	（7.12.2）	（7.12.3）	（7.12.4）
lnesub	−0.011 4	0.011 3	0.001 7	0.000 8
lnins	0.007 5	0.039 1	0.028 1	0.076 28
lnFDI	0.115 9*	0.110 4*	0.112 0*	0.180 6***
lnhum	−0.083 0	−0.015 2	−0.165 2	0.694 3*
lnitax			0.456 4***	
lncityr				−1.723 0**
dum_c1	0.881 4**	0.793 6**	0.586 6*	0.740 0**
dum_c2	2.340 2***	2.268 3***	1.547 5***	2.325 9***
dum_c3	2.243 5***	2.183 6***	1.264 6***	2.734 5***
dum_c4	2.089 9***	2.028 1***	1.362 7***	1.939 0***
dum_c5	1.389 9***	1.303 7**	0.967 2**	1.478 6***
dum_c6	0.529 5	0.578 2	0.237 7	0.583 4
dum_c7	0.779 2**	0.694 8**	0.684 0***	0.339 2
dum_c8	1.305 4**	1.264 8**	1.042 9***	1.294 1***
dum_c9	0.605 6*	0.559 7	0.517 8*	0.467 6
dum_c10	0.177 5	0.127 6	0.074 9	−0.418 4
时间固定效应		0.081 5	0.123 0	0.118 3*
常数项	−5.786 9***	−5.814 5***	−11.553 9***	−1.553 2
N	54	54	54	54

当然，从模型（7.12.2）～模型（7.12.4）中我们可以看出，在控制了城市圈之后，政府的就业补贴对产业空间分布的影响为正，但是并不显著。研究发现，无论我们如何增加控制变量，就业补贴对产业空间分布的影响始终为正，但是并不显著。

（三）信息传输对产业空间分布的影响分析

类似地，我们对信息传输与产业空间分布进行了回归，回归结果同样显示信息对地区的产业空间分布同样没有显著的影响。当然，在控制了城市圈的特征之后，我们的计量结果显示地区的信息传输对产业空间分布有着正向的影响，但这种影响并不显著（表 7-13）。

表 7-13　信息传输对产业空间分布的影响

变量名	（7.13.1）	（7.13.2）	（7.13.3）	（7.13.4）
lngovit	−0.000 5	0.006 5	0.010 6	0.006 9
lnins	−0.043 6	0.040 1	0.032 9	0.051 4
lnFDI	0.035 9	0.095 8**	0.072 6*	0.108 6***
lnhum	−0.165 8	−0.030 3	−0.072 4	−0.093 5
lnitax			0.383 7***	
lncityr				0.001 0
dum_c1	1.135 4***	0.784 7***	0.579 4**	0.803 9***
dum_c2	2.421 2***	2.042 4***	1.486 8***	2.022 6***
dum_c3	2.534 6***	2.227 2***	1.523 0***	2.165 8***
dum_c4	2.338 8***	2.032 1***	1.524 5***	1.985 9***
dum_c5	1.576 0***	1.282 1***	0.999 3***	1.271 6***
dum_c6	0.508 5	0.583 7	0.346 6	0.554 1
dum_c7	0.995 1***	0.767 9***	0.747 8***	0.753 4***
dum_c8	1.555 9***	1.306 9***	1.161 6***	1.268 1***
dum_c9	0.730 4**	0.618 2**	0.578 3**	0.600 9**
dum_c10	0.282 0	0.124 1	0.051 5	0.148 8
常数项	−4.839 3***	−5.685 2***	−10.495 2***	−5.689 1***
时间固定效应	否	是	是	是
观察值	162	162	162	162

那么，是什么原因导致我们的计量分析结果不显著呢？这里我们需要指出我们的数据库中可能存在两个问题：①代理变量的合理性问题。由于数据的限制，无论是就业补贴还是信息传输，我们的代理变量都不尽合理。②样本数的问题。由于统计数据的限制，我们能获得的数据极其稀少，尤其是政府的就业补贴只有极个别年份的数据。在这种情况下，我们的研究结论并不具有代表性。

三、就业政策与产业空间分布演化

一方面我们有着工资上涨的压力，另外一方面存在着失业的巨大压力。在宏观经济中，失业和通货膨胀是相互伴随的。而工资的上涨也可能会导致工资推动型通货膨胀。当然，在以往的研究中，似乎并没有对这些有着特别的研究。企业生产效率高，对就业就会有着更大的贡献吗？通过一系列就业政策，能够促进区域协调发展吗？

（一）地区工资水平与地区失业水平存在此消彼长的关系

我们在第六章的理论研究中指出，在存在农村人口转变身份时，地区的城市化水平越高，地区的失业率也就越高。此外，地区的工资水平越高，地区的失业率将越高。但是使用1999～2008年全国28个省（自治区、直辖市）的面板数据，我们发现中国的城市化水平与地区的失业率并没有显著的相关性，但是地区的工资水平的确与地区的失业率有着显著的正相关。

我们的理论研究与实证研究存在偏差有着一定的客观原因，比如，我们在第六章的理论研究中假定劳动力不存在跨区域的流动。但是，在中国城市化率最高的那些城市恰恰有着大量的外来人口，而这些外来人口的加入改变了地区城市化率与地区失业率之间的关系。地区的工资水平越高，地区的企业生产成本也将越高，从而企业可能重新选择区位，地区的失业水平会随之变化。另外，地区工资水平一旦提高，地区从农业部门转移至工业部门的人口也将大幅增加，从而造成地区失业率居高。因此，从本书的研究中我们仍然可以得出如下的结论。

结论10 地区的工资水平对企业的生产区位有着直接的影响，同时地区的工资水平也改变了地区工业工人的总数，进而地区的工资水平与地区的失业率存在着此消彼长的关系。

（二）不同生产效率的企业对就业的贡献相似

在以往的研究中，我们通常会认为不同生产效率的企业对就业有着显著的差异，比如，X型企业比D型企业能够增加就业。但是本书的理论研究发现，不同生产效率的企业对就业的影响是相似的。一些低效率的企业（本书研究中的D型企业，我们可以将之看作是劳动密集型企业）在生产中需要投入大量的劳动力，从而我们认为这类企业相对于高效率的企业（本书研究中的X型企业，我们可以将之看作是资本密集型企业）来说，可能对就业产生的影响更大。但是我们需要注意：尽管劳动密集型企业生产产品需要大量的劳动力投入，但是其产量相对于资本密集型企业而言也是较低的，其规模经济效应低于资本密集型企业，从而我们发现不同生产效率的企业对就业的贡献是相似的。

结论 11 无论是劳动密集型企业还是资本密集型企业，抑或 D 型企业或 X 型企业，其对本地就业的贡献是相似的。

（三）就业政策对产业空间分布没有显著的影响

为了促进区域协调发展，落后地区的地方政府纷纷出台政策对本地的农民工进行培训，以期能够提高地区劳动力的竞争力和地区经济增长率。中央政府对农民工培训资金给予了足够的重视，2010 年 1 月 25 日国务院办公厅发布了《关于进一步做好农民工培训工作的指导意见》，提出要加大政府投入力度，加强培训能力。此外，为了能够促进就业市场的发展，一些地方政府主动为企业和农民工“搭桥”，以构建畅通的就业市场。

在本书第六章的理论研究中，我们也指出政府的就业补贴能够增加地区的产业份额，但是我国这种政府的就业补贴，以及信息传输尚未对产业空间分布产生显著的影响。究其原因，这可能与我国目前地方政府的就业导向有着直接的关系。目前，大量的劳动就业培训的主要目的，不是为本地企业提供高素质的劳动力，地区所培训出的高素质农民工恰恰流向了一些产业集聚的发达地区。因此，从某种意义上来说，这种对欠发达地区农民工的培训成果更好地为发达地区的企业服务，从而发达地区的企业更少地流向欠发达地区。

结论 12 政府免费培训，以及构建良好的就业市场，能够有效地增加本地的产业份额，然而中国当前欠发达地区的就业政策有利于发达地区而不利于欠发达地区，从而导致就业政策效果欠佳。

第六节 小结与启示

本章我们对理论研究中的一些重要结论进行了实证检验，理论研究中的大多数结论得到了验证。在理论研究中我们分析了不同的区域政策（如贸易政策、财税政策及就业政策）对产业空间分布的影响，因此我们的实证同样围绕这些问题展开。

在进行具体的计量估算之前，我们首先介绍了本章研究中所需要的数据来源，以及相关变量的处理。企业生产效率及地区产业份额是本书理论研究中的重要内容，同时也是本章实证研究中的主要解释变量。目前，关于企业生产效率的研究方法较多，在本章第一节我们侧重于解释了不同估算方法的异同，从而选择了适合本书研究所需要的估算方法。

第二节根据《中国工业企业数据库》(2000～2003年，2005～2007年)的微观数据，本书研究发现地区企业生产效率服从 Pareto I 型分布。进一步地，使用2000～2007年全国31省（自治区、直辖市）的数据研究时，我们发现地区企业生产效率的分布与地区贸易自由化的水平有着直接的关联。既然地区的生产效率与地区的贸易自由化水平有着直接的关联，那么地区的生产效率是否存在着一定的排序效应呢？在微观数据库中，我们加入了地区出口企业虚拟变量（企业出口交货值大于零）及外商直接投资虚拟变量（外商或者港澳台投资金额大于零）研究发现，出口和外商直接投资对地区的企业生产效率有着显著的正向影响，这就表明企业生产效率的确存在着一定的"排序效应"，从而我们在第三章中的理论假设和结论得到证实。

第三节我们分析了第四章得到的两个重要结论：本地区的交通基础设施建设将导致本地区的产业份额减少，以及关税同盟（城市群）的形成有效地增加了同盟内地区的产业份额。采用1998～2008年全国28个省（自治区、直辖市）的数据，在采用固定和随机效应及稳健性检验后，我们的经验数据表明，我们的理论结论是成立的。地区交通基础设施投入增加1%，会导致地区的产业份额减少 0.2%。总体而言，城市群对产业的空间分布有着显著的影响。其中，珠江三角洲（弹性系数为2.120 03)、长江三角洲（弹性系数为1.928 395)、山东半岛（弹性系数为1.821 205）影响最为显著，辽中南（弹性系数为1.130 897)、长江中游（弹性系数为1.137 34)、京津冀（弹性系数为0.937 904 8）及中原（弹性系数为0.809 885 1）次之。

第四节我们重点研究了第五章中的理论结论：个人所得税对产业的空间分布不会产生影响；资本税会导致地区的产业份额增加；劳动力补贴能够有效地增加地区的产业份额。围绕着这些结论，我们进行了计量检验。使用2000～2008年全国28省（自治区、直辖市）的数据，研究发现个人所得税的确对地区的产业空间分布没有显著的影响，但是资本所得税的增加会减少地区的产业份额。此外，受于代理变量的限制，我们发现劳动力补贴对当期的产业份额没有显著影响，但是这种补贴对后期的产业分布有着显著的影响。

第五节我们进一步验证了城市化、失业，以及经济活动相互之间的关系。在第六章中，我们发现地区的城市化，以及工资水平与地区的失业有着直接的关联。我们的实证研究结果表明，地区的工资水平与地区的失业率具有显著的负相关，地区的城市化率与地区的失业水平呈正相关，但是并不显著。此外，虽然地区的就业政策（如政府就业补贴及就业信息的传输）对地区的产业份额有着正向的影响，但是并不显著。这与我们的理论研究存在一定的偏差，也将是我们未来进一步研究的重点。

本书在新经济地理学的基础上加入了企业异质性及市场进入成本，从而完善了现有新经济地理学的理论研究。在基础模型中，我们加入了区域贸易政策、区域财政政策，以及区域就业政策等，研究其对产业空间分布的影响。不同于以往的研究，本书的理论模型研究主要是研究这些区域政策对产业空间分布的影响，因而本书的研究结论具有重要的政策含义。从本书的研究结论中，我们至少可以得到如下 5 个方面的政策含义。

第一，进一步深化国有企业改革，积极扶植民营企业发展。改革开放以来，我国经济取得了快速发展，从“小岗村”的“家庭联产承包制”到国有企业改革，种种迹象表明中国的经济改革是成功的。然而，经过数十年的发展，我国国有企业的比例仍然很高。根据本书的研究，我们认为至少应从以下 3 个方面来说，我们需要进一步深化国有企业的改革，同时积极扶植民营企业的发展。首先，国有企业的生产效率相对较低，而民营企业的生产效率相对较高。在本书的研究中我们发现，国有企业的生产效率较低，而民营企业的生产效率较高。国有企业的低效率排挤了民营企业的发展，如果大量国有企业存在，将不利于我国经济的发展。其次，中国的企业生产效率服从 Pareto Ⅰ 型分布，企业异质性的存在能够有效地改变我国产业的现有分布。为了有效地促进区域协调发展，我们需要对欠发达地区的产业重新进行布局，而大型国有企业的存在不利于产业的布局。从市场经济的角度来看，企业会按照自身的经营需要进行区位选择，从而形成有效的产业布局。但是，目前我国大量国有企业无法进行区位的自由选择，从而使得我国的产业布局不合理。相比较而言，大量民营企业的存在能够按照市场规律选择区位，从而有效地利用企业异质性进行区位选择，促进区域协调发展。最后，民营企业具有很强的灵活性，从而能有效利用外资企业的技术成果。民营企业不仅自身具有高生产效率，同时能够灵活地使用外资企业的技术成果。结论 3 中我们指出，企业生产效率存在着排序效应，外商直接投资企业具有最高的生产效率。大量的研究表明，外商直接投资对本地企业存在着技术的溢出效应，从而提高民营企业的比例能够更好地利用外商直接投资企业的技术成果，促进我国经济快速发展。

第二，积极培育中西部地区城市群的形成，实行差异化的区域贸易政策。在本书的研究中我们发现，城市群对经济活动的空间分布有着显著的影响，其中以珠江三角洲、长江三角洲及山东半岛城市群最为明显。在区域经济发展的过程中，城市群的形成能够扩大地区的市场规模，从而有效地吸引外部地区产业的迁入。目前，我国中西部城市的规模相对较小，积极培育中西部地区城市群能够增加中西部地区的产业份额。此外，目前我国大力提倡发展地区的交通运输设施建设。地区的基础设施建设不仅对欠发达地区有利，同样也有利于发达地区，因此借助于地区交通基础设施的建设促进欠发达地区的产业份额增加，效果并不明显。相比较而言，地区有着较高的市场进入成本，能够有效地增加地区的产业份额。与世界经济相似，我国欠发达地区和发达地区目前处于不同的发展阶段。因此，我们认为对发达地区和欠发达地区实行“差异化”的区域贸易政策，能够促进区域的协调发展。对欠发达地区而言，如果市场进入成本较高，那么发达地区的一些企业会迁移到欠发达地区。而对发达地区我们则要求实施更加开放的政策，这样才能将这种贸易政策的优势发挥到极致。当然，在允许存在“差异化”的区域贸易政策的同时，如何有效地提高欠发达地区的企业生产效率是亟待解决的问题。按照我们的研究，地区产业份额的增加伴随着地区企业生产效率的下降。因此，在提倡“差异化”的区域贸易政策的同时，需要使用一些额外的工具提高欠发达地区企业的生产效率。

第三，提高对劳动力的补贴力度，改短期发展为长期发展。为了吸引外来企业，刺激本地经济发展，一些地区地方政府大力招商引资。地方政府为吸引企业在本地落户，给予税收减免、土地优惠、行政快速审批等优惠。从短期来看，这种对资本的补贴能够迅速地促进本地产值的增加。然而，由于地方政府无法从这类企业中获得大量的税收，这类企业实则对地区经济发展的带动作用极为有限。在我国改革开放初期，一些外资企业利用这些优惠政策纷纷设立工厂，然而在企业不再享受相关政策优惠时就会选择重新选择区位。因此，从某种意义上来说，这种对企业的补贴并不是最优的选择。在本书的研究中我们发现，对劳动力给予一定的补贴能够有效地改变地区的产业份额，促进地区经济的长期发展。相对于资本的补贴，对劳动力的补贴能够有效地提高本地市场规模和降低本地劳动力成本，企业迁移也是因为这种市场规模的存在或者劳动力低成本而发生，因此这种企业的迁移是一种长期的行为。尽管劳动力补贴和资本补贴都能有效地促进地区产业的发展，但是相比较而言，我们认为对劳动力的补贴能够促进地区经济的长期发展。从而政府需要加大对劳动力的补贴力度，改短期经济发展行为为长期经济发展行为。除了劳动力补贴外，不同的税种对地区经济活动也会产生不同的影响。比如，个人所得税对产业的空间分布不会产生影响，但会对征收个人所得税所在地的消费者福利产生影响。而资本所得税可能因为企业的迁移而发生转移，两地区的消费者的福利可能会同时降低。因此，在对劳动力进行补贴时，我们需要同时考察各种税收对地区经济发展的影响。

第四，财政分权需要“因地而异”，制定“差异化”的财政政策。在中国实行财政分权后，地区经济逐步被盘活，然而地区差异也在进一步扩大。为了促进区域协调发展，中央政策在财政分权的同时加大了对西部地区的倾斜。目前，这种倾斜主要是通过收入的“再分配”来完成的，如转移支付等，对欠发达地区经济发展有一定的帮助。然而，就中国经济整体而言，对东部地区和中西部地区实行统一的财税制度不利于中西部地区的发展。在本书的研究中我们曾经指出，财政分权不利于欠发达地区的产业份额增加。尽管在财政分权之后，地区政府可以更加自由地为本地经济发展选择财政税收制度，财政分权看似公平，实则不然。相比较而言，欠发达地区无论是税基或者税额都是偏小的。因此，欠发达地区政府的可操作空间相对较小。在目前的财政分权中，中央对财政分权需要“因地而异”，制定差异化的财税政策。

第五，就业政策需要与当地企业联动，强化对本地产业工人的培养。在区域发展的过程中，能否提供“价廉质优”的劳动力，是地区能否成功吸引企业的关键所在。尽管我国很多欠发达地区加强了对本地农民工进行培训，然而我们发现大批的农民工并没有在本地工作，这些掌握技术的农民工纷纷地转移至东部沿海地区。此外，目前地方政府所提供的工人-企业就业“搭桥”行动，也是为发达地区的企业在铺路。整体而言，当前的就业政策并不成功。从我们的理论模型中可以发现，无论是欠发达地区政府的免费培训，还是为农民工和企业提供充分的就业信息，都能有效地增加本地区的产业份额。同时，这种政策需要政府与企业联动才能有效。企业培训工人需要支付成本，政府对这部分工人培训成本给予补贴。换句话说，这种政策的有效性需要对培训工人进行限定，即限定对本地区工作的工人进行培训，而不是所有的农民工。因此，我们认为当前的就业政策需要与当地企业联动，着重培养本地的产业工人，这样才能有效地促进欠发达地区的经济发展。

参考文献

安虎森，颜银根. 2011. 贸易自由化、工业化与企业区位——新经济地理视角中国 FDI 流入的研究. 世界经济研究，(2): 54~58

白重恩，杜颖娟，陶志刚，等. 2004. 地方保护主义及产业地区集中度的决定因素和变动趋势. 经济研究，(4): 29~40

薄文广，安虎森. 2010. 中国被分割的区域经济运行空间——基于区际增长溢出效应差异性的研究. 财经研究，(3): 77~89

蔡昉，都阳. 2000. 中国地区经济增长的趋同与差异——对西部开发战略的启示. 经济研究，(10): 30~37

蔡昉，王德文，都阳. 2001. 劳动力市场扭曲对区域差距的影响. 中国社会科学，(2): 4~14

陈敏，桂琦寒，陆铭，等. 2008. 中国经济增长如何持续发挥规模效应?——经济开放与国内商品市场分割的实证研究. 经济学(季刊)，(1): 125~150

陈宗胜，周云波. 2001. 文化程度等人口特征对城镇居民收入及收入差别的影响——三论经济发展对收入分配的影响. 南开经济研究，(4): 38~42

范剑勇. 2004. 市场一体化、地区专业化与产业集聚趋势——兼谈对地区差距的影响. 中国社会科学，(6): 39~51

范剑勇，张雁. 2009. 经济地理与地区间工资差异. 经济研究，(8): 73~84

桂琦寒，陈敏，陆铭，等. 2006. 中国国内商品市场趋于分割还是整合: 基于相对价格法的分析. 世界经济，(2): 20~30

江小涓，李辉. 2005. 我国地区之间实际收入差距小于名义收入差距——加入地区间价格差异后的一项研究. 经济研究，(9): 11~18

林毅夫，刘培林. 2003. 中国的经济发展战略与地区收入差距. 经济研究，(3): 19~25

刘小勇，李真. 2008. 财政分权与地区市场分割实证研究. 财经研究，(2): 88~98

刘修岩，殷醒民. 2009. 空间外部性与地区工资差异:基于动态面板数据的实证研究. 经济学(季刊)，(1): 77~98

路江涌，陶志刚. 2006. 中国制造业区域聚集及国际比较. 经济研究，(3): 103~114

罗勇，曹丽莉. 2005. 中国制造业集聚程度变动趋势实证研究. 经济研究，(8): 106~115

潘峰华，贺灿飞. 2010. 新经济地理学和经济地理学的对话——回顾和展望. 地理科学进展，(12): 1518~1524

潘文卿，李子奈. 2007. 中国沿海与内陆间经济影响的反馈与溢出效应. 经济研究，(5): 68~77

彭国华. 2005. 中国地区收入差距、全要素生产率及其收敛分析. 经济研究，(9): 19~29

钱学锋，王菊蓉，黄云湖，等. 2011. 出口与中国工业企业的生产率——自我选择效应还是出口学习效应? 数量经济技术经济研究，(2): 37~51

魏后凯. 2002. 外商直接投资对中国区域经济增长的影响. 经济研究，(4): 19~26

徐现祥，李郇，王美今. 2007. 区域一体化、经济增长与政治晋升. 经济学(季刊)，(4): 1075~1096
徐现祥，李郇. 2005. 市场一体化与区域协调发展. 经济研究，(12): 57~67
许召元，李善同. 2006. 近年来中国地区差距的变化趋势. 经济研究，(7): 106~116
颜银根. 2013. 贸易自由化、区域一体化与中国经济空间分割. 产业经济评论，(3): 80~94
颜银根. 2014a. FDI、劳动力流动与非农产业集聚. 世界经济研究，(2): 67~74
颜银根. 2014b. 转移支付与区域协调发展——基于新经济地理学的分析. 地方财政研究，(8): 39~45
颜银根. 2014c. 转移支付、产业跨区转移与区域协调发展. 财经研究，(9): 50~61
颜银根，安虎森. 2011. 中国-东盟自由贸易区建立后 FDI 流入能替代进口贸易吗?——基于新经济地理贸易自由化的研究. 经济评论，(4): 114~123
颜银根，安虎森. 2013. 演化经济地理: 经济学与地理学之间的第二座桥梁. 地理科学进展，(5): 788~796
颜银根，安虎森. 2014. 中国分割的经济空间:基于区域间经济增长溢出的实证研究. 当代经济科学，(4):
杨伟民. 1992. 地区间收入差距变动的实证分析. 经济研究，(1): 70~74
银温泉，才婉茹. 2001. 我国地方市场分割的成因和治理. 经济研究，(6): 3~12
张杰，张培丽，黄泰岩. 2010. 市场分割推动了中国企业出口吗? 经济研究，(8): 29~41
张如庆，张二震. 2009. 市场分割、FDI 与外资顺差——基于省际数据的分析. 世界经济研究，(2): 3~6
赵人伟，李实. 1997. 中国居民收入差距的扩大及其原因. 经济研究，(9): 19~28
赵伟，张萃. 2007. FDI 与中国制造业区域集聚:基于 20 个行业的实证分析. 经济研究，(11): 82~90
赵永亮，才国伟. 2009. 市场潜力的边界效应与内外部市场一体化. 经济研究，(7): 119~130
朱希伟，金祥荣，罗德明. 2005. 国内市场分割与中国的出口贸易扩张. 经济研究，(12): 68~76
Alonso W. 1964. Location and Land Use. Cambridge: Harvard University Press
Amiti M, Konings J. 2007. Trade liberalization, intermediate inputs, and productivity: evidence from Indonesia. The American Economic Review, (5): 1611~1638
Amiti M. 2001. Regional specialization and technical leapfrogging. Journal of Regional Science, (1): 149~172
Anderson J E, Wincoop E V. 2004. Trade costs. Journal of Economic Literature, (3): 691~751
Andersson F, Forslid R. 2003. Tax competition and economic geography. Journal of Public Economic Theory, (2): 279~303
Angelini P, Generale A. 2008. On the evolution of firm size distributions. The American Economic Review, (1): 426~438
Arnold J M. 2005. Productivity estimation at the plant level: a practical guide. Econometrica, (2000):1~9

Bairoch P. 1997. Victoires et déboires: histoire économique et sociale du monde du XVIe siècle à nos jours. Gallimard

Baldwin R E. 2005. Heterogeneous Firms and Trade: Testable and Untestable Properties of the Melitz Model. SSRN eLibrary. NBER Working Paper, No.1147

Baldwin R E, Forslid R. 2000. The core-periphery model and endogenous growth: stabilizing and destabilizing integration. Economica, (267): 307~324

Baldwin R E，Forslid R. 2010. Trade liberalization with heterogeneous firms. Review of Development Economics, (2): 161~176

Baldwin R, Forslid R, Martin P, et al. 2003. Economic Geography and Public Policy. Princeton: Princeton University Press

Baldwin R E, Krugman P. 2004. Agglomeration, integration and tax harmonisation. European Economic Review, (1): 1~23

Baldwin R E，Okubo T. 2005. Agglomeration and the Heterogeneous Firms Trade Model. Graduate Institute of International Studies Working Paper

Baldwin R E, Okubo T. 2006. Heterogeneous firms, agglomeration and economic geography: spatial selection and sorting. Journal of Economic Geography, (3):323~346

Baldwin R E, Okubo T. 2014. International trade, offshoring and heterogeneous firms. Review of International Economics, (1): 59~72

Becker J, Fuest C. 2010. EU regional policy and tax competition. European Economic Review, (54): 150~161

Behrens K. 2005. How endogenous asymmetries in interregional market access trigger regional divergence. Regional Science and Urban Economics, (5):471~492

Behrens K. 2006. Do changes in transport costs and tariffs shape the space-economy in the same way? Papers in Regional Science, (3): 379~399

Behrens K, Gaigné C, Thisse J. 2009. Industry location and welfare when transport costs are endogenous. Journal of Urban Economics, (2): 195~208

Behrens K，Murata Y. 2007. General equilibrium models of monopolistic competition: a new approach. Journal of Economic Theory, (1):776~787

Behrens K，Thisse J. 2007. Regional economics: a new economic geography perspective. Regional Science and Urban Economics, (4):457~465

Bernard A B, Jensen J B. 1999. Exceptional explorter performance: cause, effect or both? Journal of International Economics, (1):1~25.

Bernard A B, Jensen J B. 2004. Exporting and productivity in the USA. Oxford Review of Economic Policy, (3): 343~357

Bernard A B, Jensen J B, Lawrence R Z. 1995. Exporters, jobs, and wages in U.S. manufacturing: 1976—1987. Brookings papers on economic activity. Microeconomics, (1995): 67~119

Bernard A B, Jensen J B，Redding S J , et al. 2007a. Firms in international trade. The Journal of Economic Perspectives, (3): 105~130

Bernard A B, Redding S J, Schott P K. 2007b. Comparative advantage and heterogeneous firms. Review of Economic Studies, (1): 31~66

Bernard A B, Eaton J, Jensen J B, et al. 2003. Plants and productivity in international trade. The American Economic Review, (4): 1268~1290

Borck R, Koh H, Pflüger M. 2010. Inefficient lock-in and subsidy competition. International Economic Reviews, (4):1179-1204

Bosker E M. 2008. The empirical relevance of geographical economics. Utrecht University

Bosker M, Garretsen H. 2010. Trade costs in empirical New Economic Geography. Papers in Regional Science, (3): 485~511

Bosker M, Brakman S，Garretsen H, et al. 2010. Adding geography to the new economic geography: bridging the gap between theory and empirics. Journal of Economic Geography, (6) :793~823

Brakman S, Garretsen H, van Marrewijk C. 2001a. An Introduction to Geographical Economics: Trade, Location and Growth. Cambridge: Cambridge University Press

Brakman S, Garretsen H, van Marrewijk C. 2011b. References across the fence: measuring the dialogue between economists and geographers. Journal of Economic Geography, (2):371~385

Cabral L M B，Mata J. 2003. On the evolution of the firm size distribution: facts and theory. The American Economic Review, (4): 1075~1090

Chamberlin E H. 1933. The Theory of Monopolistic Competition. Cambridge: Harvard University Press

Charlot S, Paty S. 2010. Do agglomeration forces strengthen tax interactions? Urban Studies, (5): 1099~1116

Christaller W. 1933. Central Places in Southern Germany. Jena: Fischer

Combes P P, Mayer T, Thisse J. 2008. Economic Geography: The Integration of Regions and Nations. Princeton: Princeton University Press

Crosato L, Ganugi P. 2007. Statistical regularity of firm size distribution: the Pareto IV and truncated Yule for Italian SCI manufacturing. Statistical Methods & Applications, (1): 85~115

Das S, Roberts M J, Tybout J R. 2007. Market entry costs, producer heterogeneity, and export dynamics. Econometrica, (3): 837~873

Dixit A K，Stiglitz J E. 1977. Monopolistic competition and optimum product diversity. The American Economic Review, (3): 297~308

Dupont V, Martin P. 2006. Subsidies to poor regions and inequalities: some unpleasant arithmetic. Journal of Economic Geography, (2): 223~240

Duranton G, Storper M. 2006. Agglomeration and growth: a dialogue between economists and geographers. Journal of Economic Geography, (1): 1~7

Duranton G，Storper M. 2008. Rising trade costs? Agglomeration and trade with endogenous transaction costs. Canadian Journal of Economics, (1): 292~319

Eaton J, Kortum S, Kramarz F. 2004. Dissecting trade: firms, industries, and export destinations. The American Economic Review, (2): 150~154

Egger P, Seidel T. 2008. Agglomeration and fair wages. Canadian Journal of Economics, (1): 271~291

Epifani P, Gancia G A. 2005. Trade, migration and regional unemployment. Regional Science and Urban Economics, (6): 625~644

Ethier W J. 1982. National and international returns to scale in the modern theory of international trade. The American Economic Review, (3): 389~405

Ferreira P C, Rossi J L. 2003. New evidence from Brazil on trade liberalization and productivity growth. International Economic Review, (4): 1383~1405

Forslid R. 2004. Regional policy, integration and the location of industry in a multiregion framework. SSRN eLibrary Working Paper

Forslid R. 2005. Tax competition and agglomeration: main effects and empirical implications. Swedish Economic Policy Review, (12): 113~137

Forslid R, Midelfart K H. 2005. Internationalisation, industrial policy and clusters. Journal of International Economics, (1): 197~213

Forslid R, Ottaviano G I P. 2003. An analytically solvable core-periphery model. Journal of Economic Geography, (3): 229~240

Francis J. 2009. Agglomeration, job flows and unemployment. The Annals of Regional Science, (1): 181~198

Fujita M. 1999. Location and space-economy at half a century: revisiting professor Isard's dream on the general theory. The Annals of Regional Science, (4): 371~381

Fujita M, Mori T. 2005. Frontiers of the new economic geography. Papers in Regional Science, (3): 377~405

Fujita M, Krugman P, Venables A J. 1999. The Spatial Economy: Cities, Regions, and International Trade. Cambridge: The MIT Press

Galiani S, Sanguinetti P. 2003. The impact of trade liberalization on wage inequality: evidence from Argentina. Journal of Development Economics, (2): 497~513

Garretsen H，Martin R. 2011. The Journal of Economic Geography a decade on: where do we go from here? Journal of Economic Geography, (2): 207~213

Gill I S, Goh C. 2010. Scale economies and cities. The World Bank Research Observer, (2): 235~262

Gruber S, Marattin L. 2010. Taxation, infrastructure and endogenous trade costs in New Economic Geography. Papers in Regional Science, (1): 203~222

Hanson G H. 2005. Market potential, increasing returns and geographic concentration. Journal of International Economics, (67): 1~24

Harris C D. 1954. The market as a factor in the localization of industry in the United States.Annals of the Association of American Geographers, (4):315~348

Helpman E, Melitz M J, Yeaple S R. 2004. Export versus FDI with heterogeneous firms. The American Economic Review, (1): 300~316

Henderson J V. 1974. The sizes and types of cities. The American Economic Review, (4): 640~656

Hirschman A O. 1958. The Strategy of Development. New Haven: Yale University Press
Hotelling H. 1929. Stability in competition. The Economic Journal, (153): 41~57
Isard W. 1956a. Location and Space-Economy. New York: The Technology Press and Wiley
Isard W. 1956b. Regional science, the concept of region and regional stucture. Papers in Regional Science, (1):13~26
Jovanovic M N. 2009. Evolutionary Economic Geography: Location Of Production and The European Union. New York: Routledge
Kaldor N. 1934. Mrs. Robinson's "Economics of Imperfect Competition". Economica, (3): 335~341
Kim E. 2000. Trade liberalization and productivity growth in Korean manufacturing industries: price protection, market power, and scale efficiency. Journal of Development Economics, (1):55~83
Kind H J, Knarvik K H M, Schjelderup G. 2000. Competing for capital in a "lumpy" world. Journal of Public Economics, (3): 253~274
Krugman P. 1980. Scale economies, product differentiation, and the pattern of trade. The American Economic Review, (5): 950~959
Krugman P. 1991. Increasing returns and Economic Geography. The Journal of Political Economy, (3): 483~499
Krugman P. 1998. Space: the final frontier. The Journal of Economic Perspectives, (2): 161~174
Krugman P R, Venables A J. 1995. Globalization and the inequality of nations. The Quarterly Journal of Economics, (4): 857~880
Lambert P, Lanza G. 2006. The effect on inequality of changing one or two incomes. Journal of Economic Inequality, (3): 253~277
Lancaster K. 1975. Socially optimal product differentiation. The American Economic Review, (4): 567~585
Lancaster K. 1980. Intra-industry trade under perfect monopolistic competition. Journal of International Economics, (2): 151~175
Levinsohn J, Petrin A. 2003. Estimating production functions using inputs to control for unobservables. Review of Economic Studies, (2): 317~341
Losch A. 1956. The Economics of Location. Translated from the Second Revised Edition. New Haven: Yale University
Lotti F, Santarelli E. 2004. Industry dynamics and the distribution of firm sizes: a nonparametric approach. Southern Economic Journal, (3): 443~466
Lucas R E. 1988. On the mechanics of economic development. Journal of Monetary Economics, (1): 3~42
Ludema R D, Wooton I. 2000. Economic geography and the fiscal effects of regional integration. Journal of International Economics, (2): 331~357
Markusen J R. 1995. The boundaries of multinational enterprises and the theory of international trade. The Journal of Economic Perspectives, (2): 169~189

Marsili O. 2006. Stability and turbulence in the size distribution of firms: evidence from Dutch manufacturing. International Review of Applied Economics, (2): 255~272

Martin R. 1999. Critical survey. The new "geographical turn" in economics: some critical reflections. Cambridge Journal of Economics, (1): 65~91

Martin P, Ottaviano G I P. 1999. Growing locations: industry location in a model of endogenous growth. European Economic Review, (2): 281~302

Martin P, Rogers C A. 1995. Industrial location and public infrastructure. Journal of International Economics, (3-4): 335~351

Martin R, Sunley P. 2006. Path dependence and regional economic evolution. Journal of Economic Geography, (4): 395~437

McCann P. 2005. Transport costs and new economic geography. Journal of Economic Geography, (3): 305~318

Melitz M J. 2003. The impact of trade on intra-industry reallocations and aggregate industry productivity. Econometrica, (6): 1695~1725

Myrdal G. 1957. Economic Theory and Under-Development Regions. London: Gerarld Duckworth

Olley G S，Pakes A. 1996. The Dynamics of productivity in the telecommunications equipment industry. Econometrica, (6): 1263~1297

Ottaviano G I P. 2011. "New" New Economic Geography: firm heterogeneity and agglomeration economies. Journal of Economic Geography, (2): 231~240

Ottaviano G, Tabuchi T, Thisse J. 2002. Agglomeration and trade revisited. International Economic Review, (2): 409~435

Overman H G. 2004. Can we learn anything from economic geography proper? Journal of Economic Geography, (5):501~516

Petrin A, Poi B, Levinsohn J. 2004. Production function estimation in Stata using inputs to control for unobservables. Stata Journal, (2): 113~123

Pflüger M. 2004. A simple, analytically solvable, Chamberlinian Agglomeration Model. Regional Science and Urban Economics, (5): 565~573

Poncet S. 2003. Measuring Chinese domestic and international integration. China Economic Review, (1): 1~21

Poncet S. 2005. A fragmented China: measure and determinants of chinese domestic market disintegration. Review of International Economics, (3): 409~430

Potter A, Watts H D. 2011. Evolutionary agglomeration theory: increasing returns, diminishing returns, and the industry life cycle. Journal of Economic Geography, (3): 417~455

Puga D, Venables A J. 1997. Preferential trading arrangements and industrial location. Journal of International Economics, (3-4): 347~368

Puga D, Venables A J. 1998. Trading arrangements and industrial development. The World Bank Economic Review, (2): 221~249

Roberts M. 2009. Recognising the importance of scale economies:30 years of theoretical advance.

Robinson J.1933.The Economics of Imperfect Competition. London: Macmillan

Rodríguez-Pose A.2011.Economists as geographers and geographers as something else: on the changing conception of distance in geography and economics. Journal of Economic Geography, (2):347~356

Romer P M. 1987. Growth based on increasing returns due to specialization. The American Economic Review, (2): 56~62

Salop S C. 1979. Monopolistic competition with outside goods. The Bell Journal of Economics, (1): 141~156

Samuelson P A.1952. The transfer problem and transport costs: the terms of trade when impediments are absent. The Economic Journal, (246): 278~304

Schaper M T, Dana L P, Anderson R B, et al. 2008. Distribution of firms by size: observations and evidence from selected countries. International Journal of Entrepreneurship and Innovation Management, (6): 718~725

Sheppard E S, Barnes T J. 2000. A Companion to Economic Geography. Oxford: Blackwell Publisher Ltd

Spence M.1976.Product differentiation and welfare. The American Economic Review, (2): 407~414

Starrett D. 1978. Market allocations of location choice in a model with free mobility.Journal of Economic Theory, (1): 21~37

Storper M. 2011. Why do regions develop and change? The challenge for geography and economics. Journal of Economic Geography,(2):333~346

Toulemonde E. 2006. Acquisition of skills, labor subsidies, and agglomeration of firms. Journal of Urban Economics, (3): 420~439

Triffin R. 1941. Monopolistic Competition and General Equilibrium Theory. Cambridge: Harvard University Press

Vam Beveren I. 2012. Total factor productivity estimation: a practical review. Journal of Economic Surveys, (1): 98~128

Van Biesebroeck J. 2007. Robustness of productivity estimates. The Journal of Industrial. Economics, (3): 529~569

Venables A J. 1996. Equilibrium locations of vertically linked industries. International Economic Review, (2): 341~359

Vives X. 2001. Oligopoly Pricing: Old Ideas and New Tools. Boston: MIT Press

Vom Berge P. 2013. Search unemployment and new economic geography. The Annals of Regional Science, (3): 731~751

Von Thünen J H. 1826. Der Isolierte Staat in Beziehung auf Landwirtschaft und Nationalökonomie. Hamburg: Perthes

Wagner J. 2007. Exports and productivity: a survey of the evidence from firm-level data. World Economy, (1): 60~82

Weber A. 1909. Theory of the Location of Industries. Chicago: University of Chicago Press

Wooldridge J M. 2009. On estimating firm-level production functions using proxy variables to control for unobservables. Economics Letters, (3): 112~114

World Bank. 2009. World Development Report 2009: Reshaping Economic Geography. Washington, DC: World Bank

Xu X. 2002. Have the Chinese provinces become integrated under reform? China Economic Review, (2-3): 116~133

Young A. 2000. The Razor's Edge: distortions and incremental reform in the People's Republic of China. Quarterly Journal of Economics, (4): 1091~1135

Zierahn U.2013.Agglomeration, congestion, and regional unemployment disparities. The Annals of Regional Science, (2): 435~457

附　　录

附录 1　省（自治区、直辖市）代码表

省份	拼音简写	省份代码	区域代码
北京	BJ	1	1
天津	TJ	2	1
河北	HEB	3	1
山西	SX	4	2
内蒙古	NM	5	3
辽宁	LN	6	4
吉林	JL	7	4
黑龙江	HLJ	8	4
上海	SH	9	1
江苏	JS	10	1
浙江	ZJ	11	1
安徽	AH	12	2
福建	FJ	13	1
江西	JX	14	2
山东	SD	15	1
河南	HEN	16	2
湖北	HUB	17	2
湖南	HUN	18	2
广东	GD	19	1
广西	GX	20	3
海南	HAN	21	1
重庆	CQ	22	3
四川	SC	23	3
贵州	GZ	24	3
云南	YN	25	3
西藏	XZ	26	3
陕西	SHX	27	3
甘肃	GS	28	3
青海	QH	29	3
宁夏	NX	30	3
新疆	XJ	31	3

附录 2　省份企业异质性参数

PID	2000 年	2001 年	2002 年	2003 年	2005 年	2006 年	2007 年
1	0.157 475	0.232 262	0.235 310	0.122 653	0.177 700	0.287 393	0.205 558
2	0.272 301	0.443 377	0.121 749	0.150 154	0.122 859	0.216 453	0.190 986
3	0.276 730	0.209 358	0.233 504	0.173 061	0.251 995	0.221 997	0.307 189
4	0.345 911	0.204 615	0.208 751	0.278 944	0.399 950	0.209 195	0.502 951
5	2.177 718	0.313 305	0.360 347	0.332 038	0.359 662	0.739 677	0.714 989
6	0.200 506	0.157 884	0.264 767	0.256 066	0.236 995	0.272 672	0.305 652
7	0.200 506	0.325 079	0.418 674	0.251 254	0.575 265	0.180 969	0.642 911
8	0.216 607	0.261 642	0.248 730	0.424 316	0.374 765	0.625 815	0.365 235
9	0.256 219	0.263 209	0.486 920	0.264 264	0.420 222	0.156 698	0.363 048
10	0.239 909	0.281 089	0.232 785	0.313 388	0.226 944	0.394 919	0.309 862
11	0.268 215	0.397 497	0.360 334	0.363 627	0.620 541	0.469 653	0.436 954
12	0.457 841	0.324 674	0.416 589	0.270 552	0.369 854	0.564 184	0.477 009
13	0.236 342	0.247 021	0.242 493	0.184 950	0.254 985	0.631 652	0.933 822
14	0.299 072	0.446 419	0.251 727	0.261 552	0.584 900	0.394 192	1.202 634
15	0.332 292	0.281 188	0.222 587	0.335 838	0.269 215	0.288 844	0.290 691
16	0.224 612	0.321 957	0.245 137	0.250 053	0.287 052	0.221 309	0.246 912
17	0.258 170	0.369 013	0.414 212	0.343 960	0.239 444	0.336 884	0.487 767
18	0.194 640	0.345 587	0.192 523	0.198 530	0.431 632	0.481 298	0.401 697
19	0.233 080	0.229 304	0.260 531	0.234 148	0.540 075	0.523 650	0.420 487
20	0.246 012	0.227 076	0.275 908	0.177 422	0.289 693	0.263 361	0.437 105
21	0.388 735	0.434 611	0.401 615	0.589 075	0.429 322	0.486 163	0.592 572
22	0.201 901	0.257 930	0.322 408	0.175 046	0.432 141	0.589 543	0.712 702
23	0.370 110	0.219 492	0.268 585	0.398 086	0.291 154	0.210 227	0.230 278
24	0.273 285	0.324 473	0.299 304	0.338 603	0.260 047	0.254 310	0.119 205
25	0.202 048	0.227 181	0.163 671	0.214 256	0.367 565	0.531 251	0.387 848
26	0.324 504	0.300 178	0.286 743	0.392 996	0.623 116	0.229 574	0.456 754
27	0.208 538	0.374 054	0.218 096	0.193 624	0.298 618	0.197 606	0.483 214
28	0.343 948	0.216 603	10.13 592	0.149 533	0.234 722	0.170 985	0.150 182
29	0.362 122	0.282 725	0.254 141	0.468 867	0.534 598	0.542 251	0.291 849
30	0.180 921	0.261 795	0.408 188	0.598 338	0.610 258	0.726 385	0.571 629
31	0.199 545	0.282 632	0.328 469	0.613 052	0.333 313	0.409 426	0.456 397

注：除 2000 年内蒙古的估计值不显著外，其他各省份各年的异质性估计值在 1%的水平下都显著为正

附录3 符号说明

符号	含义	符号	含义
*	（上标）南部地区对应的变量/参数	A	代表性消费者对农产品的需求
w	（上标）经济系统中对应的变量/参数	B	北部地区支出/边际加总投入（E/Δ）
A	（下标）农业部门对应的变量/参数	E	北部地区消费者工业品总支出
M	（下标）工业部门对应的变量/参数	F	企业生产的成本函数
a	企业边际投入（规模参数）	F_D	企业进入本地市场支付的固定成本
a_0	生产企业最高临界边际投入	F_I	企业进入生产支付的固定成本
c_i	代表性消费者对第 i 种工业品的需求	F_X	企业进入国外市场支付的固定成本
n	工业产品的种类数	$G[a]$	企业边际投入的概率密度函数
p_A	农产品的供给（需求）价格	J	企业找到合适工人获得的价值
p_i	工业品 i 的供给（需求）价格	K	北部地区初始资本禀赋
s	地区补贴率	L	北部地区初始劳动力禀赋
s_n	北部初始产业份额	M	代表性消费者关于工业品组合的需求
s_E	北部支出份额	P	工业品组合的价格指数
s_X	北部地区产值份额	Q	贸易开放度，等于 $\phi^{\beta}T^{1-\beta}$
t	地区税收税率	U	代表性消费者的效用函数
w	劳动力价格（工资）	V	代表性消费者的间接效用函数
x_i	i 企业生产的产品总量	X	北部工业总产值
α	消费者工业产业支出比例	Y	代表性消费者的收入水平
ϕ	地区的贸易自由度，$\phi=\tau^{1-\beta}$	π	企业的利润函数
σ	工业产品之间的替代弹性	Δ	北部地区边际投入加总（价格指数）
τ	冰山贸易成本	Ω	进口开放度，$\Omega=(\phi/T)^{\beta}$
ρ	企业分布形状参数		
δ	企业自然死亡率		
η	劳动力市场匹配弹性		
ζ	劳资双方议价能力		

后　记

长期以来，区域之间的收入差距备受世人瞩目。区域之间的收入差异与地区的产业份额、产业结构是分不开的，因而本书选择区域之间的收入差距作为研究主题。尽管区域政策得到了广泛研究，然而这些研究通常采用传统新古典主义的一些中观甚至宏观的研究方法，如区域乘数分析、投入-产出分析等。不同于传统区域政策的研究，新经济地理学对区域政策的研究更加侧重于对微观主体行为的分析，通过中观的区域政策影响微观主体。

虽然新经济地理学中大量讨论了区域政策，如 Baldwin 等（2003）的研究，但是新经济地理学的研究仍然存在着一些不足。首先，新经济地理学的研究中缺乏对企业异质性的研究。新经济地理学假设企业是无差异的，所有的企业都具有相同的边际投入成本和固定成本等，因此企业是同质的，企业的生产效率也不存在差异。其次，新经济地理学研究中没有考察企业进入国内外市场存在着市场进入成本，因此在新经济地理学模型中所有的企业都是可以出口的。然而，Bernard 等（1995）的研究表明，企业生产效率存在差异，只有那些最高效率的企业才会选择出口。针对以往新经济地理学研究中的不足，本书在新经济地理学的基础上融合新新贸易理论中 Melitz（2003）的模型所使用的企业异质性，以及市场进入成本的假设，构建了新新经济地理学模型。在此基础上，本书进一步分析了区域贸易政策、区域财政政策，以及区域就业政策对地区产业空间分布的影响。为了证明理论研究所得出的假说，在第七章中我们进一步采用 2000～2007 年的微观企业数据，以及 2000～2009 年的宏观经济数据对前面章节中得到的理论进行了经验检验。

本书在新经济地理学的基础上，进一步纳入了企业异质性贸易理论及市场进入成本，在此基础上研究了贸易政策、财政政策，以及就业政策对产业空间分布的影响。尽管本书研究中得出了丰富的研究结论，但是仍然存在着一些不足之处，主要包括如下几个方面。

第一，缺乏对多重要素流动的研究。在本书的理论模型研究中，我们遵循新经济地理学自由资本模型的假设，即资本可以在区域之间自由流动，劳动力可以在部门之间自由流动，但是不可以跨区域自由流动。尽管这种假设是理论研究中常用的假设，但是这一假设与中国经济的现实差距甚大。改革开放以来，尤其是 20 世纪 90 年代以来，我国大量的农民工涌向城市。在流动方面，这些农民工部分在本省流动，部分是跨区域流动。因此，本书的理论假设实际上与中国的现实存在一定的差距。多重要素的流动研究难度相对较大，但是可能具有重要的理论意义和现实意义。尽管劳动力和资本的双重流动已有一些研究，如安虎森等（2011），但是这种要素流动模型相对较为复杂，目前在本书的理论模型中加入这些要素处理难度着实很大，因此这将是我们未来研究的主要方向之一。

第二，缺乏对劳动力异质性的研究。在本书的研究中，我们放松了企业同质性的假设，假设企业具有不同的生产效率（企业具有异质性）。按照 Ottaviano（2011）对新新经济地理学的定义，新新经济地理学对异质性的研究应该包括企业异质性或者劳动力异质性。在本书的研究中，我们只是对企业异质性进行了研究。我们的研究中假定所有的消费者都具有相同的消费偏好、迁移偏好，然而劳动力异质性可能更具有价值。在目前的技术下，企业异质性和劳动力异质性的研究发展尚不成熟，而且劳动力异质性的研究尚未形成一个统一的框架，因此研究难度相对较大。但是，如果研究中缺乏对劳动力异质性的研究，我们的新新经济地理学模型也是不完善的，因此这将是未来进一步研究的主要方向之二。

第三，缺乏对迁移成本的研究。本书的研究中，我们考察了市场进入成本，从而得出了企业会按照生产效率逐步进行迁移。然而，为了研究的方便，在本书的研究中我们并没有考察企业的迁移成本对产业空间分布的影响。Baldwin 和 Okubo（2006）在研究中假定企业存在一定的迁移成本，但是他们假定所有企业的迁移成本相同。然而，在现实中我们观察到不同规模的企业其迁移成本差异较大，笔者假定企业的迁移成本与企业的利润函数呈正相关。但是，在本书的研究中我们没有对迁移成本进行考察，因此这将是未来研究的主要方向之三。

尽管本书的研究中我们得到了大量的结论和启示，但是上文中我们也指出本书研究中存在这样或者那样的不足。新经济地理学模型或者新新经济地理学模型有着很强的假设，这种假设是理论建模中的一种策略，是必要的。然而，现实与理论模型假设总是存在着不同之处，因此相关的研究结论仅供参考。

河南大学
颜银根